心一堂彭措佛緣叢書・索達吉堪布仁波切譯著文集

大圓滿前行廣釋（四）
附大圓滿前行實修法

華智(巴珠)仁波切　原著

索達吉堪布仁波切　漢譯及講解

索達吉

Śūnyatā

書名：大圓滿前行廣釋（四）附大圓滿前行實修法
系列：心一堂彭措佛緣叢書・索達吉堪布仁波切譯著文集
原著：華智（巴珠）仁波切
漢譯：索達吉堪布仁波切
責任編輯：陳劍聰

出版：心一堂有限公司
地址/門市：香港九龍尖沙咀東麼地道六十三號好時中心LG六十一室
電話號碼：+852-6715-0840　+852-3466-1112
網址：www.sunyata.cc　publish.sunyata.cc
電郵：sunyatabook@gmail.com
心一堂 彭措佛緣叢書論壇：http://bbs.sunyata.cc
心一堂 彭措佛緣閣：http://buddhism.sunyata.cc
網上書店：http://book.sunyata.cc

香港及海外發行：香港聯合書刊物流有限公司
地址：香港新界大埔汀麗路三十六號中華商務印刷大廈三樓
電話號碼：+852-2150-2100
傳真號碼：+852-2407-3062
電郵：info@suplogistics.com.hk

台灣發行：秀威資訊科技股份有限公司
地址：台灣台北市內湖區瑞光路七十六巷六十五號一樓
電話號碼：+886-2-2796-3638
傳真號碼：+886-2-2796-1377
網絡書店：www.bodbooks.com.tw
台灣讀者服務中心：國家書店
地址：台灣台北市中山區松江路二〇九號一樓
電話號碼：+886-2-2518-0207
傳真號碼：+886-2-2518-0778
網絡網址：http://www.govbooks.com.tw/

中國大陸發行・零售：心一堂・彭措佛緣閣
深圳地址：中國深圳羅湖立新路六號東門博雅負一層零零八號
電話號碼：+86-755-8222-4934
北京流通處：中國北京東城區雍和宮大街四十號
心一店淘寶網：http://sunyatacc.taobao.com/

版次：二零一五年二月初版，平裝

定價：　港幣　　　一百二十八元正
　　　　新台幣　　　四百九十八元正

國際書號 ISBN 978-988-8316-37-3

目錄

大圓滿前行廣釋（四）附大圓滿前行實修法

目
錄

第四十六節課

下面講「餓鬼之苦」中的特障餓鬼。

庚三、特障餓鬼：

所謂「特障」，是一種特殊的障礙。在每個特障餓鬼的龐大軀體上，居住著成群的小餓鬼，這些小鬼不停啖食著它。除此之外，還有許許多多不定的疾苦。

比如，在很久以前，一次晝辛吉尊者來到餓鬼的領域，他舉步進入一座無量宮殿（《毗奈耶經》中說是園苑），發現裡面有位相貌端嚴、婀娜多姿、十分可人的美女餓鬼，其珍寶裝飾的寶座之四條腿上，各自拴著四個餓鬼。美女餓鬼奉送給尊者一些食品，並千叮嚀萬囑咐道：「如果這些餓鬼向您要食物，一丁點兒也不要給它們。」說完就到另一個屋子裡去了。

於是尊者開始享用這些飲食。這時，餓鬼們向他苦苦乞求：「我們好久都沒吃到東西了，您發發慈悲，給我們一點吃的吧！」尊者實在不忍心，就順手將食物扔給了它們。第一個餓鬼得到後，食物頓時變成糠秕；第二個餓鬼得到後，食物化為燃燒的鐵丸；第三個餓鬼得到後，食物變成它自己的肉；第四個餓鬼得到後，食物竟然變成了膿血。（這些現象十分恐怖，若不是親眼所見，根本想像不到。尤其現在有些人，邪見極為深重，再加上從小沒有因果概念，一聽到這些，難免會生邪見或懷疑。但佛經中講得千真萬

大圓滿前行廣釋（四）附大圓滿前行實修法

1

確，餓鬼們以各自業力所感，食物會變成不同的形象。）

此時，一個餓鬼因吞食了燃燒的鐵丸，身體燃燒起來，發出難聞的臭味。美女餓鬼聞到之後，大叫著跑了進來，不滿地說：「我不是囑咐您不要給它們食物嗎？」

尊者回答：「本來我也不想給，但它們餓得不行，又一再向我哀求，我就生起了憐憫之心。」

美女餓鬼說：「難道您對它們的悲憫心，已經超過了我嗎？」

尊者不解地問：「它們與你究竟是什麼關係？」

美女餓鬼指著它們四個，一一介紹說：「這是我前世的丈夫，這是我的兒子，這是我的兒媳，這是我的僕女！」

尊者又問：「你們是以什麼業力轉生到這裡的？」

美女餓鬼說：「南贍部洲的人生性好疑，很難相信，即使說了也不會有人當真，還是不說為好！」

尊者說：「我已親眼見到了，怎麼會不相信呢？你還是告訴我吧。」

於是，那位美女餓鬼開始講了起來：「我前世是某某城市的一名婆羅門女，在一個佳節吉日的前夕，我準備了豐美的食品。第二天，正巧嘎達亞那尊者①來到城中化緣。我懷著虔誠的信心供養齋食，不禁暗想：如果能讓我夫君也隨喜供養，那該是多麼令人高興的事。於是便告訴丈夫：『我今天向佛陀的弟子嘎達亞那大尊者敬

① 《毗奈耶經》中譯為迦多演那尊者。

2

獻了齋飯，但願你也能隨喜。』可萬萬沒想到，丈夫聽後火冒三丈，破口大罵：『在沒有供奉婆羅門、孝敬諸位親朋之前，你居然先供養了那個光頭，那個光頭怎麼不去吞糠秕？』

（如今這種現象比較多。有些人對大德和寺院作供養後，家人不同意，為此而吵架、砸佛像、毀謗出家人……真的很可憐！因果是不虛的，造了這樣的業，若沒有以懺悔對治，後世決定會墮入惡趣。但有些人卻覺得無所謂，實在特別可悲。）

我又將此事對兒子說了，兒子也氣急敗壞地說：『光頭怎麼不吃燃燒的鐵丸呢？』

當天晚上，親戚們給我捎來了美味食品，結果被兒媳一人獨吞，反而將粗茶淡飯給了我。我質問她時，她妄言回答：『我吃你的食物，還不如吃自己的肉呢！』

此外，我讓僕女捎給親戚的食物，她也悄悄地偷吃了。當我問她時，她信口胡說：『我偷吃你的食物，還不如喝膿血呢！』

（一家人之所以處處跟她作對，可能就是因為她供養了嘎達亞那尊者，所以這些人不但不理解、不隨喜，還對她的態度非常惡劣。）

面對這一連串的打擊，我暗自立下毒誓：「但願我將來轉生在能看到他們感受報應的地方。」（發惡願的後果很可怕，但心若不能轉為道用，就很可能會發下惡願。）正是因為這樣的惡願，才使我轉生為大力餓鬼。否則，

大圓滿前行廣釋（四）附大圓滿前行實修法

以供養聖者的功德，我完全能生到三十三天。您如果去我曾住的城市，請轉告我那淪為娼妓的女兒：『我已見到了你的父母等，這一業報是令人痛心的。』並勸她斷除非法的惡業，改過自新。」

美女餓鬼稍稍停頓一下，又說：「如果她不相信，就告訴她：『你父親生前的房間裡，有四個裝滿黃金的銅鍋，還有金盤及金瓶②。取出這些財寶時常供養嘎達亞那聖者，然後念誦我們的名字作迴向，這樣一來，可使我等的業力逐漸減輕，直到消盡為止。』」

所以，給亡人念經迴向時，最好是提到他的名字。漢地有些地方跟藏地的傳統一樣，每次做佛事、放焰口，都把亡人名字寫在紙上，其實這很重要。有些人只在亡者剛死時，寫一次名字，以後再也不寫了，這樣不行。即使過了很多年，你若想起他，也應該寫下他的名字，交些錢請僧眾念經。倘若條件具足，超度時能念他的名字是最好的。

不知漢地有沒有這種傳統，但在藏地，念經時專門有個人花很長時間念亡人的名字——有些人只交5塊錢，卻寫了50個人的名字，讓僧眾念半天，這樣也不合適。但不管怎樣，還是要寫上名字，這樣一來，即使亡人已墮入地獄、餓鬼，倘若在人間念他的名字作迴向，

②《毗奈耶經》云：「彼若不信者，便當告：我先臥床下，有四瓶金並一金杖及金澡罐。」與此處略有不同，但其他的都一樣。

馬上即可脫離惡趣之身。這一點，從佛經的公案、大德雲遊惡趣的事蹟、大成就者所見的狀況中，都可以了知。因此，平時給亡人念經相當重要。

以上所講的公案，出自《根本說一切有部毗奈耶皮革事》第一卷③，是唐朝義淨法師翻譯的。只不過內容是古文，不太好懂，但講的基本上一樣。這次傳講《藏傳淨土法》和《大圓滿前行》，凡是佛經中的公案，從漢文《大藏經》中幾乎都能找到出處。所以你們在學習時，

---

③《根本說一切有部毗奈耶皮革事》云：「時長者子領受此語，次復前行。去此未遠，乃更遙見園苑，其中有師子座，座上有一婦女而坐，顏容妙好，人所喜見。座四腳下各有一餓鬼，縛著座腳而住。時此婦人遙見長者子來，告言：商主，無病少惱有飢渴耶？答曰：我甚飢渴。時彼婦人告長者子曰：與汝諸漿，汝可作盟，今所與漿，勿得與此四個飢鬼。長者子答曰：敬諾所言。既蒙設漿及妙飲食，時彼婦人欲現餓鬼業報之事故，便入一房，隱身藏住。諸餓鬼等即白長者子曰：汝大慈悲，願賜少許飲食。其長者子心生憐愍，即攗食與。第一得食，變為炎熱鐵團。第二得食，變為麥糠。第三得食，變為膿血不淨。第四得食，乃還食啖自身肉血。爾時餓鬼吞熱鐵丸者，燒身臭穢，婦人聞氣，即出高聲告長者子：汝所作者甚為非理，不應與彼飲食。其長者子答曰：妹子，彼見求我，心生慈悲云何不與？時婦人言：我心慈悲，更大於汝。然此餓鬼，一者是我夫婿，二者是我之子，三者是我新婦，四者是我家奴。是時長者子問曰：曾造何罪，生在此中？婦人告曰：南贍部洲人，難化難信，說有何益。長者子曰：我今現見，云何不信？時婦人言：我於往昔，於婆索婆村，曾為梵志女。因歲星節日家中設食，乃有聖者人天所奉迦多演那來乞飯食。我生歡喜，施滿缽盂食。我復生念：今可告夫，冀生隨喜施食之因。其夫嗔恚婦曰：尚未供養諸婆羅門，因何先施禿頭之人，云何不與熱鐵丸？既不遂情，次當勸子，子復報云：何不食其麥糠？後時我遣一奴送食，與諸親眷，奴得食已，在路自餐上妙好者。迴至勘問，其奴便諱：我若在路食之，願我當食自身膿血。後時諸親又送食來，新婦盜食。我又問之，答言：不食。若食，願我自食身肉。白言：商主，其夫婿、兒子、新婦及奴者，此餓鬼等者，並由自作，今受餓鬼。由我布施聖者迦多演那一餐之食，作如是言：汝若受報，我當眼見。我先布施天人所供迦多演那，應生帝釋天宮，由發惡願故，今墮餓鬼道中。商主，仁若往訪婆索婆村，我有一女，在彼村中為淫女，幸可為報。云汝父母兄嫂及奴，墮在餓鬼趣中受苦，由先作惡今受此苦，汝今應可悔過，莫作斯惡，當受苦報。長者子曰：南贍部洲人多難信，不受我語。白言商主：彼若不信者，便當告：我先臥床下，有四瓶金並一金杖及金澡罐。汝當出取金瓶任意受用，復須時時供養天人所識迦多演那美妙飲食，並稱我名令我得福罪當輕薄。時長者子既聞語已，即便辭別。」

5

也不要認為：「這只是藏傳佛教的觀點，我又不學密宗，跟我沒關係。」千萬不能這麼想！這些因果道理，並非只是某個教派的觀點，大家學了以後，應當了解業力的可怕，今後注意自己的行為。以前你若反對過家人供養大德、寺院，甚至對其惡口譏罵，現在懂了這個道理之後，相信有正知正見的人，再也不敢輕毀因果了。

你們聽一堂課，就要有一堂課的收穫。譬如今天學了這個公案，就應以此來觀察自己：「我以前造過這種罪業沒有？造過的話，怎麼樣才能懺悔清淨？今後遇到此類事情，又該如何面對？……」觀察之後，對自己的言行舉止要時刻謹慎、倍加小心。

下面再講一則公案：

哲達日④阿闍黎出遊時，到了餓鬼界。一名帶有五百個孩子、相貌醜陋的餓鬼母對他哭訴：「我丈夫去印度金剛座尋覓食物已有十二載，至今還沒回來。尊貴的大師，您如果去印度金剛座，請捎個口信給它：『如果還不快快歸來，孩子們就要餓死了！』」

哲達日為難地問：「你丈夫長什麼樣子？所有餓鬼都一模一樣，我能認得出來嗎？」

餓鬼母滿有把握地說：「您絕不會認錯的。我的丈夫我心中有數，您看一眼就會認出來，它是一個大嘴

---

④哲達日：全名為哲達日・扎雷南嘉，印度著名的中觀論師，造過《勝敵論釋》等論著。

巴、塌鼻子、小眼睛具足九種醜相的餓鬼。」

哲達日來到了金剛座。有一次，當一位沙彌大量潑灑供水、供施食子時，聚集了一大批餓鬼爭食。尊者發現其中就有餓鬼母的丈夫，於是轉告了它妻子的口信。

那個餓鬼也一籌莫展地向尊者訴說苦衷：「我背井離鄉流浪到這裡雖已有十二年之久，可只有一次在一位清淨的比丘擤鼻涕時，眾多餓鬼蜂擁而上爭奪，我才得到了一點點，除此之外一無所獲。而且我自己在爭搶鼻涕時，被其他餓鬼打得鼻青臉腫、遍體鱗傷，現在回去也有一定困難。」

另有種說法是，它當時得到一點點鼻涕，一直在手裡緊緊握著，甚至拇指穿透了手掌也沒察覺。後來這些鼻涕全部乾了，它才發現鼻涕不見了，就以為是從手掌漏出去的，於是四處拼命找，想把它拿回去養自己的孩子……可見，父母對孩子十分執著，即使是餓鬼也很強烈，然而孩子報答父母的卻極為有限。

關於餓鬼的壽量，有些經中說最長的是七萬歲，有些說是八萬四千歲。在這麼長的時間裡，它們得不到任何食物，真的非常可憐。所以，我們活在人間時，一定要觀修餓鬼之苦，要麼觀想其轉生之因，要麼觀想它的具體痛苦，之後再看看自己：「我即生中造了多少餓鬼之因？來世會不會真的墮為餓鬼……」這樣不斷地思維、觀想，是一種很深的修法。

大圓滿前行廣釋（四）附大圓滿前行實修法

現在極個別道友，一聽說「修加行」，就認為要磕頭，行為上的修行他願意做，而內心中的觀想則比較困難。還有些人對觀明點、觀咒語發光，特別感興趣，而對今生來世有意義的甚深教言，他們實在觀不來。其實從我講《前行》以來，就一直帶大家觀《前行實修法》，這些內容很簡單，沒有什麼不會修的。剛才我遇到一個道友，問他修了沒有，他說：「我沒按您的講法修。」我問：「那你怎麼修的？」「我是按中觀的實修法，再結合我自己的體會來修的。」

他「爬」得倒是很高，按中觀的境界來修，肯定已經「超過」了前行。但對我而言，雖然我的境界很低，可所傳的法還是有一定緣起。假如你把這些全部放棄，以分別念創造另一個法，說是「在離一切戲論的中觀基礎上，再結合自己的觀點……」，但估計這完全是你的分別念，加上一些世間的胡言亂語，這樣恐怕不會有很大效果，修行上也不會有任何進展。為什麼呢？因為你沒有按聖者的教言去做。聖者的教言在文字上寫得清清楚楚，比如無垢光尊者怎麼講的、華智仁波切怎麼講的、麥彭仁波切怎麼講的……這些道理若反反覆覆思維，一定會對你的相續起作用。但你如果把它置之一旁，自己非要挖個小洞洞作表演，聖者的境界不一定能生得起來。

如今我給你們傳講《前行》，有時候很高興，因為許多人都在修；有時候也不歡喜，因為個別人對此不重

視，我磨破了嘴皮，他也自修自的、無動於衷。甚至還有人勸我不要講那麼多，有一點點東西修就可以了，這種觀點不太合理。你看世間上招公務員，文憑必須是本科以上，若沒有這樣的基礎，很難進入這座象牙塔。世間這麼一個簡單操作，尚且需要堅實的基礎，那佛教更為甚深、超勝的出世間境界，你不聞思就去盲修，能否達到效果呢？我是有所懷疑的。

常聽有人說：「某某地方是聞思為主，我們這裡以實修為主，是很高很高的！」甚至坐公共汽車時，也給旁邊人這樣宣揚。當然，你愛怎麼說是你的自由，如果你真的「很高很高」，我們也非常隨喜，可以對你恭敬頂禮。但是，佛教中修任何超勝境界都需要基礎，如果你沒有把握好這一點，只是鑽一部分的內容，每天對此苦思冥想，最後肯定會發瘋的。現在有些人修行經常出問題，原因也在這裡。若沒有好好觀「人身難得」、「輪迴痛苦」，一步一步打好基礎，直接抓住一塊就天天觀修，忙於成就，這種心行很危險，一定要注意！

話說回來，我們觀修餓鬼痛苦時，首先要了知轉生餓鬼之因。《業報差別經》中講了餓鬼的十種因，如云：「一者身行輕惡業；二者口行輕惡業；三者意行輕惡業；四者起於多貪；五者起於惡貪；六者嫉妒；七者邪見；八者愛著資生，即便命終；九者因飢而亡；十者枯渴而死。

9

大圓滿前行廣釋（四）附大圓滿前行實修法

以是十業，得餓鬼報。」明白這一點後，我們要依據經典所言，觀察自己造過這些因沒有，如果有，就要通過持咒等方式懺除惡業。同時還要知道，現已墮為餓鬼的眾生非常可憐，應當想方設法布施一些飲食給它們。

關於布施餓鬼的儀軌，漢地主要是《救面然餓鬼陀羅尼神咒經》⑤中的施食法。經中記載：一次，阿難尊者在淨處修行，夜間見一面然餓鬼告訴他：「你只有三天的壽命，死後將墮入餓鬼道。」尊者聽後特別害怕，忙問：「有沒有辦法可以避免呢？」餓鬼回答：「你要對百千那由他恆河沙數餓鬼，及百千婆羅門、仙人等，以摩伽陀國斗盛裝飲食，各布施一斗，還要為我供養三寶，如此才可以延長壽命。」

阿難尊者想：「這麼廣大的上供下施，我區區一介沙門，根本無力成辦。」他越想越害怕，於是飛快跑到佛陀那裡，五體投地頂禮佛足，身心戰慄地說道：「世尊救我！有一餓鬼說，我三天之後會死，死後必墮餓鬼。我問它如何能得免，它說要做大量布施。世尊，我該怎麼辦呢？」

佛陀告訴阿難：「不要害怕，我有特殊方便，可讓你布施飲食給那些餓鬼及婆羅門、仙人等。往昔我做婆羅門時，曾於觀世音菩薩及世間自在德力如來前，得過一咒語。

⑤《佛說救面然餓鬼陀羅尼神咒經》：唐于闐國沙門實叉難陀譯，與《佛說救拔焰口餓鬼陀羅尼經》同，而無四佛名號。

以此咒語，布施過千千萬萬的餓鬼、婆羅門、仙人。現在你也以此自護，便可不墮入餓鬼。」然後，佛說咒曰：「納美薩瓦達塔嘎達　阿瓦洛格得　嗡桑巴屙桑巴屙吽。」這是《喇榮課誦集》裡《燒施儀軌》的咒語。漢文《大藏經》中則是：「南無薩嚩怛他誐多　嚩嚕枳帝　唵　三跋囉三跋囉吽⑥。」若持誦此咒施食，便可不墮餓鬼。

那麼，怎麼樣施食呢？先準備好一些飲食放在乾淨的器皿中，誦此咒語七遍作加持，灑一點水之後，將飲食置於戶外，或者把它燒掉，這些煙所接觸的眾生都會得到利益。若能常誦此咒並供奉飲食，可令無量餓鬼皆得飽足，亦為供養百千俱胝如來。

此外，在為餓鬼作《燒施儀軌》時，藏地通常會念四位如來的名號：「仁欽芒拉香擦洛、熱賊丹巴拉香擦洛、格嘉利拉香擦洛、傑巴檀嘉永色抓沃拉拉香擦洛。」譯成漢文則是：「南無多寶如來、南無妙色身如來、南無廣博身如來、南無離怖畏如來⑦。」持此四位如來的名號，可以救度無量餓鬼，令其從痛苦中解脫出來⑧。尤其是人剛死時，若依此儀軌作施食，對中陰身有極大幫助，同時對鬼神、土地神、非人等，也有很大利益。

---

⑥即漢地寺院晚課放蒙山時念的「變食真言」。
⑦漢地寺院晚課放蒙山時，都要持此四位如來的名號，以加持所施飲食。
⑧南無多寶如來：能破一切諸鬼多生以來慳吝惡業，即得福德圓滿。南無妙色身如來：能破諸鬼醜陋惡形，即得色相具足。南無廣博身如來：能令諸鬼咽喉寬大，所施之食恣意充飽。南無離怖畏如來：能令諸鬼一切恐怖悉皆除滅，離餓鬼趣。

大圓滿前行廣釋（四）附大圓滿前行實修法

漢地寺院作施食時，實際上會念許多密咒，如普召請真言、解怨仇真言、開咽喉真言、變食真言、甘露水真言、供佛真言、施無遮真言等。這些儀軌和咒語，非常有加持力，我們學院的道友也要會念。現在極個別學顯宗的人，口口聲聲說不能學密宗，但他的早晚課誦裡，念的都是密咒，除了剛才那些以外，還要念楞嚴咒、往生咒、大悲咒、十小咒等，比我們學密宗的咒語還多。

其實，這些咒語也是有依據的，是經過歷代大德認真推敲過的，對修行非常重要。最初佛教剛傳入中國時，佛門弟子沒有固定的課誦。自晉朝至唐宋，雖有早晚課誦，但各教派之間不一致。到了明朝，蓮池大師、蕅益大師為方便弟子修行，開始制定早晚課誦。直至清朝初年，才由玉琳國師固定下來，作為漢地寺院統一的日誦內容。

現在無論去漢地哪個寺院，早晚課誦基本都相同，都有《阿彌陀經》、《八十八佛懺悔文》、蒙山施食等。尤其是蒙山施食，是專門為餓鬼所作的施食儀軌，由甘露法師在四川雅安的蒙山所造，故名「蒙山施食」。蒙山施食有大小之分，小蒙山指每天晚課所作的施食，大蒙山則指放焰口。漢地施食的起源，最早應追溯至梁武帝時代。當時梁武帝依誌公禪師建議，博覽佛經，編成儀軌，舉辦水陸大法會，普濟六道群生，後來又慢慢產生了蒙山施食等儀軌。

漢地寺院的課誦，跟藏傳佛教的幾乎相同，尤其在

每天傍晚祈禱護法、布施餓鬼，這些傳統，包括所念的咒語、四佛名號，都並無二致。所以，不管你是修顯宗還是密宗，念課誦都非常有必要。有些學密的人覺得漢地課誦沒有用，每次到寺院跟出家人一起做早晚課，自己就睡著了，這樣不太好。其實，不僅漢地很重視日常課誦，在我們藏地，也要求一個人在出家後，必須先把課誦背下來，這樣才有資格列入僧眾行列。因此，不管是顯宗的早晚課，還是密宗的日常課誦，都相當重要，你們不能以自己學密為藉口，就隨便輕視顯宗的課誦。

漢地早晚課的真言和佛號，皆出自《大藏經》的金剛語，這是玉琳國師等大德編集時要求的。因此，課誦不分哪個教派、哪個上師，都是佛菩薩的金剛語，都值得我們恭敬受持。我以前去過漢地一些寺院，他們早上4點就唱起來了，音調全部是統一的。我自己也不會唱，只好躲在門口悄悄地看，在前面偷聽一會兒，到後面偷聽一會兒……確實很好聽，讓人很起信心！

因此，希望學藏傳佛教的修行人，不論出家還是在家，也要學習這些早晚課誦，這是聖者的金剛語，每個人都應該好好念誦⑨。同時，學顯宗的道友也不要毀謗密宗，因為你每天早晚念的都是密咒，如果你一邊念密咒一邊說密宗不好，這樣就不對了。

---

⑨在上師仁波切的倡導下，學院漢僧弟子已開始專門學習漢地的早晚課誦，同時上師要求大家將早晚課盡量背下來，並將此列為考試內容。

大圓滿前行廣釋（四）附大圓滿前行實修法

總而言之，無論轉生於餓鬼哪一處，都要遭受以飢渴為主的各種痛苦。對於這種情形，我們應當誠心觀修，悉心思維：「我們這些人，哪怕僅僅沒有吃早飯，便會覺得特別痛苦，那如果真的生在長年累月連水的名字也聽不到的地方，又將如何面對呢？而投生為餓鬼的主因，就是自己一毛不拔的吝嗇和阻礙他人布施的慳吝，想必我們每個人以往都造過，既然如此，現在必須要下定決心，盡己所能地懺悔、布施，絕不能轉生到惡趣中去。」

　　在這個世間上，有些人生來就喜歡布施，而有些人卻特別吝嗇，即使布施一點點，也像割自己的肉一樣痛苦。《大莊嚴經》⑩中有一則公案說⑪：以前有個國王，外出遊獵時見到一座佛塔，便隨手供養了五枚小錢。此舉恰好被旁邊有個人看見，那人說了一句「善哉」，以稱讚國王的布施之舉。可是國王聽了卻心生不悅，當即令隨從把他抓起來帶回王宮。

　　國王問：「你見我布施五枚小錢就讚歎，是嫌我布施得太少，譏笑我，還是因為別的原因？」

⑩《大莊嚴經論》：十五卷。馬鳴菩薩造，後秦鳩摩羅什譯。又作大莊嚴論經、大莊嚴經、大莊嚴論、莊嚴論。今收於《大正藏》第四冊。係廣集佛陀之本生、佛陀在世之事蹟，乃至於撰者之時代，有關諸種善惡因緣譬喻之故事，以導人入於正信為要旨之書。
⑪《大莊嚴論經》云：「須和多國，昔日有王，名薩多浮。時王遊獵，偶值一塔，即以五錢布施彼塔。有一旃陀羅遙唱：善哉。即遣使捉，將至王所。時王語言：汝今見我布施小故，譏笑我耶？彼人白王：施我無畏，然後當語。我於昔日，於險道中劫掠作賊，捉得一人，急捲其手。我即思惟：此人捲手必有金錢。語令開手，其人不肯。我捉弓箭，用恐彼人，語言放手，猶故不肯。我即挽弓向之，以貪寶故，即便射殺。殺已，即取得一銅錢。寧惜一錢，不惜身命。如今大王無逼惱者，能持五錢用施佛塔，是故我今歎言善哉。」

那人匍匐在地乞求：「大王赦我無罪，我才敢說。」

國王回答：「好吧，我就赦你無罪。」

那人趕緊謝恩，說：「我過去曾在山裡做過強盜，有一天捉到一個人，他緊緊攥著拳頭不放，我猜想此人手中必有特別值錢的東西，於是口出惡語威脅他，令其張開拳頭，可他不肯；我又彎弓恐嚇他，他還是不放；我再搭上箭，作出憤怒欲射的樣子，他仍不鬆開拳。最後我因貪心太甚，就射殺了他。當我費勁地掰開他的手時，卻只看到一枚小小的銅錢。想到他寧捨生命也不捨一枚小錢，再對比大王您，在沒有他人逼迫的情況下，自願拿出五枚小錢供養佛塔，心中感到由衷的隨喜，完全沒有一絲譏笑之意。」

可見，無論是什麼身分的人，若自願對三寶進行供養，哪怕只有一點點，也值得隨喜讚歎，而不應該挖苦、諷刺：「啊，他是個大老闆，有那麼多錢，怎麼就拿這麼一點！」不能這麼講。別人在沒有吝嗇的情況下，隨緣拿出一點來供養，也是值得稱道的。否則，連這種心都沒有的話，為了自己的利益而不捨任何財物，很容易成為轉生餓鬼之因。因此，我們作為修行人，應當從根本上斷掉這種慳吝心。

其實，餓鬼之因是很容易造的。如《佛說護淨經》云：「以不清淨手，觸眾僧淨器；以不淨手，觸沙門淨食；以不淨食，著沙門淨食中；以不淨食，食眾僧故，

後五百世中，墮餓鬼中。」還有《撰集百緣經》中講過，尊者目犍連在樹下遇到一個可怕的餓鬼，尊者問它前世造了什麼業，餓鬼說：「我現在又渴又累，難以開口，您最好去問佛陀。」於是目犍連就問佛陀，佛陀說⑫：「在迦葉佛時，有一沙門遠路而來，口乾舌燥，向一個打水的女人要點清水喝，那個女人卻不給。以此因緣，她死後轉生為餓鬼。」可見，墮為餓鬼的因，有時輕易便可造下。我們以後若遇到乞丐或可憐人，在不起吝嗇心的情況下，就算給他一點剩飯，也是很有必要的，不然的話，會招致什麼果報很難說。

對於以上道理，大家要圓滿具足三殊勝而誠心誠意觀修。也就是說，前行時要好好發菩提心；正行時，或者觀想餓鬼的痛苦及轉生之因，或者思維自己轉生為餓鬼怎麼辦，或者憶念如今無數老母有情正在餓鬼界感受痛苦，對它們應該生起慈悲心……諸如此類的許多內容都可以觀；後行時，將這一座的觀修功德迴向一切眾生。這樣修行，便可圓滿前行、後行、正行，如此功德不可思議！

---

⑫《撰集百緣經》云：「此賢劫中，波羅奈國，有佛出世，號曰迦葉。有一沙門，涉路而行，極患熱渴。時有女人，名曰惡見，并宕級水。往從乞之，女報之曰：使汝渴死，我終不能持水與汝，令我水減不可持去。于時沙門，既不得水，復道而去。時彼女人，遂復慳貪，有來乞者，終不施與。其後命終，墮餓鬼中，以是業緣，受如是苦。」

16

第四十七節課

下面繼續學習《大圓滿前行》，現在正在講「輪迴過患」中的餓鬼之苦。

觀修這些共同加行相當重要。雖然我這次講《前行》的時間，比其他上師要長得多，但很多道友因此打好了修行的基礎，在有生之年對佛教的見解不容易退轉，這是很有必要的！

有些人說自己見到了本尊、看見了明點，對此我不會特別羨慕，因為每個眾生的脈絡不同、根基不同，見到一些特殊的相也不足為奇。以前法王如意寶在課堂上就說過：「有些人雖未證達很高的道次第，但也可以看見一些道相。因此，判斷一個人的修行境界，不能以是否見到道相為標準，而應該主要看他對佛教的基本認識和修持。」

學院的四眾道友，及城市裡很多修行人，這次通過學習《前行》，不僅不共加行上做了準備，對共同加行也有了穩固的定解——過去只是文字上知道地獄有十八大地獄、餓鬼有空遊餓鬼等，從來也沒有具體思維過，更沒有反覆觀修過。而今通過再再觀修，很多人才明白就像見到食物與品嘗食物迥然有異一樣，觀修之後對自相續的作用，與只是耳邊聽聽完全不同。因此，《華嚴經》、《寶積經》等諸多經典中都強調：聞思之後務必要實修。

大圓滿前行廣釋（四）附大圓滿前行實修法

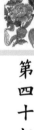

在我們學院，最近讓大家閉關一步一步修加行，效果還是很不錯。我具體問過一些人：「你輪迴痛苦觀得怎麼樣？無常觀得怎麼樣……」從他們的回答來看，很多人確實有感悟。這部《大圓滿前行》，以前我用藏語、漢語傳過多次，很多道友即使全都聽過，也不一定融入於心，而此次通過閉關實修，再三思維其中內容，不少人的內心真正有了改變。實際上按華智仁波切、托嘎如意寶的傳統，對《前行》不但要講解，更重要的是實修。這次我們學修《前行》的人比較多，以此緣起，希望對後人認識藏傳佛教的次第性起到一定作用。

再過幾年，你們若把共同加行、不共加行修圓滿了，對我而言，活在人間也有了意義。《前行》確實是諸佛菩薩的竅訣精髓，如今以最廣的方式講解，讓你們從理論上認識、意義上修持，這種機會相當難得。在我的一生中，也許會做很多事，但傳講這部《大圓滿前行》，是最重要的事情之一；而對你們來說，從降生直至離開人間，也會做很多事情，但若能認真學習並實修這部法要，將會給你這輩子乃至生生世世帶來難以估量的利益。

因此，大家在學習過程中，不要覺得疲厭。有些人聽一部法時間長了，難免會希望它早點結束。對大多數人而言，學一些簡短的法，比如今天講《親友書》、明天講《弟子規》、後天講《菩提心釋》，經常換個口

味，可能比較喜歡。儘管這樣的法我也會講，且翻譯過不少，但為了次第性地把藏傳佛教最殊勝的法完整傳給你們，我經過反覆考慮後，還是選擇了這部《大圓滿前行》。

我來到這個人間，在短暫的人生中也做不了很多事情，這幾年假如沒有橫死，自己很想為社會、為佛教做點什麼。至於以後如何享受、過什麼樣的生活，這些從來也沒想過，即使想了也不一定成功，所以沒有任何必要。但若要真正為社會、為眾生做點事，沒有準備是不行的，沒有大家的聚合也不行。以我現在的年齡來看，再過十年、二十年，肯定已經沒力氣了，即使沒有死，也做不了什麼，所以這幾年還是很珍貴的，我想多做一些有意義的事情。

為了實現這個願望，我經常祈禱諸佛菩薩、護法神加持，最好能把這幾部法講完，之後如果因緣成熟，再給大家不同程度地講些密法。密法我在上師座下聽得比較多，雖不敢說有大的開悟，但小的理解和認識應該會有，這些我想給真正打好基礎的人講一下。若能如此，就算我一輩子做不了很多事，只要對你們有點幫助，也已經心滿意足了。

我常給學院的發心人員講：「你們想一想，假如你用五年來發心，默默無聞地為眾生做點事情，即使別人不知道，你來這裡也有了意義，父母對你的付出也沒有

大圓滿前行廣釋（四）附大圓滿前行實修法

白費。在人的一生中，若是為了自己發財、成名，以偶爾的機會也可以獲得，但能切切實實地利益眾生，這種機會相當難得、極為珍貴！」

而對外面的道友來講，在學習過程中也不要有疲厭心，學會的組織不能解散，應以集體的形式來聞思修行。在這個世界上，要想成辦一件有意義的事情，離不開眾人齊心合力。佛法也是同樣如此，個人的修證可以各自成辦，但要廣泛地弘揚佛法，必須借助共同的力量，不是一兩個人就能做到的。因此，希望大家樂於參加小組的學習，參加之後盡量不要退，否則，你隨隨便便想退就退，最終到底能得到什麼，相信每個人都心裡有數。

己二、空遊餓鬼：

空遊餓鬼，指妖精、王鬼⑬、死魔、厲鬼⑭、鬼女、獨角鬼等。

一講到這些，有人或許認為是民間傳說、封建迷信，這種認識不對。以前我在《佛教科學論》中就曾以章太炎等人的親身經歷，說明過鬼神的真實存在。現在有些唯物論者、科學工作者，因為不了解諸法真相，只承認物質，而不承認此外的神秘現象。還有些修行人，宣稱一切都是空性，以此否認鬼神的存在，這也比較過

---

⑬王鬼：是厲鬼的一種。
⑭厲鬼：又名魑魅，是一種魔鬼，梵音譯作部多。

分。雖然究竟而言，在勝義諦中，抉擇清淨的本來面目時，不但鬼神沒有，一切法都不存在，這從米拉日巴尊者、無垢光尊者的道歌中也看得出來。但是，在眾生迷亂的分別心面前，上有天堂，下有地獄，中間業力深重的餓鬼也是不虛存在的。

佛陀在《灌頂經》⑬十二卷中，就講過很多魅鬼、山精，有些有頭，有些無頭，種種形象各異，而且山有山鬼，水有水鬼，火有火鬼，路有路鬼……就像夏天漫山遍野是小蟲一樣，我們周圍到處都是鬼。有些佛經說，餓鬼的種類有八萬四千種，有些則說是六千六百種。儘管說法不同，但餓鬼的數量確實很多，有些人知道以後，可能連路都不敢走了。不過，鬼也不一定都是害人的，有些雖以前世的業緣專門害眾生，但有些只是享用自己的食物，不會傷害其他眾生。

所以，佛教也不能太學術化了，稍微神秘一點就認為是迷信、傳說，這是不合理的。在這個世間上，確有許許多多的可憐眾生，當你了解到它們來自哪裡、趣往何處、所受痛苦後，就不會對其恨之入骨了，也不會遇到一點違緣，就想盡辦法把它們趕走或者滅掉。

因此，佛教的認識很重要，這會讓我們對一切眾生產生悲心。否則，假如不懂這些，一遇到鬼魔作祟，一

⑬《灌頂經》：十二卷，全稱《大灌頂神咒經》，又作《大灌頂經》。東晉帛尸梨蜜多羅譯。收於《大正藏》第二十一冊。

有修法上不順，就想用密咒害死它們，這種心態很可怕。以前上師如意寶講過：「有些瑜伽士只有降伏的能力，卻沒有救度的能力。若是這樣，你用猛咒害了鬼魔，而不能超度它們，過失會特別大！」因此，在修行過程中，我們不能害任何一個眾生，而應該用慈悲心將違緣轉為道用。

我曾看過一個故事：有個仁波切在閉關時，受到一個魔的危害。他當時忘了大悲心，先是用忿怒的形象，把自己觀想成六臂瑪哈嘎拉。誰知道那個魔根本不怕他，反而變成阿彌陀佛的樣子，坐在他的頭頂上。這時，他突然憶起了大悲心，覺得這個魔雖然神通很大，但卻到處造惡業，真的很可憐。這種悲心剛一生起，魔馬上就變成一隻小鳥掉到地上，慌慌張張地逃走了。因此，密咒的力量皆歸攝於悲心當中，任何一種降伏法，必須在大悲心的基礎上才可以施行。

其實，對餓鬼來說，始終處於提心吊膽、擔驚受怕、恍恍惚惚的錯覺中，經常居心不良，懷有歹意，精勤於害他的惡業，死後的下場多數是立即墜入地獄等惡趣的深淵。我們平時總認為鬼會害人，千方百計去降伏它們，卻不知它們因前世的惡業墮為餓鬼，即生以各種方式害眾生，以此害心又將輾轉於惡趣中，生生世世不得解脫，確實很可憐。所以，不管餓鬼怎麼樣害我們，我們都要用悲心對待，不能以惡意去降伏它們、驅逐它們。

悲心是一切修行的基礎。前段時間，我請藏地著名的土登尼瑪活佛作個開示，並錄製了一張光盤。他在開示中說，以前「文革」期間，他見有些人對佛教徒不滿，常常批鬥他們，剛開始很生氣，有點接受不了。但轉念一想：「這些人特別可憐，竟然有這樣的行為！」生起如是的悲心時，好像整個世界都變了……後來他在任何逆境中修行，均不會隨違緣所轉。即便是最困難、最緊張的時期，也能每天堅持念《文殊真實名經》，多則13遍，少則3遍以上，幾乎從未間斷過。可是政策開放以後，他被迎請至許多國家傳法，名聲、待遇相當不錯，在這種順境中，修行反而上不去了，《真實名經》也很少念了。他自己有這樣的體會，我聽後也感覺的確如此：很多修行人遇到磨難、行持苦行時，對輪迴痛苦觀得起來，悲心也修得起來；而一旦有了財富、名聲、地位，原來的修行就撿不起來了，順緣反而成了違緣。

但不管怎樣，對於餓鬼的作祟，大家應該坦然面對，不能對其心生惡意，這也是我多年來的修行經驗。有些人一生病就特別不高興：「是不是鬼在捉弄我？我要念咒語害死它！」這樣不行。《舊雜譬喻經》裡有一個修行人，他在山裡修行時，一個鬼準備害他，化作無頭的樣子，來到他面前。修行人見後，沉靜地說：「沒有頭，就不會頭痛。少了眼根攀緣色塵、耳朵聽到是非、鼻子分別氣味、嘴巴貪執美食，就會減少許多煩惱，多舒服啊！」

大圓滿前行廣釋（四）附大圓滿前行實修法

鬼沒辦法，又變成沒有身體、只剩四肢的樣子，再度飄向修行人。修行人看了一眼，開口說道：「少了身體就不會有痛癢，沒有內臟就不會為病苦所折磨，這不是最快樂的事嗎？」

鬼聽了這番話，又化為沒有手足的樣子，忽前忽後、忽左忽右朝修行人而來。修行人說：「這樣更好了！沒有手腳，就不會盜取不義之財，這更是修行人所希望的。」鬼聽完這話，立即消失不見了。

不一會兒，這鬼化作一名端莊男子，走近修行人，躬身向他頂禮，說：「您的求道意志如此堅定，實在令人佩服。不久後，您將成道證果。」說完恭敬頂禮而去。⑯（真正的修行人要達到這種境界啊！但對很多人來講，可能有一定的困難。）

實際上餓鬼很可憐，尤其最為難忍的是，不管它生前是因病身亡、利刃所斃，還是懸梁自盡等途徑橫死的，每隔七天，都要感受一次以那種方式死亡的痛苦。我故鄉有個21歲的年輕人，好像也沒發生什麼大事，昨天還好好的，今天早上就吊死了。可能是他一時痛苦，想不開就自殺了吧。

第四十七節課

---

⑯《舊雜譬喻經》云：「昔外國有沙門，於山中行道。有鬼變化作無頭人，來到沙門前。報言：無頭痛之患。目所以視色，耳以聽聲，鼻以知香，口以受味，了無頭何一快乎！鬼復沒去，復化無身，但有手足。沙門言：無身者不知痛痒，無五藏了不知病何一快乎！鬼復沒去，更作無手足人，從一面車轉輪來至沙門。道人言：大快無有手足，不能行取他財物，何其快哉！鬼言：沙門守一心不動。鬼便化作端正男子來，頭面著道人足言：道人持意堅乃如是。今道人所學但成不久，頭面著足，恭敬而去也。」

自殺等橫死，其實是很不吉祥的。世間上有些人經常選擇自殺，這是極不明智的行為。《中觀四百論》云：「有為苦所逼，現見求自死，時彼愚癡故，不能趣勝道。」有些人被痛苦逼迫，為擺脫苦惱而自殺身亡，這樣的人因愚癡而捨生，不可能趣入解脫勝道。雖然叔本華說過：「當一個人對生存的恐懼大於對死亡的恐懼，他就會選擇自殺。」但按照佛教的觀點，自殺後痛苦也並不會消失，只會讓自己墮為餓鬼，感受無數次的自殺之苦，不但不能趣入善趣，反而會一直往下墮。因此，自殺是最愚癡的行為。

尤其是學了佛以後，就更不應該自殺了。去年有個人對我說：「您講了《入行論》後，起碼好幾個人沒選擇自殺。」不知道是不是真的？現在的年輕人，在生活中雖會遇到種種不順，但學佛之後應該懂得，一切實際上都是因緣，沒有必要去強求什麼。你生意搞不好、婚姻不美滿，自殺又有什麼用？生命那麼燦爛、可貴，應該好好地活著。你看，冬天有白雪，夏天有玫瑰——能不能說玫瑰啊？想自殺的人看到玫瑰，可能會更傷心。好吧，不說這些了。

總之，一旦選擇自殺，則很容易墮入餓鬼，並且每七天就要感受一次自殺的痛苦。這些餓鬼想把這種痛苦轉移給別人，所以無論到哪裡，都是損人不利己。本來滿心歡喜地來到昔日親友面前，結果卻使他們重病纏

大圓滿前行廣釋（四）附大圓滿前行實修法

身、精神瘋狂等，遭受各種不幸之事。所以，變成餓鬼的眾生很可憐，我們平時應該多為它們念些《燒施儀軌》。

《涅槃經》中也講過要布施餓鬼的道理。經中記載⑰：一次佛陀遊行到曠野聚落，那裡有個曠野餓鬼，殺害了許多眾生，並且每天要吃一個人。佛陀雖想度化他，但見它暴惡愚癡，心不堪能接受佛法，就先變成大力鬼的樣子，震動它的宮殿，令其不得安寧。曠野餓鬼帶著眷屬出來，見了大力鬼後特別害怕，昏厥倒地，猶如死人。這時佛陀把它救醒，並恢復了如來身相，給它們宣講種種佛法，令其受不殺生戒。受戒以後，曠野餓鬼問：「我及眷屬向來以食用血肉為生，如今受戒不殺生，我們豈不要餓死？」佛陀承諾道：「從今以後，我會讓聲聞弟子無論在何處修行佛法，都為你們布施飲食。」所以在漢地寺院，每天午飯之前均會施食，並誦偈云：「大鵬金翅鳥，曠野鬼神眾，羅剎鬼子母，甘露

⑰《涅槃經》云：「善男子，如我一時遊彼曠野聚落叢樹，在其林下。有一鬼神，即名曠野，純食肉血，多殺眾生。復於其聚，日食一人。善男子，我於爾時為彼鬼神廣說法要，然彼暴惡愚癡無智，不受教法。我即化身為大力鬼，動其宮殿，令不安所。彼鬼于時將其眷屬出其宮殿，欲來拒逆。鬼見我時，即失心念，惶怖躄地，迷悶斷絕，猶如死人。我以慈愍手摩其身，即還起坐，作如是言：快哉今日還得身命，是大神王具大威德，有慈愍心救我怨咎。即於我所生善信心，我即還復如來之身，復更為說種種法要，令彼鬼神受不殺戒。即於是日，曠野村中有一長者次應當死，村人已送付彼鬼神，鬼神得已即以施我，我既受已，便為長者更立名字，名手長者。爾時彼鬼即白我言：世尊，我及眷屬唯仰血肉以自存活，今以戒故，當云何活？我即答言：從今當敕聲聞弟子，隨有修行佛法之處，悉當令其施汝飲食。善男子，以是因緣為諸比丘制如是戒，汝等從今常當施彼曠野鬼食。若有住處不能施者，當知是輩非我弟子，即是天魔徒黨眷屬。」

悉充滿。」其中就提到了壙野餓鬼。

在藏地，通常會用燒煙供的方式，為餓鬼施食。煙供有素、葷兩種，由於有些餓鬼只吃血肉，就像虎狼一樣不可能吃草，因此只能給它們燒葷煙，放一些血、肉、酒等，以布施給專吃葷的餓鬼。（現在有些人也是這樣，天天吃蝦，不吃蔬菜。我就遇到一個領導，他說：「青菜我可吞不下，我不是聲牛，是吃肉的人！」這些人死了以後，很可能就變成這種餓鬼。）燒葷煙的儀軌，一般是在下午念，食肉餓鬼享受到葷煙以後，就不會再殺害眾生了。所以，修行人要記得給餓鬼布施。

在施食的過程中，應當多念《救面然餓鬼陀羅尼神咒經》中的咒語「納美薩瓦達塔嘎達阿瓦洛格得 嗡桑巴局桑巴局吽」，同時還要念一些觀音心咒，及四位如來的名號，這是我們修行人應該經常做的。在我家鄉那邊，好多老修行人在日常生活中，時時刻刻想到利益眾生，就算在方便時、掃地時、倒灰塵時，也會念一些咒語，迴向給那些肉眼看不到的餓鬼。其實作為佛教徒，時刻有一顆善心很重要，若能如此，不論你做什麼、到哪裡去，周圍都是可以幫助的對象。並不一定非要你成為國家總統，讓全國人民都行持善法，才是利益眾生，只要對地獄、餓鬼、旁生、人類等有一顆善心，隨時發出你的光和熱，就可以幫助無量眾生。

反之，假如沒有這顆善心，當自己遭受餓鬼危害

大圓滿前行廣釋（四）附大圓滿前行實修法

時，則很容易想去報復它們。有些瑜伽士作詛燒抛⑱儀軌時，將餓鬼鎮壓在地下黑咕隆咚的地方長達數劫，或者燒在作火施的烈焰中；還有些咒師拋撒驅邪芥子、石子或米，會使這些餓鬼粉身碎骨，頭顱裂成百瓣，肢體斷成千截……在大蘇、小蘇的公案中，這類現象比較多。我們作為修行人，沒有悲心的話，絕不能用猛咒或降伏儀軌去害餓鬼。

有些人整天拿個金剛橛，看見一個病人就咬牙切齒地念「嗡班匝格勒格拉雅吽啪的（金剛橛心咒）」，怒目而視、連捶帶打，甚至將病人的衣服也撕得破破爛爛，這種行為對眾生不一定有利。雖然密宗的降伏儀軌和咒語不可思議，你若原原本本做到位了，威力肯定相當大。但前提是你必須要有悲心，不然的話，隨便念些降伏儀軌，然後對著餓鬼拋撒芥子，那麼依靠諸佛菩薩咒語的力量，馬上就會傷害它們，令其多生累劫中飽受痛苦、不得解脫。這些餓鬼原本就已經很可憐了，冬季太陽寒冷，夏季月亮酷熱，始終都擺脫不了痛苦。如果我們不但不能減輕它們的苦難，反而還火上澆油，增加它們的痛苦，這實在不是修行人的行為。

其實從大乘最高境界來講，萬法都是自心的幻化，這些餓鬼也不例外。因此，真正能傷害自己的，並不是

---

⑱詛燒抛：採用壓勝（鎮壓）焚魔、拋擲朵馬、食子等方式，以消災祈福的一種密宗降魔方式。

28

外在的鬼魔，而是內在的我執。寂天菩薩也說：「世間諸災害，怖畏及眾苦，悉由我執生，此魔我何用？」世間一切災害、恐怖、痛苦，全都是從我執而生，我執是最可怕的魔王，正是因為它，我們才會被鬼魔所害。因此，修行人應該對付的，不是那些餓鬼，而是根深蒂固的我執。

當然，從顯現上來講，鬼也是真實存在的，並不是一種傳說。例如，英國查爾斯王子的前王妃戴安娜，死後一直冤魂不息，甚至出現在情敵卡米拉面前，令其精神陷入崩潰。卡米拉因與查爾斯的婚外情，對戴安娜所造成的傷害深感愧疚，失控落淚，懇求她的原諒。戴安娜的弟弟也承認，人們常能看到戴安娜的鬼魂出沒，甚至有人見過她站在湖邊哭個不停，似乎非常不開心。這類現象，現在科學無法解釋，只能將其列為「世界十大神秘靈異事件」之一。（不過對我們學佛的人來講，這個一點都不神秘，鬼肯定是存在的。）

還有美國好萊塢影星夢露，死於上個世紀60年代，至今雖已有幾十年了，但她的鬼魂依然出沒不息，尤其是常附在愛模仿她的人身上。比如，英國有個女人叫姬爾，她在模仿夢露成名之後，整個人變得像夢露一樣，縱情酒藥，最後更是步上她偶像的後塵，服食過量藥物，香消玉殞。她的朋友透露，姬爾本是個潔身自愛的女子，從來沒什麼不良嗜好，但自從她一舉成名後，變

大圓滿前行廣釋（四）附大圓滿前行實修法

得喜歡飲酒，又愛與男人鬼混，跟原來的性格判若兩人。她也不明白自己怎麼變成這樣，就仿佛夢露在背後操縱她一樣，使她一步一步走進鬼門關。

姬爾自殺後幾個月，幾名在好萊塢扮演夢露的演員，也遇上了同樣的事，感覺到夢露的鬼魂，正逐漸占據她們的軀體，使她們不知不覺變成另一個人。

以上現象，要麼是有人親眼所見，要麼是有人親身感受，故令人不得不正視鬼魂的存在，因為在科學的領域中，確實無法解釋這些。然而現在有些人特別過分，什麼都不承認，這是不對的。而有些人正好相反，在他的眼裡，一切都是鬼魔作祟，整天提心吊膽、大驚小怪，這也沒有必要。尤其是在一些殊勝道場裡，以大成就者的威德力，根本不會有鬼的立足之地。不要說是鬼，就算是具邪見的人，在這裡也待不住，用不了幾天就會離開的。

所以，現在人對佛教的認識，很多方面還不夠。有些人過於「聰明」，什麼都不承認；有些人又太迷信，覺得哪裡都有鬼，這是兩種歧途。我們作為修行人，首先應承認鬼的存在，同時若有鬼來害你，應觀想一切的病魔、痛苦、屈辱等，統統都歸罪於我執上，誠如《修心七要》所言：「報應皆歸一。」若能如此，你的修行必定會成功。

當然，對於鬼魔作害，雖然應當心懷慈悲，但必要

第四十七節課

的時候也要遮止。《了凡四訓》中講過一個讀書人，有天他聽到兩個鬼在說話，一個說：「某某女人，丈夫在外很久不回家，因此公婆逼她改嫁。她想不通，明晚會吊死在這裡，我終於得到替身了。」讀書人知道後，很想幫助那個女人，就暗中賣了田地，得了四兩銀子，以女人丈夫的名義寫了一封信，並把銀子寄到她家。

那人的父母見到信，雖然不像兒子的筆跡，但銀子是真的，於是沒有逼媳婦改嫁。後來，他兒子果然回來了，夫妻完好如初。

後來有一天，讀書人又聽到兩個鬼說話。一個說：「我本來找到替身了，無奈這秀才壞了我的好事。」旁邊的鬼問：「你為什麼不害他？」這個鬼回答：「上天認為這人心好，任命他作陰德尚書，我哪裡能加害呢？」

漢地有許多這樣的精彩故事，以淺顯易懂的方式闡明了佛教甚深之理，引導人們思維該怎麼對待餓鬼，並培養自己的善良人格。我們作為修行人，不見得非要做特別大的事情，關鍵要看自己有沒有一顆好心。如果通過學習這些論典，你的說話、做事、起心動念稍有改變，以前不如法的逐漸變得如法，這就是我們共同學修的目標。

此外，有些餓鬼還現為鳥、狗等旁生相，到處散播

傳染病，以令人討厭的形象，遭受各種意想不到的痛苦。

譬如，以前加拿大爆發禽流感時，當時就殺了家禽1700萬；埃及為了對付豬流感，下令將35萬頭豬一天內全部殺光；英國為了消滅瘋牛病，共殺牛1100多萬頭……從佛教角度來看，這些行為十分殘忍。人得了這種病卻不殺掉，而其他眾生，即使沒有得病也要被殺，人類造的業太可怕了，這些瘟疫完全是殺生的果報所致。

現在有些人覺得旁生的死活無所謂，根本不懂生命的價值和意義，這種人就算形象上是人，他的行為也值得觀察。當然，我們也不可能以佛教理念要求全人類，但是從行為上看，自己到底是人還是旁生？每個人應好好思維。在座的道友也想一想：你沒有學佛前，行為怎麼樣？不知取捨因果前，是如何對待其他生命的？在那段時間裡，你害過多少眾生？從現在起，打算用什麼方法來償還？……仔細反省之後，相信每個人身上都有一些真實的故事。

就我而言，雖說生於佛教家庭，長於佛法興盛之地，但因為時代和環境的原因，還是造了很多業。你們有些人可能也曾如此，但遇到佛教的光明之後，在上師三寶的加持下，現在已經從迷茫中醒過來了。那麼從今以後，每個人都應該努力，盡量讓下半生過得完美一

些。雖然從根本上斷除所有的煩惱、習氣，對我們來講不太現實，但從現在開始，行為上還是要有所轉變。否則，自己以前造過無數惡業，就算沒意識到，將來仍會墮入地獄、餓鬼、旁生，如同一個人吃了毒藥後，不管自己是否知道，痛苦依然都會降臨的。

我們即生中能遇到佛法，是很幸福、很幸運的。世間上人人都在追求幸福，口口聲聲說「為了幸福，付出什麼代價都可以」，但他們所追求的幸福生活，與佛教所說的安樂有何差距？有智慧的人不妨比較比較。

總而言之，在這個世間上，有無量無邊的內障、外障、特障餓鬼，也有不計其數的妖魔鬼怪，它們都在感受難忍的痛苦。我們了知之後，應懷著一顆慈悲心，發願代受這些眾生的痛苦，並盡量對它們給予幫助。哪怕你吐口水時，念一句觀音心咒，也是極大的布施。就像夏天在草地上倒點飲料，不知不覺就會聚集無數螞蟻一樣，我們平時吐口水、倒洗臉水，也會招來大量的餓鬼，此時若以善心念些觀音心咒迴向，雖然水比較髒，但也能令其得到利益，而不會互相爭奪、傷害。這些行為看似微小，但每個人都值得努力。

不管怎麼樣，對已墮為餓鬼的眾生，我們一定要觀悲心，同時，自己應盡量斷除餓鬼之因（《正法念處經》中講了很多）。其實所謂的修行，就是在行為上一點一點轉變，而不是成天說些大話，或者在空中飛來飛去。因

此，對於以上這些道理，大家應圓滿具足加行、正行、後行來觀修。

第四十七節課

第四十八節課

共同加行的「輪迴過患」中，已經講了地獄和餓鬼的痛苦，今天開始講旁生之苦。

在講課之前，我想跟大家說一下：從這個新學期開始，每個佛友都應認識到聽聞佛法的重要性。佛經中云：「由聞知諸法，由聞遮諸惡，由聞斷無義，由聞得涅槃。」⑲這一偈頌就闡明了聞法的四種功德：

1、「由聞知諸法」：通過聽聞佛法，能知道取捨法與非法，通達世出世間的一切知識。在這個世間上，即便是一個普通的真理，也要學習很長時間。當今時代，各國如是重視教育，也足以說明聽聞相當重要，否則，一個人從小對知識一無所聞，將來很難成就一番事業。既然世間學問對聽聞尚且如此重視，那更為甚深的佛教教義，不聽聞就更不能了知了。

2、「由聞遮諸惡」：聽聞佛教的許多經論後，就會明白如何取捨，進而遮止自己的不善業。比如，以前你沒有聞思之前，不懂殺生的過患、行善的功德，但通過聽聞之後，就會清楚自己不能做壞事，至少不可以害眾生等等。

3、「由聞斷無義」：通過聽聞佛法，可斷除諸多

---

⑲《大寶積經》云：「多聞解了法，多聞不造惡，多聞捨無義，多聞得涅槃。」

大圓滿前行廣釋（四）附大圓滿前行實修法

無義散亂。散亂有外、內兩種，外散亂指整天跟人說閒話，做些無聊瑣事；內散亂則是內心經常掉舉、昏沉，在無意義的狀態中耗盡時光。依靠聽聞，便可以遣除這些。

4、「由聞得涅槃」：通過聞法，了知暫時、究竟的利害關係之後，可對治煩惱而現前無我智慧，獲得諸佛菩薩的聖果。

所以，聽聞是相當重要的。現在有些人常說：「只要修行就可以，不需要聞法。」這種說法也許對極個別人有利，但就大多數人而言，由於自己的根基使然，必須要按次第來修行。退一步說，就算你是利根者，聞法也不會有任何障礙。真正能障礙你的，是世間種種非法行為，而聽聞諸佛菩薩、高僧大德的教言，只會讓你的信心、悲心、智慧日益增上，絕不可能將你的功德一掃而光。因此，大家平時要養成好習慣，多看一些佛經、教言，每天以聽聞來「充電」，這樣不斷積累聞思所生的智慧，對自己會有非常大的利益。

以上簡單強調了一下聽聞的功德，希望大家始終不要放棄，務必要認真地對待！

戊三（旁生之苦）分二：一、海居旁生；二、散居旁生。

關於旁生，《大智度論》、《阿含經》、《正法念處經》中有許多分類，並對此有詳細描述。一般來講，

旁生的愚癡相當嚴重，誠如《大毗婆沙論》所言：「增上愚癡身語意惡行，往彼生彼，令彼生相續，故名傍生趣。」按照《前行》的分類，旁生有海居、散居兩種。《佛說十二遊經》中則說：「魚有六千四百種，鳥有四千五百種，獸有二千四百種。」我們從哪方面了解都可以。總的來講，通過這次學習，大家一定要深刻認識到旁生的痛苦。光是認識還不行，還要再再觀想牠的痛苦，同時，自己以後的所作所為，不能傷害任何動物。

我常遇到一些人，特別漠視動物的痛苦。非佛教徒倒情有可原，因為他們沒有因果觀念，但學佛幾十年的佛教徒，若對動物毫不在乎，不管牠遭受何種痛苦，一點悲心都生不起來，這就很可悲了。所以通過這次學習，每個人都要知道：旁生和人是一樣的。必須要生起這種觀念！

前不久，在我的家鄉爐霍縣，一部分知識分子（主要是老師）和法師，大概有四五十人，在三天中，開了一個關於教育與慈善的研討會。當時有個人問我：「您現在放生了很多動物，尤其是牛、羊比較多。如果放生的動物越來越多，就會使我們的生存空間越來越少，這不是對社會發展有害嗎？」我回答：「作為一個出家人，動物再多我也要保護，在我的世界觀中，對動物只有保護的理念，從沒有傷害的想法。而你，作為有信仰的在家人，你說說，動物多的時候，該殺還是該保護？」他

大圓滿前行廣釋（四）附大圓滿前行實修法

一時張口結舌，答不上來。此時，有個研究生接話說：「在我們藏地，自古以來就全民信教，動物和人必須一視同仁。倘若沒有這種理念，說明人們不懂因果正理，這樣的社會倒退也無所謂，我們不希求這種發展！」她的一番慷慨陳詞，贏得了全場熱烈掌聲。當時學院比較有名的法師也在，大家都覺得她的觀點很有價值。

　　所以，如果只懂一些理論卻沒有實地修持，對自相續幫助不是很大。我們學習《前行》時，一定要避免這種誤區。否則，有些人的分別念特別重，沒有真正觀修過的話，很難遣除從小所受的教育觀念。現在許多學校的課本中，都聲稱動物跟草木一樣，雖然能動，但大腦結構不像人的那麼發達，故對痛苦的反應很遲鈍，幾乎不知道什麼是痛苦。正是基於這種理論，現在人殺動物，並不覺得有多殘忍。假如他們看到一個人被殺，絕對不會無動於衷，定會全力以赴去救他；而被殺的對象若是動物，很多人就漠不關心、聽之任之了。這種差別，跟各人前世的大乘善根有關，也跟今生所處的環境、所受的教育有關。

　　這種誤區，我們現在務必要扭轉過來，以強迫的方式再三觀這方面道理，明白旁生的感受跟人的完全相同。假如說動物大腦反應慢就該被殺，那麼人中也有特別遲鈍的，讀書時每個班裡成績好的連三分之一都沒有，按照這種論調，那另外三分之二的孩子都該被殺掉

了，但這肯定是不合理的。所以，對於有些觀點，你們應當再三思維、觀察、分析，然後在此基礎上了解旁生的痛苦。若能如此，以後看到這些眾生時，悲心會禁不住油然而生，這就是修學大乘佛法的目標。

己一、海居旁生：

在一望無際的大海中，魚、鯨、螺、龜、蝦等，就像酒糟一樣密密麻麻。（我們乘坐海底觀光船看海洋世界時，海裡的確有無數眾生。）其中，長蛇、鯨魚等大動物的身量，可以圍繞須彌山數周；小的水生動物，則如微塵或針尖一般。

迄今為止，世界上最大的動物是藍鯨，其最長為33米，體重190噸。當然從佛經中看，有些動物的身量更大，如《大樓炭經》云：「海中有大魚，身長四千里者，八千里者，萬二千里者……三萬二千里者。」所以，眾生的業力各不相同，有些動物的軀體極為龐大。

這些海居旁生弱肉強食，大的吞食小的，小的徑直刺入大的身體蝕食牠們，每一個龐大動物的身上，都有成群小含生築窩並以其為食。還有的生在暗無天日的島嶼上，多少萬年中連自己屈伸肢體也無法看見[20]，格外痛苦。

---

[20]《大寶積經》云：「有諸傍生，若生、若長、若死，皆在暗中不淨糞尿垢穢之處。或時暫明，所謂蜂蝶蚊蟻蚤虱蛆蟲之類。自餘復有無量無邊，生長常暗。由彼先世是愚癡人，不聽經法恣身語意，貪著五欲，造眾惡事，生此類中受愚迷苦。」

作為旁生，因前世的業力所感，幾乎都是呆頭呆腦、愚昧無知，根本不懂得取捨的道理，終日處在無邊無際的痛苦之中。

己二、散居旁生：

散居旁生儘管身在人間天境，但也感受著愚昧和被役使的痛苦。譬如龍王，常要遭受大鵬鳥威脅、熱沙雨降臨㉑的危害，而且愚癡呆笨、心狠手辣、毒氣沖天等，非常可憐。

《長阿含經》、《佛說海龍王經》等經中，都講了龍的分類及其痛苦。漢地的古籍，如《山海經》㉒、《史記》㉓、《淮南子》㉔等中，也分別描述了龍的存在。

現在許多人認為，龍只是神話中的動物，或者牠就是恐龍，現實生活中並不存在。包括藏地、漢地的知識分子和學者，也說因為沒有看見過，所以龍完全是杜撰出來的。這種觀點不合理，佛經中並沒有說，所有人都能見到龍。即使在釋迦牟尼佛時代，龍類眾生到佛前聞法，大多數眷屬也看不見，只是個別有神通或具特殊業感的眾生才能看到。

㉑《正法念處經》云：「觀龍世界雨熱沙苦，以何業因，而受斯報？即以聞慧，知此眾生，於人中時，愚癡之人，以嗔恚心，焚燒僧房，聚落城邑。如是惡人，身壞命終，墮於地獄，受無量苦。從地獄出，生於龍中，以前世時以火燒人村落僧房，以是因緣受畜生身，熱沙所燒。」

㉒《山海經・大荒東經》云：「應龍處南極，殺蚩尤與夸父，不得復上，故下數旱，旱而為應龍之狀，乃得大雨。」

㉓《史記・夏本紀》云：「龍一雌死，以食夏后。夏后使求，懼而遷去。」

㉔《淮南子》云：「夫蛟龍伏潛於川而卵剖於陵，其雄鳴上風，其雌鳴下風，而化者形，精之至也。人不見龍之飛，舉而能高者，風雨奉之也。」

不過，近幾年來，世間上已發現了一些龍存在的依據：2004年，有個人乘飛機從拉薩返回內地時，在西藏上空的雲海中，意外抓拍到了兩條龍。從照片上看，雖然攝到的僅為局部，但龍的身形非常清晰，身上有鱗片覆蓋，形狀也跟藏地寺院柱子上畫的一樣。後來人們將其稱為「西藏龍」。

（按藏地的民間說法，龍變化多端，是種特殊的動物。當牠願意顯現時，可以在山川大地上飛舞，身軀相當龐大；當牠不願意顯現時，可藏身於牛蹄印裡，像一條小小的毒蛇。所以，龍的身體可隨意變大變小。）

還有，2007年成都清江花園物管保安部紅外線監控室的鏡頭中，也清楚地攝到一條飛龍。當時的成都電視台，對此作過報導及分析。許多氣象專家和科學家都說：無法解釋這一現象，太神奇了！

大圓滿前行廣釋（四）附大圓滿前行實修法

2007年6月11日，貴州90年代出土的一具龍化石，經專家精心剝離，龍首上驚奇地出現一對「龍角」，與古代神話中的龍非常酷似，於是被稱為「新中國龍」。據古生物專家介紹，該化石保存得十分完整，此龍應生活在兩億多年前，而且是一條母龍，腹內孕有兩條小龍，骨架完好無損、清晰可辨。

這些依據，都足以證明龍的真實存在。現在有些學者單憑分別念，就對佛經中描述的動物或境相一律否認，這是不合適的。其實，經典中並沒有說，這些人人都能見到，而只有在比較特殊的情況下，個別眾生才能親眼目睹。當今這個時代，人們從不同角度也能證實龍的存在，因此，大家知道以後，應該了解龍所遭受的痛苦。

除了看不見的龍以外，我們在人間可以清楚看見的旁生，也非常可憐。比如，無有主人飼養的野獸等，時刻處於萬分恐懼的心態中，即使吃一口食物也不得安

穩，經常面臨互相啖食、遭獵人捕殺、被猛獸吞食等險情。「鷂鷹捉鳥雀，鳥雀吃小蟲」、「大魚吃小魚，小魚吃蝦米」，已充分表明了這些旁生以貪心、嗔心，無時無刻不在造互相殘殺的惡業。

而且，獵人們精通殘殺這些眾生的技巧，如設陷阱、撒網罟、射火弩，瞬間可使牠們喪命。尤其是現在科技比較發達，在沿海一帶，聽說有足球場那麼大的網，撒進大海就能撈出無數魚蝦。此外，捕殺飛禽也有種種器械，手段特別殘忍。所以對旁生而言，始終沒有安全感。雖然人類現在害怕恐怖分子、害怕小偷，不關門擔心出現意外，但跟旁生比起來，人類各方面還是比較安全的，不像旁生那樣，時刻都要遭受那麼多的侵害和威脅。

很多動物因自己的角、毛、皮等，往往會斷送寶貴的性命。例如，人們為了珍珠採集海貝；為了象牙、象骨獵殺大象；為了獸皮而捕殺老虎、豹子、水獺、狐狸；為了麝香而捕殺獐子；為了獲取血肉殺害野牛、野馬……誠如《親友書》所言：「有因珍珠有因毛，血肉骨皮而遭殺。」《心性休息》亦云：「因肉皮骨而遭殺，感受痛苦無邊際。」可見，旁生所遭受的種種痛苦，是我們難以想像的。

在丹麥，每年夏季都會舉行一項殘忍血腥的「殺鯨大會」，人們圍堵大量的鯨魚，然後把牠們全部殺死，整個海岸都被鯨魚的血染紅了。接著，他們還將鯨魚肉一塊

一塊割下來，平均分配給島上的居民。更不可思議的是，當地人竟把這視為是全家參與的活動，就連幼小的兒童，也在現場目睹鯨魚被屠殺的過程。這樣的傳統極其惡劣，試想：一個孩子若從小就薰染上這種觀念，那他長大後的思想和行為會怎樣？這個一點也不難想像。

在座的有些出家人，以前在家時不懂因果，曾殺害過無數眾生，這是極其可怕的。我個人而言，記憶中故意殺生的，確實沒有。也許是前世的因緣和三寶的加持吧，我生來特別害怕殺生，一見到這種場面，就躲得遠遠的，根本不敢看。但每個人的緣分不同，有些人恐怕也不是這樣。你們到底是怎麼樣的？應該好好地捫心自問。

不說前一世或再前一世造的業，即便是今生中，有些人也吃過無數眾生。如今特別無聊的廣告中常說，吃活魚對大腦好，可增強記憶力，使身體健壯。還有些地方殺豬烤肉時，手法特別殘忍：先將待斃之豬捆嚴，再以一棍棒狠擊豬身，直至其全身腫脹，每一毛細血管均充滿血漿，然後人們隨其所願，割下豬肉用於燒烤，據說味道鮮美無比，極富營養，吃後可以延年益壽……這些廣告特別虛假，但愚笨的人一聽，馬上就被吸引住了，然後興致勃勃地踴躍嘗試。所以有時候看這個社會，真的感覺地獄就在人間，許多動物特別可憐，牠們的身體反而成了送命之因。

不但野生的動物痛苦至極，即便是主人飼養的動物也

第四十八節課

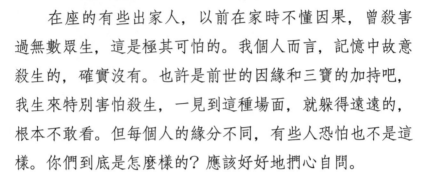

是如此。牠們由於愚癡呆笨的緣故，就連屠夫拿刀來到面前，也只是眼睜睜地看著，根本不知道逃避。此外，這些動物沒有一個不感受被人役使之苦的，尤其在牧區，常可以看到牠們被人擠奶、馱運貨物、遭人閹割、穿透鼻孔、辛勤耕地等，在不願意的情況下，遭受百般痛苦。

包括一些馬戲團，命令老虎鑽火圈、猴子耍火棍、大象單腿站立、海豚打球，這些精彩表演的背後，也無不充斥著棍棒交加、慘叫連連等殘忍手段。基於虐待動物的非人道性，現在許多國家已立法禁止馬戲團使用動物表演，如巴西、新加坡、芬蘭等都是這樣，美國和加拿大的一些州、省也有類似立法。若沒有如此，很多人在利慾薰心的驅使下，對這些動物毫無悲心，完全將其當成賺錢的機器，這是倫理的一種喪失。

如今在許多地方，對動物的虐待令人觸目驚心。比如牛馬等牲口，即使背上已傷痕累累，卻仍要馱運貨物、被人乘騎而艱難行路。當牠們實在走不動時，狠心的主人就用鞭子抽打或用石頭猛擊，從來不曾想過身為動物的牠們，也同樣有辛苦疲憊、病患疼痛。

成群的牛羊，從身強力壯到老氣橫秋，只要還沒到派不上用場或氣絕身亡之前，就無有休止地被主人使用。一旦衰老得不成樣子，或者被主人一刀結果性命，或者被賣給別人，無論如何都擺脫不了被宰的厄運，自然死亡的幾乎一個也沒有。

大圓滿前行廣釋（四）附大圓滿前行實修法

尤其在青海一帶，每戶牧民的家畜老了後，基本上都會被送至屠宰場。不像我們甘孜州，覺得年老的犛牛對家裡恩德很大，還是讓牠自然死亡，不願意把牠殺掉。而青海那邊，包括一些年輕藏人，覺得只要有塊肉吃就可以了，除此之外根本沒有悲心，這完全是道德淪喪的表現。

其實，旁生所感受的痛苦，是我們常人難以想像的，作為修行人，將旁生與人類同等對待非常重要。在這個世間上，從人道主義、素食主義的角度來講，旁生跟人一樣，也是有生命、有感覺的。英國學者彼得·辛格，曾於70年代寫過《動物解放》一書。該書出版之後，引起的反響相當大，短短三十多年的時間裡，就被翻譯成二十多種文字，在幾十個國家出版，英文版的再版多達26次。（我以前從頭到尾看過一遍，但由於是西方的表達方式，跟我們的思維有一定差距，有時半天反應不過來，不過內容非常好。）他在書中告誡人們：人類宰殺、食用、虐待動物的行為，持久、過分，甚至太過頭了！昔日，隨著「黑人解放」、「婦女解放」等運動的出現，人們慢慢都能認識到：所有人都是平等的。那麼，現在動物也應該有個解放運動，以使牠們擺脫悲慘的命運。

不過，極個別國家和有些人看後，可能沒有什麼反應，但具有仁德、良知的人，還是覺得這本書起到了很大作用。方便時，希望你們也看一下，雖然我個人感覺，有些文字上的理解比較費勁，但它的內容特別好。

現在人類的有些理念確實需要改變，不然的話，總以為「人吃動物天經地義」、「動物是上天賜給我們的食物」，自己的幸福始終建立在動物的痛苦之上，這種想法和做法非常不合理。然而，能明白這一點的人，如今可謂少之又少，因此從現在開始，大家一定要從自己做起，在有些行為上要逐漸改進。

當然，從佛教的角度講，也可以不用這些世間理論，只要設身處地觀想：一切眾生都當過我的父母，當它們正在遭受痛苦時，我應當發願替它們代受。或者想：倘若這些劇烈的苦痛落到我身上，那將如何忍受得了？從而發誓今後不害任何眾生，一定要度化它們……這樣再三思維就可以了。有些人總抱怨《前行》沒什麼可修的，其實你沒修過的話，的確沒什麼可修的；但你若真正觀修過，就會知道需要修的太多了，而且這些特別重要，比高深莫測的境界更重要。

如果你真能對動物像對待人一樣，那麼作為大乘修行人，其他很多境界都可以相繼出現。到那個時候，你不僅會對總的旁生界生起強烈悲心，甚至對自己飼養的動物，也會多一分仁慈、多一分愛心，盡心盡力去保護牠們。《梵網經》云：「若佛子常起大悲心……若見牛馬豬羊一切畜生，應心念口言：汝是畜生，發菩提心。」我們平時無論看到什麼動物，都應該心生悲憫，心裡想著讓牠發菩提心，口裡也這樣說出來，這是大乘行人時刻要記住的事

大圓滿前行廣釋（四）附大圓滿前行實修法

情。為什麼呢？因為乃至蟲蠅等細微含生以上的動物，都跟人類一樣有苦樂感受，而且牠們無一例外都當過自己的父母，對牠們生起慈悲心理所當然。

其實作為旁生愚昧無知，沒有福德，沒有善根，沒有行持善法的機會，始終處於愚癡的狀態中，非常可憐。正如《大寶積經》所云：「傍生趣者無量無邊，作無義行，無福行，無法行，無善行，無淳質行。」想到牠們的轉生因緣，我們務必要經常提醒自己，千萬不要造這些罪業，以免不慎墮為旁生。

《辯意經》中講了轉生旁生的五種因，如云：「有五事作畜生：一犯戒私竊；二負債不還；三殺生；四不喜聽受經法；五常以因緣艱難齋會。」墮為旁生的因，佛經裡說得很清楚，所以我們隨時都要注意，否則一旦不小心犯下，到時候後悔就來不及了。

對於上述道理，務必要具足前行、正行、後行來實修，即最初要發無上菩提心；中間觀想時，觀旁生總的痛苦也可以，分別的痛苦也可以；最後作圓滿迴向。希望你們在掌握理論的基礎上，一定要去實地修持。倘若將這些加行修得很穩固、踏實，諸多境界自會紛至沓來。反之，假如你連「旁生跟人類一樣」的理念都沒有，那即使表面上是修行人，實際上什麼法也修不成。

前面已講了地獄、餓鬼、旁生三惡趣，下面是總

結：由此可見，不管投生於三惡趣中任何一處，都必然要受苦受難，而且這種苦難的數量多不可數，程度無比劇烈，時間也極其漫長。更為悲慘的是，三惡趣有情由於愚昧無知、無有正法光明，以至沒有機會造善業，所作所為皆逃不出惡趣之因，故只要轉生於此，就很難有機會脫離。

我們作為人的話，修行再差勁，也能制止自己的惡行。比如不殺生，有毅力的人就可以做得到；只要你信仰佛教，再差也可以每天念一百遍觀音心咒。但作為旁生，即使能活上萬年，卻連一句觀音心咒也沒辦法念。因此，想到這些眾生的痛苦，一方面要生起大悲心，同時也要認識到，人與惡趣眾生的差距極大，一旦墮入惡趣，就很難再有出頭之日了，到時想解脫實在是難之又難。

我們作為修行人，不管出家還是在家，今生或前世一定積存了許多轉生惡趣的罪業，所以現在務必要誠心誠意努力懺悔，將以往所造的惡業盡量懺淨，立誓今後絕不再犯；並對惡趣中的有情生起強烈悲憫心，發願將自己三世一切善根，迴向給淪落惡趣的這些眾生，但願它們能早日脫離惡趣。

這是每天都要觀想、迴向的，字面上也沒必要多作解釋。你們對於這段內容，從現在到離開人間之前，務必要時刻牢記。每次作一點善法，比如聽一堂課、念觀音心咒、放生、聞思、背誦，都要通過念《普賢行願

大圓滿前行廣釋（四）附大圓滿前行實修法

品》等長的迴向文，或者一些短的偈頌，將善根迴向給三惡趣的可憐眾生，這是必不可少的修行。

　　同時，每個人還要思量：「我如今有幸遇到大乘正法，有了成辦自他二利的機緣，一定要刻苦求法、精進修行，將來好接引惡趣所有眾生到清淨剎土，願上師三寶加持我獲得這樣的能力。」並且祈禱上師本尊、念誦、發願……最後將善根迴向一切有情。

　　這段竅訣，我們平時必須要修。這沒什麼不會的，只要一行善、禪修，就可以這樣觀想。在座的修行人中，有些境界比較高，有些天天苦惱、散亂，但不管你是哪種人，總的來講，在短短的時間中觀修這些，應該誰都會。包括大城市裡特別忙碌的人，也可以一邊賺錢一邊觀想，常常這樣思維非常重要。

　　以上這一段，希望你們在書上好好勾一下，然後在觀修過程中，閉著眼再三祈禱：「但願諸佛菩薩、本尊、護法加持，讓我真正對三惡趣眾生生起悲憫之心。」並將自己的善根全部迴向給它們。每天若能這樣行持，即是名副其實的修行人。

　　或許有人想：「生在三惡趣中，的的確確是痛苦之本性，那麼人、天、阿修羅三善趣，該是安樂幸福的吧？」

　　實際上，善趣也同樣無有快樂可言，這個道理下一節課再給大家講！

第四十九節課

今天開始講三善趣的痛苦，首先是人類。

戊四（人類之苦）分二：一、三大根本苦；二、八支分苦。

己一（三大根本苦）分三：一、變苦；二、苦苦；三、行苦。

總體來講，六道輪迴中都有三大根本苦，但人類感受得更為明顯，故將其安立在「人類之苦」裡。

在學習的過程中，大家對此應細緻地思維。畢竟地獄、餓鬼、旁生之苦，我們無法親自感受，只能大致了解一下；而人類的這些痛苦，卻是在自己身心上時刻發生的，每個人應該都有所體會。當然，你從來沒有思維的話，那就另當別論了，但只要你稍加思索，就會明白佛陀所說的諸法無常、諸受皆苦之理，確實真實不虛。

所以，平時思維相當重要，這次大家共同修加行，不能只從文字上劃下去。雖說這些內容很簡單，只要你粗通佛理、懂些專用名詞，就會明白它的意思，不過真正去思維、去修行，卻不是那麼容易的。就像看一兩本書並不難，但把書中內容通過再三串習，讓它自然在心裡浮現出來，並應用於實際生活中，就不是那麼輕而易舉了。因此，古大德一再強調「學法容易修行難」，原因也在這裡。

大圓滿前行廣釋（四）附大圓滿前行實修法

其實，下面所講的三大根本苦，在日常生活中並不難發現。《法華經》云：「我等以三苦故，於生死中受諸熱惱。」我們這些眾生以苦苦、變苦、行苦，在生死輪迴中受盡了折磨。那麼，依靠什麼方法才能遣除這三苦呢？唯有依賴於佛法甘露。世人都想趨吉避凶、離苦得樂，為此有人尋找靈丹妙藥，有人追求錢財，有人渴望感情，有人尋求地位……可是真正能讓我們快樂的，只有依靠佛教精神。如果佛法融入於心，則定可解除一切痛苦，就好比重病纏身的患者，必須依止妙手回春的良醫，病痛才會徹底消除。

鑒於此，我很想將佛法教義，傳播到每個人的心裡。對有信心、智慧、善根、因緣的人而言，佛法不可不學，因為它能治療人類的三大痛苦，誠如《無量壽經》所云：「以諸法藥，救療三苦。」我們常說「眾生好苦」、「做人好難」，確實，不觀察不發現，一觀察的話，生活中每時每刻都在湧現痛苦，最終令幸福、舒適、快樂毀於一旦。所以，世間上最快樂的是誰呢？不是有錢的人，也不是有地位的人，而是佛教中看破放下、獲得自在的人。這並不是我們自讚自誇，這一點，自古以來的歷史都可以證明，眾多修行人的體驗也可以證明。

在當今時代，要想斷除人們內心的劇苦，佛法是必不可少的妙藥。因此，已發大乘菩提心的你們，不應對

旁邊的人置之不理，只顧自己獨享佛法美味。一旦你有了能力、智慧、悲心，就應分享給有緣眾生。當然這也需要一個過程，倘若你自己還沒成熟，就貿然跑到城市裡度化眾生，很容易被環境所染污，結果不但度不了別人，反而自己也捲進去了。因此，在修行的過程中，既要想到利益眾生，也要學會保護自己！

（今天是「三八」婦女節，我在網上祝賀所有女性佛友修行圓滿、無礙自在、善妙吉祥、開心快樂。同時給智悲學校的女老師也發了一些東西。本來，今早還想給學院女眾發些特殊的糖，但後來給忘了——可能你們沒修黃財神吧！不過也沒事，我從內心中祈禱上師三寶，加持你們每個人獲得真實的快樂。

關於「三八」婦女節，我以前在《旅途腳印·女人》中也講過，這個節日在國際上很受重視。雖然我們是出家人，放棄了世間的一切節日，但有些傳統，隨順一下也是有必要的。）

庚一、變苦：

人們現在所擁有的片刻快樂，可謂瞬息萬變，轉眼就會變成痛苦。比如，身體本來健康無病，但突然就會感冒、流鼻涕，無有自在；或者，享用對身體有利的飲食，正當吃飽喝足、心情愉快之時，沒想到胃腸生了寄生蟲，突然染上嚴重的浪踏病㉓，痛苦不堪。（我在十幾

大圓滿前行廣釋（四）附大圓滿前行實修法

㉓浪踏病：腸胃絞痛。由於寒熱交攻，胃及大小腸中寄生蟲動亂妄行，突發劇痛，如牛角尖壓刺胸腹。

歲時，也得過這種病。那時我還沒有上學，一次在山上放牛忽然發作，差點就離開了世間，多虧旁邊幾個牧童發現，才把我救了過來。）這就是變苦，有些經典也稱為壞苦，即世間上的快樂並不可靠。

《金色童子因緣經》中也講過，妙耳商主財富蓋世、舉世無雙，與多聞天子富饒相等。但他兒子降生之後，具足十八種醜相，家中出現諸多不吉祥，並且房子突然起火，將一切財物焚盡無餘。本來這一家無憂無慮，快樂如天人，但一瞬間的變化，就讓他們淪為最卑下的乞丐，過著極其淒慘的生活㉖。

這種變苦，在生活中也常能發現。前幾天我就遇到一個窮人，她說幾年前家裡房子起火，丈夫也被關進了監獄。多年來，她只有帶著孩子四處流浪，孩子現在沒辦法讀書，問我能不能讓他入智悲學校，後來我就答應了。

現在許多人都是如此，本來家庭狀況不錯，自己也年輕、富有、聰明，但一瞬間什麼都改變了。所以，大

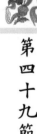

第四十九節課

㉖《金色童子因緣經》云：「是時城中，有一商主，名曰妙耳。止其城內，居家巨富，財寶廣多，數量增盈，與毘沙門天王富饒相等，於滿度摩帝城中家族最上無與等者。其妻於後生一童子，膚體麤黑，容貌醜惡，具十八種可厭惡相，身口穢污，惡氣充盈。家人眷屬，隨風聞者，返面而去。又復童子當初生時，舍中火起，財寶資生，焚爇竭盡，無復遺餘。舍中所有一切財物資生樂具，火既熾盛而竭焚爇，所焚無餘，火乃自息……昔居富盛，身著妙衣種種嚴飾，妙香花鬘莊嚴其體，口中常復含咀妙香，時嚥津液，又如天女，而常遊戲歡喜園中，飲食衣服諸妙珍寶莊嚴等具而悉豐足，奴婢眷屬親里知識內外昌盛，隨應所需悉得豐贍。何故今時如是破壞？所睹儀容，誠堪傷痛，頭髮蓬亂，塵垢污身，眾苦所侵，舉體枯悴，片衣破弊，膩穢增多，蚤虱縈纏，惡氣充塞，國城之內最下卑苦，傭力他家營食存養，此破壞相實可悲傷。苦哉福分速歸破壞，苦哉富貴所成不久，苦哉業報種種差別。」

54

家學佛以後應該明白，不管是自己還是他人，誰的身上都可能出現變苦。《般若波羅蜜多心經幽贊》中也說：「世間諸樂，必歸壞盡，緣合纏憂，俱名壞苦。」世間的一切快樂，最終必歸於壞盡。看看一些名人、富人，他們昔日風光無限、一手遮天，最後卻以非常悲慘的方式離開了人間。所以，變苦是每個人皆無法擺脫的規律。

在座的很多人，如今雖然身體完好無損，家裡比較快樂幸福，修行等方面也不錯，但我們畢竟轉生於有漏的輪迴中，總有一天，這一切都會滅盡的。正如有首道歌中所唱：「美色，宛如夏天的鮮花；財富，好似秋天的白雲。」因此，表面上絢麗多彩的事物，實際上禁不起風吹雨打，很快就會毀壞無餘。當然，學過大乘佛法的人，對於任何挫折、變化都能理解，也能坦然接受。而沒有學過佛的人，面對這一切時，總會覺得老天對他不公、社會對他不公，以致怨天尤人。

其實，世間上處處都是變苦，一個人正當快快樂樂時，也許忽然就被怨敵趕走了家畜、大火燒毀了房屋、病魔纏身、聽到別人惡語中傷等，頃刻之間樂極生悲，痛苦紛至沓來，想都想不到。例如，2008年的「5·12」汶川大地震，下午2點27分還一切正常，但到了2點28分，突然間風雲變色、天翻地覆，短短幾分鐘之內，無數人就家破人亡，美麗的家園化為廢墟，哀嚎

遍野，慘不忍睹。

可見，人類的生命極其脆弱，身體和感受都不可靠，即便是暫時擁有的安樂、幸福、名譽，也沒有一絲一毫恆常、穩固，終究都離不開痛苦。有些道歌中形容：「安樂如毛髮般細微、脆弱，什麼時候斷掉，誰也無法確定。」《正法念處經》亦云：「於生死中，多諸過患，無堅無常，變易破壞。」因此，輪迴中的痛苦、不順多之又多，安樂、幸福、愉悅卻少之又少，就算偶爾有一點，也是不堅固的，剎那間就會變成痛苦。

去年，全球爆發了一場金融危機，東西方許多富人紛紛陷入了絕境。比如，德國第五大富豪默克勒，以92億多美元的身家在2008年《福布斯》全球富豪榜上排名第94位，但由於這場金融風暴，導致他的商業帝國一落千丈、經營慘淡。默克勒不堪投資失敗、資產大幅縮水，最終撲向一輛疾駛而來的火車臥軌自殺，震驚了整個德國。還有，一度擁有5億歐元身家的愛爾蘭地產大亨羅卡，也因無法接受投資失敗，致使愛爾蘭第三大銀行倒閉，而於豪宅內開槍自殺身亡。這樣的現象不可勝數，去年一段時間裡，好多有錢有勢的上層名流，在短短幾個月中傾家蕩產，完全變成了另一種人。

當然，沒有學過佛、不了解輪迴狀況的人，一遇到變故，就會覺得天昏地暗、萬念俱灰，而稍有修行境界的人，則絕不會如此。所以，我們作為修行人，每天要

好好思維這些道理，通過以上的比喻、案例，真正體會到人間的痛苦。倘若你能從心坎深處認識到「世間一切不離痛苦，沒有一個安樂永恆不變」，從而息滅對世間萬法的貪著，乃至對整個輪迴都生起恐怖心、厭離心，那你的修行肯定會成功。否則，不了解三界輪迴的真相，只是表面上用些高深莫測的術語維護自己、安慰自己、讚歎自己，恐怕沒有多大意義。

所謂修行，一定要想方設法改變自己的心。只有對輪迴生起出離心，剎那也不願意待在這裡，就像膽病患者厭惡油膩食物、犯人厭惡黑暗的監獄一樣，修行才會圓滿成功。《四百論》中云：「於此大苦海，畢竟無邊際，愚夫沉此中，云何不生畏？」輪迴是一個無邊無際的大苦海，愚昧無知的凡夫沉於此中，以苦為樂、把不淨糞當美食，始終看不清萬法的真相，對此應當心生畏懼。

放眼當今社會，說實話，許多人的行為沒有絲毫意義，人生如此短暫，為了財富、名聲而付出一切，到頭來又能得到什麼？只要一想，不少人應該有所領悟。然遺憾的是，還是有相當一部分人，想法與我們截然不同，你給他指出一條光明、快樂的金光大道，他反而認為你精神有問題，質疑你動機何在，對於這樣的人，我們也無計可施。

但不管怎麼樣，願意接受佛教的人，希望你們好好

大圓滿前行廣釋（四）附大圓滿前行實修法

思維輪迴的痛苦，並通過不斷串習，發自內心對此有所認識。若能如此，佛法的許多境界，包括密法的超勝境界，自然會在你心裡顯現出來。否則，不經過次第修行就想開悟，除了個別利根者以外，一般人又談何容易？

庚二、苦苦：

所謂苦苦，指前面的痛苦還未煙消雲散，後面的打擊又接踵而來，可謂一波未平，一波又起。比如說，麻瘋病還沒有痊癒又生毒癩㉗，毒癩還沒好轉又生膿瘡；父親不幸逝世，緊接著母親也撒手離去，被怨敵搶劫一空又加上心愛之人命歸黃泉。

曾有一則新聞報道，東北有戶人家一天內連遭奇禍：孩子放學的路上，被一輛麵包車撞死；父親為了救他，攔車時被一輛轎車撞斷腿；妻子難以承受這嚴重的打擊，精神失常；老母親聽說後突發腦血栓，住進了醫院。人們都說這家特別不順，但其實也是前世或今生的業力現前，才導致了這些痛苦。

《賢愚經》中的微妙比丘尼，在家時痛苦屢屢發生在她身上，各種經歷更是不可思議：一次，她因有孕在身，要和丈夫、兒子回娘家生產。途中在一大樹下過夜，半夜時她突然臨盆，流出很多污穢之物，結果引來毒蛇，咬死了她的丈夫。第二天一早，她爬去拉丈夫的手，才發現他已死去多時，當即傷心得昏厥過去。大兒

㉗毒癩：頭疽，瘡初起頂如粟米，後來根盤擴大，狀如蜂巢。

子見此情景，大聲哭叫，她又慢慢甦醒過來。無奈之下，她只好把丈夫的屍體丟在那裡，肩上擔著大兒子，懷裡抱著小兒子，涕泣著上路。

半路遇到一條大河，又深又廣。她就把大兒子擱在岸邊，先抱小兒子渡河，回來再接大兒子。等她去接大兒子時，大兒子見她過來了，興沖沖地淌進水裡，不料竟被急流沖走了。她想去救大兒子，卻力所不及，只能眼睜睜看著他隨水而逝。她悲痛欲絕地返回對岸，尋找小兒子的蹤影，豈料小兒子已被狼吃掉了，唯有血跡斑斑、殘骸滿地，她又一次昏厥過去，很久才醒過來。她繼續向前趕路，正好遇到一婆羅門，是她父親的朋友。她問起父母的情況，婆羅門說：「你父母的房子近日起火，一家人全被燒死了！」⋯⋯

對我們而言，雖沒有像她一樣，有這麼嚴重的痛苦，但平時還是能感受到很多。比如，今天感冒了，別人又說自己壞話，同時還丟了最珍貴的東西，路上也非常不順⋯⋯有些人遇到這些以後，就覺得很倒霉，但實際上也沒什麼，因為世間本就如此，我們如果心裡有數，面對起來也比較容易。

關於苦苦，隋朝慧遠大師在《維摩義記》中形象地解釋為：「從苦生苦，故名苦苦。」「苦上加苦，故名苦苦。」這就像我們常說的「禍不單行」，一個人在眾多業力的激發下，種種痛苦層出不窮，從苦中又產生

大圓滿前行廣釋（四）附大圓滿前行實修法

苦，或者苦上又加苦，此即為苦苦。

總之，人間的這些痛苦，我們不但要從文字上了解，觀修時也要有所體會，了知輪迴中無論生於什麼地方，都會一個痛苦接著一個痛苦，這個痛苦還沒消失，那個痛苦又出現了，連一剎那安安穩穩、快快樂樂的機會也沒有。此時，我們應當祈禱上師三寶，發願代受所有眾生的痛苦。就像《修心七要》中所言：「當我遭受痛苦時，願眾生的所有痛苦都加於我身上，以此善根，但願消除一切眾生的痛苦。」這是將痛苦轉為道用的最好方法！

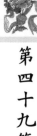

庚三、行苦：

我們這些自以為安樂的人，表面上好像沒有親身受苦，但實際上，也絕沒有擺脫痛苦的本性。比如，吃飯穿衣、住房受用、裝飾設宴等，都可能成為造罪業的因，所作所為完全是罪惡的偽裝，這一切的後果無疑就是痛苦。

行苦的解釋方法，《俱舍論》、《寶鬘論》等諸多論典中各有不同，但一般按大乘的觀點，行苦是指變化，也就是說，只要是變動遷流的事物，即是一種痛苦。《入中論》講義中也說，見「眾生猶如動水月」，從而對其產生悲心。為什麼呢？因為眾生像水中月影般動搖不定、毫無實質，不由自主地隨因緣變化，不可能有真實的快樂，所以要對其生起悲心。這方面的道理，在《中觀四百論注

釋》、《中觀根本慧論》等中也有闡述。

通常而言，行苦是很難體會到的。宗喀巴大師在《菩提道次第廣論》中，用過一個比喻說㉘：就像生了瘡沒有去碰它一樣，當時雖然沒有感覺，但只要這個東西在，痛苦就會隨時到來。因此，行苦雖然暫時沒有表現出來，但它始終以一種隱藏的方式存在著。

還有些經典中，用生、老、死對應三大痛苦：所謂的生，以行苦示現；所謂的老，以壞苦示現；所謂的死，以苦苦示現㉙。大家在修行過程中，應該經常觀察這些道理，以切實了解佛陀所講的「輪迴皆苦」。常聽人說：「誰說輪迴痛苦啊？我現在就過得很快樂，你看，我有錢、有地位，一點痛苦都沒有……」但這種快樂，充其量只不過一兩天，你敢保證永遠能如此嗎？你從小到大都是這樣嗎？答案必是否定的。其實，只要真正統計生活中的苦與樂，除了個別有境界的修行人以外，大多數人快樂的比例應該說很小。

下面，以茶葉與糌粑為例，進一步說明行苦的道理：

茶葉是漢地生長的一種植物，藏地以前不產茶，現在除了極少的地方外㉚也不產。其實在茶葉的播種、剪葉

大圓滿前行廣釋（四）附大圓滿前行實修法

㉘《菩提道次第廣論》云：「又如熱癩，俱未觸會二觸之時，有漏捨受，為諸粗重之所隨逐，故名行苦。」

㉙《緣生初勝分法本經》（隋達摩笈多譯）中，比丘白佛：「大德，生以何苦示現？」佛言比丘：「行苦示現。」比丘白佛：「大德，老以何苦示現？」佛言比丘：「壞苦示現。」比丘白佛：「大德，死以何苦示現？」佛言比丘：「苦苦示現。」

㉚如爐霍縣種植少量的茶葉，叫做俄色茶。

等一系列過程中，殺死的眾生不計其數。以前我去過雲南、杭州等地，看他們在種植茶葉時，茶葉上有密密麻麻的蟲，被農藥一噴，就全部死了。

關於現在的茶，那天一個韓國人跟我講：「好茶是不可能上市的，你們買的這些全部是垃圾，以後不要再喝了。您想喝茶的話，我來提供。」不過，有些情況也的確如此，據說好茶都被種茶人自己留著，而不好的茶，才會拿出來賣，明明是一年的普洱，包裝上卻寫著「千年普洱」，差距特別大！

在藏地，茶葉在人們日常生活中必不可少。以前阿底峽尊者進藏時，為了給他洗塵，藏族信徒向他敬獻了茶。尊者先是「獻新」供養諸佛菩薩，然後開始喝茶。喝過以後，尊者非常歡喜，說：「藏地有這麼好喝的茶，真是你們的福氣！即使在我們印度，也沒有這種茶。這茶喝了不僅解渴，還有明智、壯身、解困、樂行善事等諸多好處，如果印度有這種茶，我會不惜用金子買來。」所以，我們也應學習阿底峽尊者，有時間就好好喝茶（眾笑）。不過在這裡，華智仁波切要闡述的是，茶葉背後還隱藏著種種痛苦：

在過去，康定以下到雅安之間，道路只能徒步行走，茶葉要想運進來，必須完全靠人力。為了一次性多運點，每個人需要攜帶重達六十二卡㉛的分量。而且在

㉛卡：藏地茶葉的計量單位。

二郎山的森林中，常有強盜、猛獸出沒，茶商每次路過之時，能安然通過的幾乎很少。（當時的社會狀況，從法尊法師、貢嘎上師的歷史中也看得出來。）在運茶的過程中，人們將大茶頂在頭上，久而久之，前額的皮膚被磨得一乾二淨，甚至到了白骨清晰可見的程度，但仍在不停地運送。（二十年前我去尼泊爾時，在尼泊爾的邊界，見那裡的人都用頭頂著很多東西，就想起了華智仁波切的這段文字。）而從康定以上，雖然道路比較暢通，不需要依靠人力，但也要用犏牛、犛牛、騾子等馱運上來。由於路途漫長、風雨兼程，所有牲口都是腹背瘡傷㉜、毛脫皮爛等。

說到茶的來之不易，許多藏族老年人都深有感觸，甚至有些人還經歷過昔日運茶的艱辛。那時候得到一塊磚茶，確實不容易，背後有許多的付出和痛苦。相比之下，現在交通發達，運輸工具也很先進，是否就不會造那麼多業了呢？也不是。如今製作茶葉及交易的過程中，人們造的罪業並沒有減少，只不過中間有些過程省了而已。

不僅運輸時人畜要感受無法想像的役使之苦，而且在經銷茶葉時，買賣雙方都要通過彌天大謊、不顧廉恥、發誓賭咒、背信棄義等欺騙手段或大吵大鬧來銷售，這一點勢必在所難免。（現在很多居士經商，覺得不打妄

大圓滿前行廣釋（四）附大圓滿前行實修法

㉜腹背瘡傷：指犛牛馱貨時，背部被鞍子或貨物磨傷，腹部肚帶緊勒，行走時將腹部磨傷。

語沒辦法做生意，不做生意，就沒辦法生活，他們為此非常苦惱。這個問題，是佛教因果與現實生活之間的矛盾，我們也找不到兩全其美的方法，只能回答：「盡量真實一點，別的辦法可能也沒有了。」）

在藏地，人們以前喝的都是大茶，而現在逐漸有了普洱、龍井、茉莉花茶等。這些茶葉的背後，也照樣隱藏著許多惡業。因此，我們平時喝一口茶，覺得好香、好舒服，但它卻離不開痛苦的本性。當然，詳細分析這些客觀問題，並不是要求大家以後不吃不喝，而是讓你們清楚地認識到：一切快樂的背後，還有無數的痛苦或痛苦之因。

其實有漏法不離遷流變化，這就是行苦，如《心經幽贊》云：「諸有漏法，性墮遷流，逼迫不安，皆名行苦。」所以，你覺得喝茶快樂，但它也是變化的，背後隱藏著諸多痛苦；你覺得吃飯很享受，但它仍離不開行苦，如詩中云：「誰知盤中餐，粒粒皆辛苦。」這一點，你沒有去過加工廠、市場，可能感覺不到，反而認為生活清淨無比、充滿陽光，但你真正去了之後，必定會有不同的感受。

我們平時修行比較差，原因也是從不思維這些道理。比如住在一所房子裡，從來不想房子的來源是什麼？用著信眾的血汗錢，從來不想有沒有對不起眾生？一天換一件漂亮衣服，什麼白的、紅的、黑的、綠的、

花的、上白下黑……雖然特別快樂，卻從不想它的背後是什麼？甚至只吃一頓簡單的飯，也從不想這些柴米從哪裡來？其實，思維這些就是修行，若能經常這樣串習，即是很好的修行人。所以，我們平時要對起心動念、所作所為涉及的人和物多作觀察，否則，像精神病人那樣只顧自己，對眼前、未來、過去的一切從不分析，那對修行不會有任何幫助。

剛才講了茶葉在運送、銷售時，處處離不開行苦的本性。那麼，除此之外是不是再沒有其他痛苦了？並不是。在茶葉經銷的過程中，按照藏地以前的規矩，基本上要用綿羊毛、羊羔皮來兌換，而這些綿羊毛、羊羔皮，背後也潛藏著許多罪業。

就拿綿羊毛來講，夏季時，每隻羊身上的蝨子、吸血蟲等，與牠的羊毛數量不相上下。當人們用剪刀剪羊毛時，這些含生大多斷頭斷腰、內臟脫出而亡，剩下來的也與羊毛絞在一起，憋得喘不過氣，最後只有死路一條。

羊羔皮也不例外。小羊羔出生之後，身體正在發育成長，剛有了苦樂感受、能感受到生存的快樂時，主人為了羊羔皮，就立即把牠宰殺了。雖是愚昧無知的畜生，但牠也同樣渴望生存、畏懼死亡，害怕遭受氣息分解的痛苦。而且，小羊羔的母親見孩子被殺，就像死了獨子的慈母一樣肝腸寸斷，這些都是我們在現實生活中

大圓滿前行廣釋（四）附大圓滿前行實修法

親眼目睹的事實。因此，只要稍微思索一下諸如此類的商品買賣，就能深刻地認識到：僅僅是喝一口茶，也已成了惡趣之因。

　　所以，喝一口茶也不容易啊！現在人在買茶時，用的雖然不是羊羔皮、綿羊毛，而是錢，但這些錢的來源又是如何？大家也應該從各方面分析。

第四十九節課

第五十節課

今天繼續講三根本苦中的行苦。

這裡講了，我們所吃的食物、所喝的茶，背後都隱藏著各種罪過。但這樣說，並不是讓你不能喝茶、不能吃糌粑、不能吃米飯，真正的修行人必須餓死。藏地的措智讓珠等大德，也講過清淨食物的諸多功德，因此享用飲食並不過分，關鍵是要明白：這些飲食的背後，還有許多不為人知的惡業。

自古以來，大德們對清淨食物有很多讚歎。就拿茶葉來說，阿底峽尊者來藏地時對它讚不絕口，說喝茶可強身健體、神智清醒、遣除疲勞和睡眠、生起善心，尤其是來自漢地的茶，跟天人的甘露沒什麼差別，是供養三寶的極好供物。據歷史記載，尊者還將茶葉當成最好的禮物，寄給印度的高僧和友人。同樣，在漢傳佛教中，許多大德也極為推崇茶文化，並將其與禪宗結合起來。由此，茶葉的殊勝可見一斑。

儘管茶葉背後有一些過患，正如前文所說，種植時會殺害蟲類、銷售時會說妄語等，但我們作為享用者，相續中若沒有這種發心，過失應該不會太大。比如，一個人在喝茶時，並沒有殺蟲的意樂，也沒有殺蟲的行為，最終沒有親自去斷絕蟲的命根，那麼按照佛經的觀點，他不會有殺生的罪業。

大圓滿前行廣釋（四）附大圓滿前行實修法

任何經典中都沒有說，你做一件事情時，如果間接導致了眾生被殺，就要承擔殺生的所有罪過。雖然每個人的日常行為中，不知不覺會牽涉許多惡業，但只要你來到這個世界，就難免如此，想完全清淨也是不現實的。以前宣化上人說過，凡夫人走路會踩死蟲蟻，而只有阿羅漢等聖者，行走時腳不沾地，離地總有三公分那麼高，這樣才不會把蟲踩死。

因此，在這個世間上，不摻雜一點罪業的飲食，哪裡都找不到。然儘管如此，大家也不要以無所謂的態度對待所有事物，而應關心它背後的一切，為那些相關的眾生多作迴向。比如，你每天早上起來應該想：「我今天所享用的飲食、衣服，或者所接觸的任何事物，如果與哪一個眾生有緣，但願他的相續獲得利益。」這樣以菩提心攝持，自己的一切行住坐臥，全都成了功德，於菩提道有利，這對修行人而言至關重要。

下面就藏地生活中不可或缺的糌粑，華智仁波切再作一番剖析，以闡明行苦的道理：

糌粑，是青稞炒熟之後再磨成的粉，為藏族人數千年來的主食，就像漢地的麵食、米飯一樣。青稞一般生長在海拔3200米至3800米之間，3200米以下或3800米以上，都不會生長——我們學院就是3800米以上，壇城剛好是4000米，所以這裡基本不長青稞，即使有人種一

點，也長得不飽滿。

　　歷代許多高僧大德，對糌粑的讚歎非常多。譬如，金厄瓦格西說過：「修行人唯一不可缺少的殊勝食物，就是糌粑。」有人曾問一位著名的醫生：「世上能治療百病的靈丹妙藥是什麼？」他回答：「是糌粑。」有些大德也讚歎道：「食用糌粑，可祛除身體裡的風寒，增長智慧。」而且歷史中記載，糌粑是觀音菩薩特意加持並賜給藏地的食物，誰若食用，相續中就能生起大悲心。

　　在藏地，從沒有聽說誰因吃糌粑中毒了，或者醫生不讓病人吃糌粑。一個人即使病得再厲害，其他食物都無法下嚥（如患了食道癌），糌粑還是可以食用。甚至有些專家發現，糌粑對人體健康、壽命延長，有不共的功效。最近有學者研究後宣稱：「在一百萬人當中，能活到一百歲的，只占百分之六點幾。但是高寒缺氧的青藏高原，百歲老人卻非常之多，他們延年益壽的主要原因，與常吃青稞是分不開的。」尤其是與肉類、魚類相比，糌粑絕對稱得上是「清淨食物」。但此處為了闡明行苦的道理，華智仁波切告訴我們：糌粑的背後也有很多罪業。

　　他是怎麼講的呢？糌粑的來源是青稞，青稞在最初耕耘時，地上所有的蟲被活活埋到地下，地下所有的蟲又被翻至地面上，耕牛不論走到哪裡，隨之而來的烏鴉、鳥雀，都會跟在後面不停啄食著小蟲。當灌溉田地時，水裡的含生會乾涸而死，旱地上的含生則溺水而

亡。到播種、收割、舂磨等時，所殺的含生也不可勝數。想到這些，我們吃糌粑就如同在吃蟲蠅粉末一樣。

或許有人認為：「既然吃糌粑如同吃蟲，那吃素和吃葷就沒什麼分別了。」這種想法不合理。此處所說的「一樣」，是讓我們認識到糌粑的背後有許多罪業，並不是說吃一碗糌粑和吃一碗蟲真的完全相同。措智仁波切也講過：「吃蟲跟吃糌粑有很大區別。吃了糌粑以後，可令修行人身體健康、長久住世，行持許多善法。而他身體好的話，體內兩萬一千條蟲也會健康，不會死去。雖說種植青稞時難免會殺生，但這些眾生即使沒有被殺，到了秋冬季也會凍死。所以，只要不是故意殺蟲，過失不會有那麼大。」當然小的過失還是會有，所以，大家平時享用食物時，應迴向與之相關的所有眾生離苦得樂，這樣的話，功德會遠遠勝於過失。

我們做任何一件事情，都要看看功大還是過大。倘若盲目地認為不能吃糌粑、不能喝茶、不能吃酥油，一直等著餓死，那過失會更大。佛陀在任何經中都沒有說，所有修行人一定要等死。華智仁波切之所以講食物的過失，也主要是為了提醒我們：修行要以正知正念來攝持，否則，到時候會償還很多債務。

我曾看過漢地寺院的一個偈頌：「施主一粒米，大如須彌山，若不勤辦道，披毛戴角還。」這跟藏地有些大德的說法不謀而合。施主所供養的任何財物，我們在

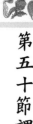

修道過程中，都應隨時念經迴向，不要認為可有可無，對施主的供養一點也不珍惜。在過去，藏漢兩地的高僧大德特別惜福，注意珍惜糧食，對供養隨時作迴向，否則，今生肆無忌憚地享用施主的財物，來世很可能要當牛做馬，用自己的身體去償還。

所以，這些因果觀念，大家一定要學習。通過學習，對不同的觀點認識之後，再去分析各個教言的究竟密意在哪裡，這樣一來，你的行持就不會偏墮。否則，一聽到糌粑、茶葉的過失，就從此不吃不喝，什麼都不敢做，這也沒有必要。因此，行持善法的時候，大家先要了解大德們的不同意趣，只有這樣，才能懂得諸佛菩薩的密意何在。

又有人想：「既然糌粑、茶葉都有過失，那被稱為三白三甜㉝的酥油、牛奶等，應該是無罪清淨的食物吧？」但事實並不是這樣。為了獲得這些東西，大多數小羊羔和牛犢都會被殺，即使是未被殺的，也很難吃到一口甘甜的母乳。主人用繩子將牠們拴在樁子上，行走時兩個牛犢互相連在一起，吃一口奶的權利也被剝奪了，而主人則從牛奶中提煉出酥油。（藏地大德對酥油的功德也講得特別多，但今天不講了。因為最近酥油賣得比較貴，若講得太多了，你們想買又沒錢，可能會有點傷心！）

本來，母親身體的精華，是孩子生命的源泉，但牛

㉝三白三甜：乳汁、乳酪、酥油為三白，冰糖、蔗糖、蜂蜜為三甜。

大圓滿前行廣釋（四）附大圓滿前行實修法

奶被奪走以後，牛犢會處於不死不活的地步——這些道理，當過牧民的人完全明白，而生長在漢地的道友，不一定特別清楚。其實在藏地有些地方，人們的行為極其惡劣，小牛剛生下來就被殺掉，如此主人在整個夏天中，就可以不斷地取用牛奶。有些牛犢即使沒被殺，也喝不到一口母親的乳汁，這種遭遇，與人類的境況對比，真的相當可憐。而只有極少數信仰因果的牧民，在得到牛奶的同時不會傷害小牛，做任何事都能掌握分寸，這樣他們生活上也沒有太大罪過。就像漢地的一些農民，從來不去偷盜，也不故意殺生，完全靠自己的勤勞種莊稼，那他所享用的糧食，可以說是無罪的。就算有一些罪業，只要念些心咒作迴向，即可得以清淨。

下面講母牛：雖是體魄健壯的母牛，但因主人日日抽取其精華，到了春季時，因綠草還沒有長出，冬天的乾草也吃完了，身體得不到食物的補充，此時牠們從臥處爬也爬不起來，已是精疲力盡、奄奄一息。所以，犛牛的「金融危機」是在春天，這時候牛都比較瘦，尤其是一旦下大雪，地上的草全被覆蓋住了，很多母牛和小牛會因此而餓死。即便僥倖活了下來，也是乾癟贏弱、四肢萎縮、步履艱難、瀕臨死亡，成了拔炒棍頭一樣。

「拔炒棍頭」，是炒青稞時在鍋內翻撥的木棍，棍頭上還捆了一點東西。春天的小牛特別瘦，似乎輕飄飄的，牧民們一看就會說：「牠像拔炒棍頭一樣，可能熬

不過今年春天。」這是藏地對牲口瘦弱的一種比喻，你們可能不太容易理解。

以前我在讀中學時，課本裡有好多漢地的比喻。當時漢語老師是漢族人，他上課時一個人講得很起勁，可是我們怎麼也聽不懂，雖見他在那兒拼命地表演，但心裡一點影像都顯不出來，這就是傳統習慣不同所致吧。聽說過去格魯派一些格西講《前行》時，也覺得有些比喻比較難懂，怎麼樣都想不出來。像這個「撥炒棍頭」，我以前就做過，因為是牧民家的孩子，從小就會打酥油、炒青稞，家裡的活兒都會幹，現在若給我一塊布和一個木棍，我也能馬上做得出來。

總之，現在認為幸福的所有事物，包括口中吃的、身上穿的，一切財物、食品、受用，都唯一是通過造罪業才得來的。且不說無惡不作的有些行為，就算是看似清淨的生活，阿羅漢等聖者去觀察時，也直接、間接與罪業有密切關係。

「天眼第一」的阿那律尊者，曾用神通看一杯水，發現水裡有無數生命，因此不敢喝。後來佛陀告訴他：不應以阿羅漢的神通觀察，而應以肉眼所見，抉擇某些行為的取捨。漢地《毗尼日用》中也說：「佛觀一缽水，八萬四千蟲，若不持此咒，如食眾生肉。」並要求出家人在喝水之前，念寶髻如來心咒「唵哇西波拉牟尼娑哈」，這樣才不會有過失。

如今隨著科技的發展，憑藉科學儀器觀測，發現一杯水裡真的有很多細菌，但早在兩千多年前，佛陀及諸位聖者對此就已清楚照見了。那麼，我們喝水會不會有過失呢？佛陀說，只要不是肉眼所見，沒有故意殺生之心，則不會有過失。否則，我們肉眼看不見的東西太多了，包括所謂的「暗物質」㉞，占了宇宙間所有物質的90%以上，所以，取捨應建立在看得見的層面上，不然的話，我們造的業就不計其數了。

　　其實，業的建立跟心有關。按照大乘論典所言，業分為不動業、非福業、福業㉟，這些皆依無明而起。所以，業跟分別念有很大關係，倘若沒有分別念的造作，只是無意中造了非福業，則不會成為墮惡趣的根本因。因此，對於這些問題，大家一定要分清楚。

　　當然，有時大德們為了強調某個道理，比如這裡所講的行苦，會再三告誡我們：任何一個表面的快樂，背後都有許許多多罪業，這一切的果報終將要感受漫漫無邊的惡趣之苦。從而令我們認識到「諸行無常，諸受皆苦」、「三界猶如火宅」的真諦，這也是有特殊必要的。不過，現在人一聽「三界皆苦」，經常無法接受。

㉞什麼是暗物質？暗物質（包括暗能量）被認為是宇宙研究中最具挑戰性的課題，它代表了宇宙中90%以上的物質含量，而我們可以看到的物質只占宇宙總物質量的10%不到（約5%左右）。暗物質無法直接觀測得到，但它卻能干擾星體發出的光波或引力，其存在能被明顯地感受到。科學家曾對暗物質的特性提出了多種假設，但直到目前還沒有得到充分的證明。
㉟不善業，稱為非福業；欲界所攝的善業，稱為福業；色界、無色界所攝的善業，稱為不動業。

尤其是一些成功人士，總覺得自己很風光、很快樂，沒有什麼痛苦，卻不知現在的一切所為，都將成為未來痛苦之因，只不過眼前還沒有感受到而已，一旦用微妙的智慧來觀察，現在的一切皆不離行苦的本性。

以上講了三根本苦的最後一個——行苦。

己二（八支分苦）分八：一、生苦；二、老苦；三、病苦；四、死苦；五、怨憎會苦；六、愛別離苦；七、求不得苦；八、不欲臨苦。

關於八種支分苦，《佛說五王經》㊱中有廣泛的描述。其實漢文的《大藏經》，收錄了好多殊勝經典，但可惜的是，現在全部塵封在書架上，真正通達的人屈指可數。平時我接觸一些佛教徒或法師時，發現他們常提起的只有幾部經，除此之外，並沒有大量閱經的習慣。我們藏地也是一樣，《甘珠爾》（佛經）與《丹珠爾》（印度大德的論著）大概三百多函，但這些不要說完全通達，經常翻閱的，除了極個別高僧、格西以外，也寥寥無幾。雖說許多信眾特別虔誠，但如果問他：「什麼是八支分苦？八支分苦在哪一部經裡講得很清楚？」可能大多數人都答不出來。

實際上，《前行》的很多道理，在《大藏經》中都

㊱《佛說五王經》：失譯人名，附東晉錄，收於《大正藏》中。內容為五王共相友善，四王各說世樂，惟普安王說出世樂，因引四王見佛，佛為說世間八苦，遂同出家修道。

能找到出處。這些經典，以前的譯師都翻譯過，但現在真正能了解的，不知道有多少。我曾遇到一位比較出名的法師，在與他探討《前行》的過程中，他始終認為華智仁波切所講的這些內容，只與藏族風俗習慣有關，跟漢傳佛教毫無瓜葛。當時我就以七支供為例，從各方面給他講了很多，以說明《前行》與《大藏經》並不相違。其實他只是沒看過《大藏經》而已，如果看了，就會明白華智仁波切講的許多道理，除了少數印度、藏地的公案以外，在《大藏經》中都能一一對應。所以，《前行》並非只是藏地傳統所匯集的一本書。

如果你們有時間、有精力，希望也能好好鑽研一下《大藏經》。尤其是城市裡的年輕人，通過網絡等方便途徑，很容易讀到這些經典。然而，有些人可能太忙了，每天忙於各種瑣事，根本沒有心思讀佛經。但不管怎樣，希望有緣的道友還是抽空翻閱一下，對這些道理認真去思維。

這次我講共同加行，並不是要求大家在理論上有超越的認識，而是希望你們對每節課、每個道理，能一絲不苟、認認真真地去觀察、去串習。這些沒什麼不懂的，只要輔導員念一遍，你就可以直接觀想了。其實生老病死的道理很簡單，如果你實在觀不來，可以到醫院去看看，那裡是生老病死最好的現場。當年，釋迦牟尼佛也是通過四門出遊，看到一幕幕生老病死的景象後，真正生起了出離

心，知道自己身為王子也逃不出死亡，逃不出輪迴之苦，因而力求出家，前往寂靜處潛心修行，終證佛果。學院的很多出家人，有些也是感悟人生苦短、瑣事無邊，於是捨棄一切而出家修道，但有些不一定有這麼好的出離心。而作為在家人，即使你沒有出家的緣分，也應該對生老病死有深刻認識，並在此基礎上，再三思維這些道理。其實，生老死病誰都會思維，只不過很多人不去做罷了。如果你不去做，那修行境界永遠也不可能提升！

庚一、生苦：

本來，人類有胎、卵、濕、化四生，但因南贍部洲的人大多是胎生，故此處主要是講胎生之苦。

按照佛教的觀點，有情生命的延續，要經歷本有、死有、中有幾個階段。「本有」是從投胎後開始，直到死亡之前，即今生的整個過程；「死有」是指從死魔纏身到斷氣之間（也有說是死時斷氣的一剎那）；「中有」又稱中陰身、尋香識，指此期生命結束到下期生命開始的過渡階段。

《正法念處經》裡說，中有尋香識㊲是一種意識形態，具有他心通等有漏神通，就像夢中身體一樣飄飄忽忽、晃晃悠悠的。一旦它為業力所牽，進入父精母血中，逐步會形成凝酪、膜皰、血肉、堅肉和肢節……從而出現身體。

㊲尋香：食香者，欲界中有或中陰身，各依因緣善惡，吸食種種香、臭氣味，故名尋香。梵語譯作乾達婆。

大圓滿前行廣釋（四）附大圓滿前行實修法

所以，身體是以父母的不淨種子而生。那它有沒有開始呢？應該有。這個開始是什麼樣呢？這一世的身體，依靠父母的不淨種子產生；而父母的身體，又依靠他們各自父母的不淨種子產生……這樣一代一代往前推，最後可推至人類祖先的身上。然後，再從人類往前追溯，若依達爾文的「進化論」，最早應始於一種蛋白質，由它形成單細胞生物，慢慢演變成如今的動物及人類。所以，這是身體的起源。

　　那心識有沒有開始呢？也有。大家都知道，「我」是在五蘊聚合上假立的，五蘊即為名與色，其中名以識蘊為主，是一種心識的狀態。這種明清的心識，對每個眾生而言，從無始以來就一直跟隨著，縱然這個世界壞滅，也會遷移到其他世界去，故心識可以一直往前推。它的最初起現，密宗的無上瑜伽中敍述得非常細緻。

　　人類的心識入胎之後，一般要經歷五或七個階段，這在《大圓滿心性休息》中有宣說㊲，《大寶積經》㊳之《佛為阿難說處胎會》㊴中也講得十分詳細。方便時，你

第五十節課

㊲《大圓滿心性休息》云：「癡識風心明點聚，凝酪膜皰及血肉，堅肉支節魚龜形，經七七日漸成身。」
㊳《大寶積經》：一百二十卷，收於《大正藏》第十一冊。玄奘在臨死前一年曾試譯幾行，感覺氣力衰竭而輟筆。菩提流志從神龍二年開始編譯，歷時七年才譯完。全經共四十九會七十七品，其中二十三會八十一卷餘是過去不同譯師所譯，三十六會三十九卷半是菩提流志新譯，故此經是舊譯和新譯的合編本。全經內容泛論大乘佛教之各種主要法門，涉及範圍甚廣。
㊴《佛為阿難說處胎會》：藏文叫《阿難入胎經》；漢文還有其他幾個譯本，如《佛為難陀說出家入胎經》、《佛說胞胎經》（西晉竺法護譯）。主要講入胎之因緣及胎中三十八個七日生長之相貌，出胎七日後所生八萬屍蟲之名字，末說五陰皆無常、苦、無我我所。

們應該看一下，以了解入胎、住胎的整個過程。

　　那麼，住胎到底有什麼痛苦呢？胎兒在肢節諸根齊全時，會覺得母胎非常狹窄、臭氣撲鼻、漆黑一片，仿佛被關在監獄裡一樣。（如今我們雖然記不起來了，但實際上那時非常痛苦，又黑、又臭、又沒自由，四肢蜷縮，飽受擠壓之苦。）當母親吃熱的飲食時，胎兒會像置身火中燒灼一樣痛苦；母親食用涼的飲食，又會給他帶來浸在冷水中一樣的痛苦[41]；母親睡覺之際，他感到如同被大山壓著一樣痛苦；母親飽足的時候，他又覺得像夾在山崖間一樣痛苦；母親飢餓的時候，他會有如墮入萬丈深淵般的痛苦[42]；母親在行住活動時，他覺得像被狂風席卷一樣痛苦。此外，佛經中還說，母親吃酸、甜等食物時，胎兒皆會感受諸多痛苦[43]。

　　曾有一個博士叫鍾茂森，他在《因果輪迴的科學證明》中，專門用現代的語言，講了胎兒住胎的種種痛苦[44]

大圓滿前行廣釋（四）附大圓滿前行實修法

---

[41]《佛說五王經》云：「母噉一杯熱食，灌其身體，如入鑊湯。母飲一杯冷水，亦如寒冰切體。母飽之時，迫迮身體，痛不可言。」

[42]《佛說五王經》云：「母饑之時，腹中了了，亦如倒懸，受苦無量。」

[43]《大寶積》云：「若母多食或時少食，皆受苦惱。如是若食極膩或食乾燥，極冷極熱，鹹淡苦醋，或太甘辛，食此等時，皆受苦痛。」

[44]鍾茂森博士在《因果輪迴的科學證明》中說：「現在西方拍攝的技術很發達，能夠隔著母體，用三維的角度來拍攝母親體內胎兒的生活狀況。胎兒在母體內真的是很痛苦，他是頭朝下、腳朝上這麼倒懸的，這麼一掛就掛十個月。母親如果動一動，他就會覺得像地震一樣；母親喝一口涼水，他就好像到寒冰裡，冰窟窿一樣；母親喝一口熱水，他就像到熱湯裡一樣。胎兒在母親的體內就像坐牢一樣，一坐就坐了十個月。完了之後要出生的時候他也是很痛苦，像嬰兒從母親體內出生的時候，好像兩座大山把他夾著夾出來。當他出來以後，因為在母親體內的胎兒皮膚都很細滑、很細嫩，結果一出來之後接觸到空氣，就感到像針刺一樣的痛苦。所以你看嬰兒一出生他就哇哇大哭，為什麼哭？就是因為他太痛了、太苦了。正因為這樣的痛苦，這種折磨就把他前生的記憶給統統磨掉了，所以一般人都沒有辦法記憶自己的前世，這個有道理。」

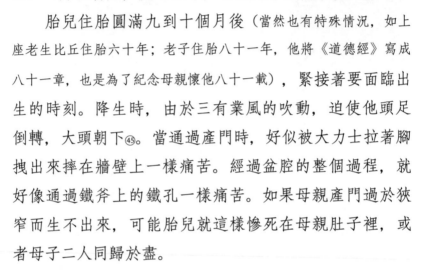

，我看過他的一些文章和光盤。不過現在的醫學界，一般只研究母親的痛苦，對胎兒之苦幾乎沒有描述，只有在佛經中，才對胎兒的諸多苦況講得很詳細，如《大寶積經》云：「難陀當知，處母胎中，有如是等種種諸苦。」

胎兒住胎圓滿九到十個月後（當然也有特殊情況，如上座老生比丘住胎六十年；老子住胎八十一年，他將《道德經》寫成八十一章，也是為了紀念母親懷他八十一載），緊接著要面臨出生的時刻。降生時，由於三有業風的吹動，迫使他頭足倒轉，大頭朝下⑤。當通過產門時，好似被大力士拉著腳拽出來摔在牆壁上一樣痛苦。經過盆腔的整個過程，就好像通過鐵斧上的鐵孔一樣痛苦。如果母親產門過於狹窄而生不出來，可能胎兒就這樣慘死在母親肚子裡，或者母子二人同歸於盡。

當今時代，難產的現象也比較多。2009年，亞洲也門國家一12歲的孕婦，難產三天後因大出血死亡，腹中的胎兒也難逃厄運。（可能是眾生的業力吧，這個國家未成年結婚的現象比比皆是，甚至還有八九歲的小孩子結婚、離婚。）

2007年，北京一所醫院裡，一位22歲的孕婦因難產，急需做剖腹產手術，但她丈夫拒絕簽字，致使孕妻身亡、一屍兩命。此事一時被炒得沸沸揚揚，媒體評論了很長時間，有人說醫院不負責任，人命關天不該只等

⑤《大寶積經》云：「由業力故，風吹胎子，令頭向下，雙腳向上，將出產門。」

一紙籤文；有人說她丈夫太過分，到了生死關頭，連這個錢也不願出……總之，母子二人在這時是很痛苦的。

或許是為了避免痛苦吧，如今許多有錢人在生產時，不惜一擲千金。2007年某香港明星生孩子時，包了一個六星級的豪華產房，七天就花了一百多萬。所以，眾生的業力千差萬別，但無論你條件好壞，只要來到人間，就必定要經歷難忍的生苦，即使僥倖沒有送命，也感受到了接近死亡的痛苦。蓮花生大士曾形象地說：「母子二人中陰邁半步，母除頷骨餘骨皆分裂。」

原本我不太清楚，為什麼生孩子時母親除了頷骨外，其他骨頭都會分裂？但後來聽說確實如此。剛生完孩子的女人，骨盆、四肢關節，包括牙齒，都全部鬆開了，所以坐月子時不能受風著涼，否則，身體會落下病根。有一次我在住院時，一個護士給我講了她生孩子的經歷。在我們藏地，女人說這些會不好意思，但她卻把自己從到醫院掛號開始，到怎麼生了雙胞胎，乃至出院的整個過程，都詳詳細細敘述了一遍，大概用了一兩個小時。當時我聽後深深感覺到，當母親實在不容易，那些痛苦不只是文字上的，而是非常真實的切身體會。

剛才講了胎兒在住胎、分娩時要遭受百般痛苦，那麼，他生下來後還有痛苦嗎？有嬰兒出生之後被放在墊子上，這時他覺得像落到荊棘叢中一樣㊻；當護士剝脫背

㊻《佛說五王經》云：「生墮草上，身體細軟，草觸其身，如履刀劍。」

大圓滿前行廣釋（四）附大圓滿前行實修法

上的胎膜時，他感到似乎被活活剝皮一般；擦拭他身上的不淨物時，也感覺好像在用荊棘鞭子抽打自己[47]；

當母親滿懷慈愛地將他抱在懷裡，他反而覺得像雛雞被鵰鷹叼捉一樣痛苦；當在他頭頂塗敷酥油[48]時，猶如被捆綁起來丟進坑裡；當把他放在睡床上時，他感到沉溺在糞尿裡一樣[49]。

當然，作為嬰兒，不管是飢餓、口渴、疼痛還是苦惱，也只能是嗷嗷啼哭，無法用語言表達。有人曾說，孩子初生時大哭，是在控訴輪迴的痛苦；離開人間時，閉眼會流一滴眼淚，是說明苦了一輩子，從呱呱墜地到撒手人寰，一直在流淚。但按照醫學的觀點，嬰兒落地時哭聲洪亮，說明身體強壯、很有福氣。以前他在母胎中，是由母體來供給氧氣，但出生後要靠自己的肺呼吸，所以，第一聲哭是肺已張開的表示，如果生下來沒有哭，會引起多種疾病及後遺症。因此，嬰兒哭聲非常有力，母親應該值得高興；哭聲又小又弱，則說明他可能有先天性的疾病——你們很多人聽得特別認真啊，怎麼講中觀時不是這樣？（眾笑）

---

[47]《正法念處經》云：「初生時，其身柔軟，如生酥搏，亦如芭蕉，又如熟果。母人瞻產，以手捉之，其手堅澀，皴裂劈坼，厭惡魘面，指甲長利，面目醜惡。以手捉之，猶如火燒，亦如刀割。如是嬰兒，身體細軟，母人觸之，得大苦惱。」

[48]塗敷酥油：藏族以前的風俗，為小孩出生後祝願吉祥的儀式，但現在不太常見了。

[49]《大寶積經》云：「初生之時，或男或女，墮人手內，或在衣等，安在日中。或在陰處，或置搖車，或居床席，懷抱之內。由是因緣，皆受酸辛楚毒極苦。」

隨著歲月的流逝，昔日的嬰兒在不斷成長，小學、中學、大學、成家立業……韶華之年時，他表面上看來青春美滿，但實際上生命卻在一天天縮短，正一步步地走向死亡，最終必將空手離開人間。今生的瑣事沒完沒了，就像水面的波紋般此起彼伏、不斷湧現，而這一切，大多數與罪業緊密相聯，結果也只能成為惡趣之因罷了。

我們活在這個人間，不論自己還是他人，造罪業的機會多之又多，造善業的機會卻少得可憐，即使有一點也非常微薄，今天想依止上師精進修行，明天就堅持不下去了，這跟自己的習氣、周圍的環境有很大關係。但不管怎麼樣，對於以上的痛苦，大家應依照華智仁波切的金剛語，行住坐臥經常觀想，看看是不是真的如此，這樣久而久之，定會對輪迴的過患有所認識，其實這就叫修行。

我看現在的很多人，不信佛的就不講了，而信佛的人中，90%都在為了今生而奔波努力。雖說他們是在學佛，但對來世會不會墮入惡趣、輪迴的生老病死是否可怕，從來都沒考慮過，如此學佛則沒有多大意義。其實輪迴中的一切，根本沒有快樂可言，若能從內心中有這樣的認識，才說明你的共同加行修得比較成功！

第
五
十
節
課

第五十一節課

人類生老病死的痛苦中，「生苦」已講完了，下面開始講衰老之苦。

庚二、老苦：

輪迴中任何一件事情，都無有實質性可言，也始終沒有完結的時候，人們正在吃喝玩樂、享受生活時，不知不覺就會步入老年，感受到了衰老的痛苦。

雖然世人都喜愛青春韶華，卻不曾想暮年易至，誠如聖天論師在《中觀四百論》所言：「韶華適落後，復又現於前，雖住此世間，現見如賽跑。」青春時光剛剛謝落，衰老就會現於眼前，雖然世人都想青春常在、永遠不老，但青春與衰老就像賽跑一樣，剎那不停地就流逝了。有些人一老就特別傷心，始終沒有面對的勇氣，這就是沒有學過佛所致。真正對生老病死了解的人，當衰老甚至死亡降臨時，內心會非常坦然，既不會憂愁，也不會難過。

現在大城市的許多人，思想極其空虛，故一定要用佛法來滋潤，否則，他們對無常的很多環節都無法接受。其實，生老病死就像春夏秋冬一樣，是種自然規律，每個人身上都會發生。然而特別愚癡的人，卻不了解這一點，一旦衰老來臨，他們就面對不了，痛苦萬分。

大圓滿前行廣釋（四）附大圓滿前行實修法

85

因此，無常的理念，每個人都應該有，正如《勸世偈》所云：「任汝千般快樂，無常終是到來，唯有徑路修行，但念阿彌陀佛。」我們的生活再怎麼快樂，無常也遲早會到來，唯有修行佛法對自己最有利益，故應以念佛等方式度過一生，讓生命有個真實的歸宿。

在座各位，每個人都有弘揚佛法的責任，所以要在不同範圍內，把佛法的教義與精神傳播出去。當然，不同的人接受能力截然有異，也不一定非要讓他皈依、作些形式不可，而應通過各種方式來傳道。只要他們學了佛，衰老時自會坦然面對，知道這是正常現象，甚至還覺得很高興：「噢，我現在老了，是不是貪嗔癡就沒有了？我這一生戒律清淨、修行圓滿，最終肯定會往生極樂世界！」所以，對有境界的人而言，生老病死都是一種歡樂。反之，沒有學過佛的老人，即使兒女給他買房子、雇保姆，吃的、喝的樣樣俱全，但看著自己一天天虛弱，心裡仍會痛苦不堪。

因此，老年人最需要的就是佛法。倘若心靈有了歸宿，懂得念佛的殊勝、了解佛法的基本教理，即使物質條件不具足，他也會快快樂樂、歡歡喜喜，臉上總是帶著微笑。所以，引導老年人學佛非常重要，這遠遠超過金錢的供養。

那麼，人老了以後，會有什麼樣的痛苦呢？

人到了垂暮之年，周身體力會逐漸衰退，再香再好

的食品也消化不了，就算是自己年輕時最愛吃的東西，此時也沒了胃口。醫學中說，人的腸內有害細菌和有益細菌達到平衡時，腸胃是健康的。而人在55歲之後，往往會感到腸胃不適，這就是因為腸胃開始衰老，腸道內的環境日益惡化，不太適合有益細菌的生存，有益細菌的數量逐年下降，吃什麼都消化不了。

　　隨著年齡的增長，眼部肌肉也變得越來越無力，眼睛的聚焦能力開始下降，這時候視力減退，老眼昏花，根本看不清遠處的景物或細小的物體。其實，人在40歲以後視力開始減退，近距離觀察事物會非常費勁。所以，老人們不能怨天尤人：「我以前年輕時，什麼都看得見，現在怎麼看不清了？還要整天拿個放大鏡，一個字一個字地看：嗡—瑪—尼—巴—美—吽—舍。」

　　我剛來學院時，隔壁住了一位新龍的老喇嘛。他修行非常精進，每天一大早就起來念經，常年如一日從不間斷，有時我就是在他念經聲中醒來的。不過他的視力不行，每次薈供時，都要拿一個大大的放大鏡念經（他現在已圓寂了）。我們這裡很多老菩薩也是這樣，別的倒還可以，主要是視力模糊，只能看得見大白菜，其他都看不清——開玩笑，這是我編的！

　　老年人耳根衰退，無論別人說話多大聲，都聽不清楚。人的內耳中有毛髮細胞，可接收一切聲波的振動，從而使人能聽到聲音。但從55歲開始，這些「接收器」

大圓滿前行廣釋（四）附大圓滿前行實修法

就開始減少，聽聲音變得異常吃力，出現老年耳聾的現象。（此處暫且不講《俱舍論》中五根的說法。對於五種有色根，有部、經部觀點各異，但這裡不作闡述。）

如今醫院的五官科，常有許多老年人就診：「醫生啊，您一定要想辦法讓我聽得見、看得清楚！」但這是不現實的，你這個四大組成的「機器」，已經磨損老化了，再怎麼恢復也無法像當年一樣，除非你整個肉體換了，轉為「第二世活佛」，這才有點希望。

此外，老年人舌根衰退，品嘗不出飲食的味道，說起話來也口齒不清。人吃東西能品嘗出酸甜苦辣，是因為舌頭上分布著許多味蕾，它是味覺的感受器，成年人約有一萬多個，但逐漸逐漸，可能是吃得太多了，味蕾慢慢就磨光了（眾笑）。過了60歲，數目只剩下一半了。所以，老年人吃什麼都沒味道。

那天我炒了個菜，跟一位老菩薩共同享用。我問：「這菜好不好吃？」他回答：「還可以。」我說：「具體感覺怎麼樣？」他咂吧咂吧嘴，說：「反正感覺不出來，還可以吧！」我們到了一定時候，肯定也是這樣的。以前讀書的時候，吃什麼都特別香、特別快樂，可是步入老年以後，吃飯時說沒感受吧，也有一點，說有感覺吧，又不敏銳，這就是舌根退化的緣故。

老年人意根衰弱，神志不清、非常健忘，總是昏昏沉沉。從醫學角度來講，意根衰退與腦細胞有關。美國

第五十一節課

生物學家洛信博士說：「人剛出生時，腦細胞多達140億個，但從25歲起，每天死亡約10萬個（也有說是1萬個），之後隨著年齡遞增，每年腦細胞的死亡數還要增加。」人在二十多歲時，腦細胞共有1000億左右，但以後就開始逐年下降，有些人60歲會出現老年癡呆，有些則是80歲後患老年癡呆。此時他們的腦細胞銳減，記憶力和智慧大不如前。

但極個別的高僧大德，即使老了，腦細胞依然很旺盛，好像沒有減少一樣。比如，法王如意寶圓寂前兩年，那時候已經七十多歲了，但講《大圓滿前行》、《寶性論》時，引用佛經、印藏大德的教證滔滔不絕，不信佛的領導從收音機中聽到後，特別驚訝：「啊？七十多歲的老人，還能背出這麼多教證，真是太精彩了！」

明朗大師造《三戒論注疏》時，也是年過七十了，他在此論結尾的小字中說：「儘管我年事已高、色身已衰，但智慧卻有增無減，越來越熾盛。」

最近我看了一位大德的講法，他年近八旬，但《中論》、《入行論》等的許多教證，都能信手拈來、朗朗上口。如果是世間老人，七八十歲時不要說背教證，就連說話都囉囉唆唆、條理不清，好多事情一不小心就忘了。但佛教的有些老修行人，依靠諸佛菩薩尤其是文殊菩薩、觀音菩薩的加持，的確令人刮目相看，不得不佩服。

前不久，我看了本煥老和尚103歲時的一段演講，感覺真的很了不起，世間人根本做不到。在過去，榮索班智達活了119歲，虛雲老和尚是120歲，在這樣的末法時代，這些高僧大德以其高齡，顯示了對四大已獲得自在。所以，對真正的修行人而言，腦細胞衰退得不是很嚴重。像德巴堪布㊿，最近在寫《竅訣寶藏論》的注釋，他什麼資料都沒參考，只拿了一本《竅訣寶藏論》，在漢地某城市以閉關的方式撰著，這兩天可能就寫完了。這種造論方式，不像世間人寫一本書，需要翻閱大量典籍，他們這些老修行人，一生中積累的智慧不可思議，以文字的形式留給後人很有必要。

因此，高僧大德住世期間，弟子們應多祈請、多提問，通過各種方式請他們傳法、造論。以前麥彭仁波切身邊有不少了不起的大德，經常請求尊者造論，尊者既然已示現為人的形象，也就順應這些因緣，造了大量論典。法王如意寶身邊也有一個人叫達吉，我特別感激他，因為法王的許多殊勝論典，都是應他請求而造的。所以，祈請上師傳法、造論很有必要，否則，一旦他們離開了人間，智慧沒有機會留給後人，真的特別可惜！

根登群佩也說過：「我離開世間時，肉身捨棄了倒不要緊，但我超越的智慧，誰都沒有通達，這是最遺憾的！」他於1951年圓寂，享年49歲。根登群佩非常屬

㊿索達吉堪布仁波切的上師，今年79歲。

害，雖然造的論不多，但卻是舉世公認的。然而，他住世時並不出名，就像麥彭仁波切、無垢光尊者一樣，他們所流露出來的智慧，是到後來才被人們發現的。當然，也有些大德住世時就被無數人恭敬，智慧甘霖滋潤了無量眾生。

剛才從諸根的角度，大致描述了年老的痛苦，下面繼續宣講：

人到了老年時，口中原有的兩排牙齒脫落，嚼不動堅硬的食物，說起話來也吞吞吐吐。現代醫學認為，人在40歲以後，唾液的分泌量會減少，唾液少了，就更容易出現牙周炎，致使牙齒腐爛、牙齦萎縮。

老年人體溫失調，衣服稍微單薄，便感覺冷得要命，同時支撐力下降，無法承受沉重的衣服。他們穿少了覺得冷，穿多了又害怕重，真的很可憐，所以大家對老年人要特別關心。中國的老人節，是九月初九「重陽節」，怎麼過的？（下面許多人搖頭。）你們自己都不知道？那天學院一位大堪布到學校去，給老師們講藏族母語的重要性，他問：「國際母語節是什麼時候？」結果誰都答不上來，堪布十分失望。其實，國際母語節是每年的2月21日。

那麼，國際老人節是什麼時候？你們誰知道？（下面許多人面面相覷、仍然搖頭。）10月1日。1990年聯合國第45屆國際會議上決定：從1991年開始，每年10月1日為

大圓滿前行廣釋（四）附大圓滿前行實修法

國際老人節。所以，「十一」國慶節，就是國際上所有老人的節日。「六一」兒童節的時候，小孩子會穿最好看的衣服，那到了「十一」國慶節時，希望老菩薩們精進念阿彌陀佛，好不好？

人老了以後，皮膚、頭髮、骨骼等都會加速退化，他們雖渴望欲妙受用，怎奈心有餘而力不足；由於身體的風脈衰退，以至於承受力、忍耐力極其薄弱；常受眾人欺辱，感到萬分絕望，徒生苦惱；身體四大紊亂，故要遭受百病縈身、多重損惱的折磨；行住坐臥、活動活動也是氣喘吁吁，感到困難重重，做什麼事都很費勁⋯⋯年老的這些痛苦，不用多說，相信許多人也應該清楚。

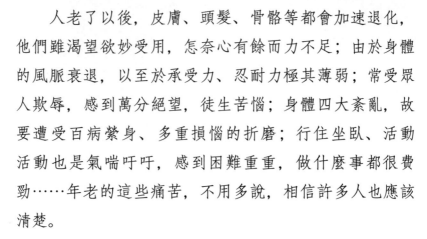

下面講一個米拉日巴尊者的故事，進一步闡明老苦的道理：

有一次，米拉日巴尊者到北馬雪山去修行，當時正值秋收季節，路上遇到一個約十五歲的少女，具足空行母的各種徵相，正領導著許多村民在收割莊稼。米拉日巴尊者向她化緣，她很高興地答應了，並說：「請先到我房子的門口等一下，我馬上就回來。」

尊者依言走到她門前，剛把門推開一道縫，突然從屋裡跳出一個老太太，手中緊抓著一大把灰，怒聲喝道：「窮要飯的遊方瑜伽士，你們夏天來討牛奶和酥

油，冬天來討糧食，現在你是不是見無人在家，又想趁機來偷我女兒和媳婦的首飾珍寶？」說著準備將灰撒到尊者臉上。

米拉日巴尊者平靜地說：「老太太，請稍等一下，先聽我唱一首歌，唱完你再撒灰不遲！」於是給她唱了一首道歌，講了許多老苦的道理，並告誡她要好好修行。唱完以後，老太太就生起了信心，在尊者面前懺悔往昔的一切罪業，手中的灰也從指縫間落在了地上。後來少女回來了，聽了尊者的一些開示，供養了很多食物，並皈依成為尊者的弟子。

下面引用一部分剛才的道歌，與華智仁波切的解釋結合起來，講述年老之後的苦狀：

米拉日巴尊者說：「拔出牧樁之起式，悄捉小鳥之走式，重物落地之坐式，倘若具足此三時，祖母身衰心意敗。」

正如尊者所形容的，年事已高的老人，站起來時，不能自然而然立即起來，必須要兩手撐地，那姿勢就像從堅硬的大地中拔出木樁一樣。有些老年人下課時，穿鞋也要好半天，年輕人快快樂樂地出去了，只有他坐在那裡起不來。包括平時走路、上廁所，很多方面年輕人都不理解，但也沒辦法，人到了這個時候，都是這樣。

他們行走時，也是彎腰低頭，雙足不能速起速落，慢慢騰騰蹣跚而行，就像兒童躡手躡腳去捉小鳥一樣。

我們學院分了個老年淨修班，專門把老菩薩們安排在一起，這樣很好，畢竟他們的想法、意樂、行為都差不多。否則，老年人跟小孩子、年輕人一起上課，下課後可能就把他們撞翻了。那天我遇到老年班正在下課，看老菩薩們一個個很開心——「今天法師講了什麼？」「不知道，我聽得不是很清楚，只不過一直傻傻地待著而已。」（那個人已經感覺到了，當時我就在你的身邊。）

他們坐下時，由於手腳關節疼痛難忍，不能輕緩坐下，有時候拄著拐杖，慢慢慢慢地坐下去，但到了最後，因無力支撐身體的重量，只能「砰」一聲沉重落下，如同重物墜落到大地上一樣。不過，有些小孩子也喜歡這樣坐。2004年我講《大圓滿前行》時，正講這一段的當天，我旁邊的小西繞措坐下時，好像一個大口袋扔在了地上，我的整個法座都在震動。但今天還可以啊，我沒有發現她這樣。

米拉日巴尊者又說：「外皮集聚諸皺紋，內失血肉現凹凸，瘂啞盲聾境迷亂，倘若具足此三時，祖母示現忿怒母。」

老年人由於體肉幾乎耗盡、皮膜聚集，所以身上、臉上都是溝壑縱橫，布滿皺紋。又因體內的血肉減少，骨頭和皮之間的肉慢慢乾了，使得骨節暴露無遺，牙腮骨、關節頭也全都凸出在外。同時意念減退，到了如瘂如啞、如盲如聾的地步，內心始終處於迷迷糊糊的狀態中。

很多老年人看到這種情景，心裡特別苦惱，其實也沒什麼可苦惱的，這完全是自然規律。就好比到了秋天時，再怎麼灑水、施肥，鮮花仍會慢慢枯萎，人老了也是同樣如此，所以應當順其自然，沒必要去做什麼整容手術。

前幾年，有個六十多歲的老人，想為乳房做整形手術。醫生擔心她身體吃不消，手術可能有風險，但她卻執意堅持，非做不可。當記者問及原因時，她直言不諱地回答：「就是為了美麗，這樣才會越活越年輕，越活越愉快，愛美並不是年輕人的專利！」

還有一個八十多歲的老人，去醫院做了除皺手術。他告訴記者說：「我平時愛鍛煉，身體沒任何毛病，就是臉上皺紋實在太多了，看起來特別不舒服，所以我下決心求助於整容醫生的妙手，畢竟愛美之心人皆有之嘛！」

另外，2007年62歲的陳姨也接受不了自己變老的事實，非要做面部拉皮、隆胸等多項手術，結果手術沒有成功，整容讓她離開了人間。而且，術前她沒有把整容的事告訴家人，對老伴也只說是6000元的小手術，但實際上卻花掉了25萬人民幣。

2008年，南京一位65歲的老太太也去整容。她告訴醫生，自己老伴染黑了頭髮後，看起來年輕多了，兩人一起上街時，總覺得彆扭，心裡不是滋味。與老伴商量一晚

後，她決定到醫院做全面除皺的手術。醫生怕她身體不行，沒有承受能力，勸她不要冒險，但她執意非做不可。

……

現在許多老年人，不懂生老病死的規律，一味做些毫無意義的事，真的特別愚癡！其實，衰老一旦已經降臨，你再怎麼躲避也無濟於事。我認識一個很有錢的老年人，身邊許多人常吹捧她越老越年輕、越老越漂亮，她聽了以後美滋滋的，很受用。但實際上，誰都看得出來，這只是恭維而已。然而，就是為了這些恭維，她自己飽受了很多痛苦。所以，不懂萬法規律的人，行為總是非常可憐。

我們作為修行人，應從內心中認識這些道理。以後一旦老年來臨，遭受到了諸多痛苦，如《正法念處經》中形容的：「人為老所壓，身羸心意劣，傴僂柱杖行，此苦不可說。」也會明白這是自然規律，每個人的身上都不可避免。因此，當自己五根慢慢衰退時，假如你是佛教徒，念阿彌陀佛、行持善法是最好的。否則，怎麼樣都不願面對無常，非要靠整容來挽留青春，這完全是白費心機。你是年輕人的話，這樣做我們也理解，而如今整容四分之一的都是老年人，這個問題就值得深思了。

米拉日巴尊者又說：「身著沉重襤褸衣，口進冰冷渾濁食，睡處四層皮墊褥，倘若具足此三時，人狗踐踏似證士。」

第五十一節課

老年人周身體力衰退，想梳妝打扮的念頭已經消失，以至於穿的衣服總是破破爛爛，沉甸甸的。不過，現在的老年人，大多數還特別喜歡打扮。一般來講，人到了這個時候，應該沒有愛美的興趣了。

我今天碰到兩個中學同學，談起往日的時光，我感慨地說：「我們都老了。」一個同學叫寧瑪才讓，生性就愛開玩笑，他說：「是啊，要在以前，你可是特別喜歡打扮的。」我驚訝地問：「我喜歡打扮？」「喜歡哦！你在上課時還照鏡子。」「不可能！我又不是小女孩。」……我倆爭論了很長時間，我想不起來有這回事，但也很難說。（眾笑）不好意思啊！不過現在不要說上課，就算是下課也沒那種想法了。這個同學以前在課堂上總愛說些話，逗得大家哄堂大笑，老師特別討厭他，但他現在這種本性還沒改，今天一起吃飯時，一直在說這個、說那個。

人老了以後，吃的也是殘羹剩飯，再加上舌頭功能退失，所有的食物都感覺冷冰冰、髒兮兮的。而且由於身體沉重，怎樣都覺得不舒適，即便四周有依靠物，比如可以拉些繩子，也不能經常從床上站起來。

老年人的身體，真的跟年輕人無法相比。所以，我們身邊有老人的話，應該照顧得周到一點，給他專門弄個樓梯，為他上廁所、起床等方面提供一些方便。如今許多高齡老人，不光是身體不便，內心也很失落。有時

大圓滿前行廣釋（四）附大圓滿前行實修法

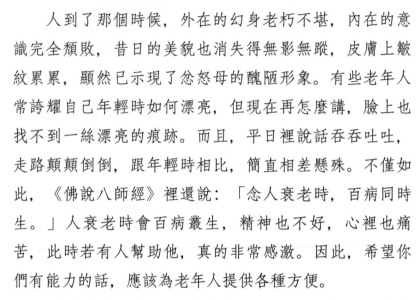

我去一些養老院，看到那裡的條件不錯，但老人們心裡很落寞。如果你觀想不來老苦，到了那裡以後，看到老人們睡的地方、吃飯的狀況，就會感悟到：「哦，總有一天，我也會變成這樣。」所以，這個修法並不難。

人到了那個時候，外在的幻身老朽不堪，內在的意識完全頹敗，昔日的美貌也消失得無影無蹤，皮膚上皺紋累累，顯然已示現了忿怒母的醜陋形象。有些老年人常誇耀自己年輕時如何漂亮，但現在再怎麼講，臉上也找不到一絲漂亮的痕跡。而且，平日裡說話吞吞吐吐，走路顛顛倒倒，跟年輕時相比，簡直相差懸殊。不僅如此，《佛說八師經》裡還說：「念人衰老時，百病同時生。」人衰老時會百病叢生，精神也不好，心裡也痛苦，此時若有人幫助他，真的非常感激。因此，希望你們有能力的話，應該為老年人提供各種方便。

聽說老年班的法師很慈悲，老人們想什麼都能理解，說什麼也能去照辦。我們安排法師時就是這樣考慮的，挑一些脾氣好、忍耐心強、慈悲心重的人，可以照顧老菩薩們，希望他們長久住世。據說重陽節之所以定在九月初九，也是因為與「久久」同音，取生命長久、健康長壽之意。但無論這個願望有多好，關鍵還是要在各方面對老年人給予幫助。

同時，老年人也要知道，自己時日不多了，應該多修往生法，為來世做好準備。現在世間上很多老年人沒

第五十一節課

有這個概念，整天迷迷糊糊的，跟家人吵架，怨天尤人：「兒子不管我了，媳婦態度不好……」每天說這些無聊的話，日子過得特別苦。

其實人老了以後，別人都會欺負他，而他自己衰弱無力，即使眾人在他頭上跨來跨去，也站不起來反抗，真好似無有淨垢分別的證悟者一樣。如果是個年輕人，從他頭上跨過去，他肯定火冒三丈，罵你不長眼睛。但人老了就沒力氣了，任憑別人怎樣侮辱，也無力爭辯，似乎沒有好壞的分別了。可是，還沒到這個份上時，像剛才所講的老太太、老公公，他們發瘋一樣地想抓住青春，不知死亡將至，實在很可悲。所以，作為修行人，年老時一定要服老，不要妄圖以其他方式推翻這個規律。

以上所講的內容，如果你能觀想得來，是非常甚深的修法。其實人的一生，包括少年、中年、老年乃至死亡，都是很好的修行教材，若能對每一個道理進行思維，最終認識到無常等規律，並對此產生堅定不移的定解，這才是真正的修行！

《瑜伽師地論》中，還講了老苦的五種狀況(51)：一、盛色衰退：身體、臉色的光華消失，不復年輕時的模樣。二、氣力衰退：以前力氣充沛，年老後虛弱不堪。

(51)《瑜伽師地論》云：「謂於五處衰退故苦：一盛色衰退故，二氣力衰退故，三諸根衰退故，四受用境界衰退故，五壽量衰退故。」

三、諸根衰退：眼、耳、鼻等諸根日益老化。四、受用
境界衰退：過去可隨意享受各種妙欲，人老後就有心無
力了。五、壽量衰退：壽命日漸窮盡、有減無增，除了
有證量的高僧大德，誰也無法增加一天的壽量。

　　不過，同樣是衰老，修行人在面對時，與世人有天
壤之別，甚至還能利用它導人向善。日本有一位良寬禪
師，畢生精進修持，從未懈怠。晚年時，家鄉的親戚來
找他，說他外甥不知上進，整日花天酒地、不務正業，
希望禪師能用佛法開導他。於是禪師答應回去看看。

　　禪師回到故鄉後，外甥對他的突然到來，有預感是
來教訓自己的，但仍然殷勤接待，並特地留他住了一
夜。誰知禪師一句重話也沒說，好像什麼事都不知道的
樣子。

　　第二天，禪師臨走時，對外甥說：「我老了，兩隻
手老是發抖，你能幫我把鞋帶子繫上嗎？」外甥很歡喜
地照做了。

　　這時，禪師語重心長地說：「謝謝你了。唉，人老
了，做什麼都沒用，連一個鞋帶都不能繫。你要好好
保重自己，趁年輕的時候，把人做好，把事業基礎打
好。」說完話後，禪師就離開了，對他的非法行為隻字
不提。但從那天以後，他的外甥痛改前非，再也不去花
天酒地了。

　　可見，有些老禪師因為一生修行，點點滴滴的行為

都能感化他人。所以，我們學院的老年人回去時，跟世人接觸的過程中，也不要動不動就示現忿怒相。本來你的年紀就已經大了，樣子就是「忿怒母」了，如果再加上嗔恨心，那就更不好看了。所以，要以微笑的「忿怒母」來接近別人，切莫認為自己是老人，大家就非得尊重你。有時老年人脾氣不太好，就算以前修行不錯，但到了最後，經常對人大發雷霆，一直沒完沒了、囉囉唆唆，致使別人都不管他了。因此，老年人自己也要注意，如果你想度化眾生，應當採用一種其他的方法。

總而言之，麥彭仁波切在《君規教言論》中講過，生老病死是一種規律，誰也沒辦法超越[52]。有些人因承受不了衰老的痛苦，故希望盡快死去，但實際上，所有的老人又非常害怕死亡……諸如此類的老苦，也相當於是惡趣眾生的痛苦了。

其實，人一旦衰老，就應該坦然面對。不要像有些老人那樣，明明已經80歲了，卻非要年輕40歲，想重新過美好的生活，這是辦不到的。薩迦班智達也說：「諸人羨慕得長壽，又復恐懼成衰老，畏懼衰老望長壽，此乃愚者之邪念。」一味地渴望長壽、畏懼衰老，這是愚人的邪念。因此，人也不要太愚癡了，怕老是根本沒有

大圓滿前行廣釋（四）附大圓滿前行實修法

---

[52]《君規教言論》云：「衰老疾病死亡等，眾生共同之規律，豈能有誰超越此？」

用的，而應像藏地有些修行人那樣，老了的時候特別開心，以這種方式來面對。即使你做不到這樣，也不要總想著要長壽：「醫生，你不能讓我死啊！一定要想辦法讓我活100歲！」這是不現實的，醫生又不是萬能的。

當然，這一點口頭上誰都會說，但衰老真正到來時，你到底會如何面對？這要看你肚子裡有沒有一點境界了。如果有境界的話，實際行動中就會做得出來。

第五十二節課

下面繼續學習「人類之苦」中的病苦。

庚三、病苦：

人這個身體，本是四大組合的性質，故當四大不調時，必將遭受風、膽、涎等各種疾病的折磨。

按照藏醫續部的說法，我們無始以來由貪、嗔、癡三毒，產生了風、膽、涎三種根本病。廣而言之，疾病的種類，有些經典說是八萬四千種，有些說是四百零四種。如《大智度論》云：「般若波羅蜜亦能除八萬四千病……淫欲病分二萬一千，嗔恚病分二萬一千，愚癡病分二萬一千，等分病分二萬一千。」《摩訶僧祇律》云：「病者，有四百四病：風病有百一，火病有百一，水病有百一，雜病有百一。」

關於疾病的成因，中醫理論認為可分三種：1、外因：風、寒、暑、濕、燥、火等六淫；2、內因：喜、怒、憂、思、悲、恐、驚等七情；3、不內外因：包括飲食、意外事故、猛獸傷害等。這些道理，與《金光明經》所講的三種致病因素(53)，基本上都可以對應。經中亦云：「四大諸根，衰損代謝，而得諸病。」

因此，中醫、西醫、藏醫當中，對疾病的來源、本

---

(53)《金光明經・除病品》中，提到了三種致病的因素：1、四大諸根因素：人體本身的體質造成的問題。2、飲食時節因素：飲食造成的問題。3、四季時令因素：環境造成的問題。

質及所生的痛苦，各有不同的描述和分析。而這些疾病，有的是前世害過眾生、打過眾生所致；有的是氣節變化或四大紊亂而引起的。如果想要治療，有些是可以治的，即通過醫藥、佛菩薩明咒便可治癒，而有些則很難徹底根除。

　　世界衛生組織曾公布：人類已知的疾病，大概有30000種。其中約有10000種，也就是三分之一的病，可以得到有效治療。而其他大多數疾病，現代醫學都束手無策。因此，現在許多人得了病以後，不管到什麼醫院、看什麼醫生、吃什麼藥，都不一定見效，這也是很正常的。

　　不過，即使你的病實在無法根治，也沒必要特別苦惱，因為任何一個病的消失，都要觀待遠、近兩種因緣。遠因是你前世、前世的前世……乃至無數劫之前，以三毒所造的業，一直留存在阿賴耶上，並於今生以疾病的形式顯發出來；近因即是風、膽、涎三者過多或過少，從而產生損惱身心的各種疾病。所以，一旦你四大不調而出現病苦，觀察、思維因果關係非常重要，這就叫做修行。

　　有了這樣的修行境界，無論你面對身體、心靈的痛苦，還是修法的違緣、生活的困苦，都可以安之若素。否則，完全依賴外在的力量，想以醫療、藥物來斷除痛苦，有時恐怕是辦不到的。甚至，就算一心一意祈求諸佛菩薩加持，對業障深重者而言，也不一定有立竿見影的效果。就像佛陀在世時，對某些病入膏肓的患者，只

能是作作加持而已，除此之外，再沒有其他辦法了。當然，也有些具緣眾生，通過佛菩薩或高僧大德的加持，最終病體得以痊癒，這種現象不在少數。所以，對不同的病情，要具體問題具體分析。

那麼，人得病以後，究竟是怎樣的情形呢？縱然是精力充沛、神采奕奕、精明強幹的壯年人，一旦不幸染上疾患，也會像被石頭擊中的鳥雀一樣身衰力竭，無精打采，甚至臥床不起，稍作運動也很困難。不要說大的疾病，就算是個小小的頭痛、感冒、心臟不適、肝臟不舒服，也會讓你什麼力氣和勇氣都沒有了。

最近我看望了一位大德，以前他身體很不錯，但如今看了他的狀況，確實覺得疾病太恐怖、太可怕了，這種感覺油然而生。在特別嚴重的疾病面前，除非是境界特別高的人，可以自在地將一切轉為道用，否則，一般人的確很難面對。不過，縱然是有超勝境界的人，包括佛陀在內，顯現上也會示現生老病死。所以，我們一定要懂得這些佛教真理，並從內心中真正有所感悟。

當一個人生病時，如果問他：「你哪裡痛？」他可能連迅速回答的能力都沒有，講起話來也是有氣無力、奄奄一息，似乎自己大限將至：「我好痛啊，已經不行了……」長期病魔纏身的人，每天睡覺時輾轉反側、夜不成眠，怎樣躺臥也沒有一個舒適的時候，而且覺得白天晚上都極其漫長，簡直度日如年、生不如死。不過，

大圓滿前行廣釋（四）附大圓滿前行實修法

有些人是太脆弱了，明明病得沒那麼嚴重，卻喜歡添油加醋，弄得人心惶惶。這種人讓他做事的話，他會藉口身體不好，可是一旦讓他吃飯，馬上就睜開眼睛，生龍活虎地撲過去了。

關於病苦的描述，佛陀在經典中也講了很多，我們對此理應有所認識。否則，如果沒有學過這些，一旦你遭遇這種痛苦，勢必很難面對。而只有通達了大乘教言，並從中獲得真實利益，遇到病苦時才會遊刃有餘，對它有清醒的認識。因此，每個人要懂得人生到底是怎麼樣的，不然的話，連這一點都不懂，恐怕修行起來有一定困難。

在生病的時候，通常會食欲不振，不想吃、不想喝，雖有一百個不情願，可萬般無奈還是要服用又苦又澀的中藥、藏藥，並感受放血、針灸等痛苦。記得我在廈門治病時，天天都要做「小針刀」手術，用根小小的刺扎進脊椎裡。每次一扎進去，好像插入了骨髓一樣，我就「啊」一聲，不得不叫。所以，每天我去治療，都是自己一個人，不敢帶熟人，生怕以後身體好了，人家還忘不掉我的膽小。後來在成都住院時，也做過多次這種手術。雖然自己很不情願，但也沒辦法，為了早點好起來，甚至為了能多活一天，再不願意也要做。因此，輪迴完全是苦的本性。對於這個道理，每一個人應深深思維，並將理論與實踐結合起來長期觀修。只有這樣，一旦病苦降臨到了自己頭上，到時才能坦然面對，甚至可以轉為道用。

佛陀在《正法念處經》中講過：「病苦害人命，病為死王使，眾生受斯苦，此苦不可說。」確實，眾生的病苦難以忍受，沒得病時感覺不到，一旦不幸得了病，到醫院裡一看，自他都是苦不堪言。所以，對我們修行人而言，認識病苦的最佳場所就是醫院。

那天我在成都的一家醫院，看到一位八十多歲的老年人，非要讓醫生給他做手術。醫生搖頭拒絕道：「你現在體質特別差，最好不要做，還是回去休息吧。」但這個老人強烈抗議：「我一定要做！一定要活到90歲！」雖然我不是醫生，只是個過路的，但看到他的身體狀況，也覺得沒有什麼指望了。可是他自己卻毫不自知，對自己身體的期望極大，非要永遠地活下去。相比之下，我們修行人在這方面，的確比世間人強多了。

世間人在生病以後，想到死亡可能會突然來臨，就心驚膽戰、坐立不安。由於魔障、惡緣的牽制，以致在夢中甚至白天有許多迷亂現象，使得身心無法自主，那真是迷亂中的迷亂，也有人因此而自尋短見、自殺身亡的。其實人的病苦多種多樣，也跟自己前世所造的業有關。假如你往昔打過眾生的頭，今生可能經常頭痛，藥石無效；倘若你曾傷害過眾生的其他部位，這種果報現前時，自己身體相應的部位，也不得不承受這種痛苦。所以，《因果經》中說了，短命是殺害眾生的果報[54]，多

[54]如《佛說善惡因果經》云：「短命者從殺生中來為人。」

大圓滿前行廣釋（四）附大圓滿前行實修法

病則是傷害眾生所致。

佛經中就講過一個老比丘，他長期臥病，無人照顧，以至於污穢不堪，散發出陣陣惡臭。佛陀以神通觀察到後，親自帶五百比丘前往他的住所。比丘們見他屋內污穢髒亂，個個掩鼻皺眉，希望盡速離開。而佛陀卻請帝釋天取來香湯，親自為病比丘洗浴身體，細心呵護。

眾人問佛為什麼要這樣做。佛陀告訴大家：「生病的眾生非常可憐，要關心照顧他們，此舉會有相當大的功德。另外，他也跟我前世有緣：昔日這位病比丘是一行刑者，常以鞭子重重鞭打犯人，令受刑者痛不欲生。當時我被人誣陷，受鞭刑之前以實情相告，請他手下留情，於是他網開一面，行刑時沒讓鞭子落到我身上。後來他命終之後，因生前作惡多端，墮入惡趣長劫受苦，如今即使轉生為人，也常身患重病，飽受折磨……」⑤⑤

所以，我們趁現在活著時，一定要好好懺悔前世或

---

⑤⑤《法句譬喻經》云：「昔有一國，名曰賢提。時有長老比丘，長病委頓，羸瘦垢穢，在賢提精舍中臥，無瞻視者。佛將五百比丘往至其所，使諸比丘傳共視之為作糜粥，而諸比丘聞其臭處，皆共賤之。佛使天帝釋取湯水，佛以金剛之手，洗病比丘身體，地尋震動[火*霍]然大明莫不驚肅。國王臣民天龍鬼神無央數人，往到佛所稽首作禮，白佛言：佛為世尊，三界無比道德已備，云何屈意洗此病瘦垢穢比丘？佛告國王及眾會者：如來所以出現於世，正為此窮厄無護者耳，供養病瘦沙門道士及諸貧窮孤獨老人，其福無量所願如意，譬五河流福來如是，功德漸滿會當得道。王白佛言：今此比丘宿有何罪，因病積年療治不差？佛告王曰：往昔有王名曰惡行，治政嚴暴，使一多力五百主令鞭人。五百假王威怒私作寒熱，若欲鞭人責其價數，得物鞭輕，不得鞭重，舉國患之。有一賢者為人所誣，應當得鞭，報五百言：吾是佛弟子，素無罪過，為人所枉，願小垂恕。五百聞是佛弟子，輕手過鞭，無著身者。五百壽終墮地獄中，考掠萬毒罪滅復出，墮畜生中恒被搰杖五百餘世，罪畢為人常嬰重病，痛不離身。爾時國王者，今調達是也；時五百者，今此病比丘是也；時賢者者，吾身是也。吾以前世為其所恕，鞭不著身，是故世尊躬為洗之。人作善惡，殃福隨身，雖更生死，不可得免。」

108

今生毆打眾生的罪業，否則的話，將來可能生生世世都會病不離身。現在有些人之所以是「藥罐子」，吃多少中藥、西藥都不見好，肯定也跟前世業力是分不開的。

當然，因果雖說是自作自受，但患了重病的人還是很可憐。有些人得了麻瘋病、腦溢血，就如同行屍走肉一樣，活著跟死了幾乎沒有兩樣，甚至還被逐出人群。1986年法王如意寶到藏地各處弘法時，在道孚就見到一群麻瘋病人，上師為他們做了一些佛事。當時我們看到，他們的狀況跟死人沒什麼差別，只不過身體能動而已。

前不久，我還看了一本書，名叫《歲月》，作者是程向陽。儘管他只有初中文憑，卻搜集了十多年的資料，以自己的親身經歷，對河南「艾滋村」遭受的慘痛悲劇，進行了真實記錄。他在書中講述了，他們村子有多少人染上艾滋病，包括他妻子和十七個直系親屬都被感染，甚至因此而死去……他描寫得特別真實。後來我跟他通了電話，在交談過程中，他再再強調，外人根本不了解村裡的真實痛苦。當時我在參加「國際慈善論壇」，還遇到一個發心幫他們治療的人，他們讓我去看看。本來我也準備去，但後來時間特別緊，只能臨時取消了。我讓北京菩提學會的一些道友去那邊幫幫他們，事後他們也去了。

因此，得了絕症、毫無希望的人，真的跟死人沒有

兩樣。但如果你是修行人，對此應該坦然面對。檢查結果一出來，醫生說：「哦，你不用吃藥了，也不用住院了，回去吧！」或者：「沒事沒事，你什麼病都沒有。」那說明可能已是晚期了。所以，你拿到檢查報告後，還是要看看醫生的表情，如果他讓你先回去，緊接著又讓你家人過去，那可能是有點問題，你應該跟去偷聽一下。（眾笑）

總之，病情嚴重的患者，連生活都不能自理，而且暴躁易怒，動不動就大發雷霆，對別人的一切都看不順眼，性格要比過去固執得多。此時就算有人肯照顧他，他也時常挑三揀四，甚至破口罵人。以前學院就有這樣的病人，各班法師、各區管家安排人輪流照顧他，他卻天天發脾氣，許多道友都感覺不舒服，甚至生惡心而離開了。當然，作為護理者，對病人的行為應該理解，畢竟他們因四大不調，心情難免異常煩躁。不過，作為病人也不能太過分了，聽說有個人要求每頓炒三四樣菜，這對照顧她的人而言，還是有一定的困難。其實，你生病了，有人照顧就不錯了，不應該要求太高，否則，護理的人都會生起厭離心，不能一如既往地耐心照料你。

對我們自己而言，平時如果得病了，應像噶當派的大德那樣，發願代受一切眾生的病苦。對真正會修行的人來講，得病其實是個好事，這樣每天都有修行的機會，尤其是病得越厲害、痛得越強烈，觀修得就越成

功。反之，若是一般的凡夫人，得了病以後，可能只會給周圍的人添麻煩，假如他一直臥床不起，總要人照顧，甚至會希望自己早點死了好，以免拖累家人。

綜上所述，大家應當充分了解到：身為病人，時刻遭受著疾患折磨，身心上都痛苦萬分。這一點，許多病人從自己的感受中更容易體會。你們若想進一步認識病苦，則可翻閱《正法念處經》、《寶鬘論》、《入行論》等經論，其中對此都有詳細的描述。

庚四、死苦：

人到了臨終之時，躺在病床上不能起身，見到飲食無動於衷，面對美景視若無睹，甚至聽別人開玩笑也毫無反應，最多只是皮笑肉不笑應付一下：「是這樣嗎？好嘛，嘿嘿……」他們因遭受死亡的摧殘，鬱鬱寡歡、悶悶不樂，即使以往再有膽識、再有力量，如今也已消失殆盡。等候在他們前面的，唯有迷亂顯現。

我曾看過一篇文章，是名在校研究生寫的。他說自己本是個樂觀主義者，後來突然想到死亡問題，覺得自己死後就會永遠消失，現在所擁有的快樂也會煙消雲散，因而感到極為恐怖，整日萎靡不振。同時，他一想起自己的爺爺、奶奶、爸爸、媽媽，覺得他們遲早都會死，誰也無法超越這個規律。想到這些就很難過，但又無法停止這種念頭，於是他到處詢問：「在這個世界

上，誰能幫我消除這種憂慮和痛苦？」

我倒是很想告訴他：「如果你學了佛法，就會明白人死後意識是不滅的，它依然會跟隨你的善惡業報不斷流轉於輪迴中。」當然，他也算是不錯了，至少有勇氣正視死亡，不像許多人一樣諱疾忌醫，提起死亡就馬上轉移話題。然遺憾的是，由於他沒有接觸過佛法，一旦真正面對死亡，肯定無力擺脫這種怖畏。

死亡大限來臨之際，即使親友在四周團團圍繞，也不可能延緩自己的死期，此時氣息分解的痛苦，唯有自己一人感受。《入行論》亦云：「臨終彌留際，眾親雖圍繞，命絕諸苦痛，唯吾一人受。」這時候不要說一般人，即便是擁有幾千弟子的上師，或者幾億子民的國家總統，在離開世間時，也是獨自感受死亡之苦，他人根本不可能代受。誠如《無量壽經》所形容的：「人在世間，愛欲之中，獨生獨死，獨去獨來。」

不要說生死，就算是生病，別人想幫也幫不上忙。以前我在醫院看到一些領導，他們條件很不錯，住院時有許多特別豪華的轎車來送，可是一旦入了醫院，只剩幾個保鏢幫他拿行李、拎包、背電腦，除此之外，誰也沒辦法代他感受病苦。生病尚且如此，死的時候更是這樣了。縱然你擁有不可估量的財產、眷屬，也無法帶走一分一文、一人一僕，雖然對此難割難捨，但這些不可能隨身而行。故《入行論》云：「魔使來執時，親朋有

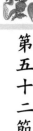

何益？」死亡魔軍來抓你時，就算你親朋好友再多、再厲害，也起不到一絲作用。所以，我們在活著的時候，務必要盡量行持善法，不要去貪著毫無用處的親友、地位、財產。

這些道理，大家在聞思時經常聽得到，但法沒有融入心的話，就會覺得這只是說說而已，並不會真正放在心上。只有到了臨死的那一天，你才會恍然大悟，明白一切財產的確只能全留在世間，而那些親友也幫不上忙，頂多只是在自己死後，他們傷心兩三天，搞個儀式罷了，但隨著你的身體化為烏有，他們的哀傷也就沒有了。

我看過一個阿拉法特的紀錄片，裡面說他在生前非常風光，得過諾貝爾獎，並在世界各地獲得許多和平獎。後來他在六十多歲時，娶了一個比自己年輕34歲的妻子。但婚後，妻子並不照顧他，只是一人在法國享受，過著揮金如土的生活。當他接近死亡時，妻子非要把他從阿拉伯遷到法國治療，最終他死於法國一家醫院裡。從短片中看，他在臨死的時候，周圍的高級官員一個個束手無策，只有把他推進去搶救，灌氧氣，護士們在他心臟上壓一壓，但最後仍然無力回天。

要知道，當死亡來臨時，若是一個相信因果的人，憶及往日所造的惡業，定會痛心疾首，想到惡趣的苦難，又會異常恐懼。死亡這麼突然地到來，令人措手不

大圓滿前行廣釋（四）附大圓滿前行實修法

及，正如《地藏經》所云：「無常大鬼，不期而到。」想到來世的諸般痛苦，許多人只有在悔恨不已中，撒手人寰、往赴中陰。

不過，有些修行人比較不錯。我以前也講過，學院有個老喇嘛，他得了肝癌後，我送他去馬爾康檢查。醫生一看結果，說是晚期了，已經不行了。雖然他不懂漢語，但看到醫生的表情就明白了。他問我：「醫生講什麼？」我說：「沒事，不要緊，可能回去吃中藥好一點。」他說：「不是吧？對我們修行人來講，死也沒什麼，還是直接告訴我吧。」回來的路上，我還是沒有告訴他，但他自己也猜到了。不過，他的反應跟普通人完全不同，一路上面不改色，情緒等各方面都很正常。如果是普通人得知這個消息，覺得生存的景象就這樣化為泡影了，肯定傷心絕望、痛苦不堪。

尤其是罪孽深重的人，在彌留之際，憶起以前所造的罪業，此時一定害怕墮落惡趣。回想自己在自由自在時，沒有修持對臨終有利的正法，真是追悔莫及，禁不住手抓胸口，結果就在胸前留下深深的指印中完結了一生。曾經我就見過這樣的人，他生前特別喜歡打獵，殺過的野獸不計其數。所以他在臨死時恐懼異常，口裡不斷地喊著：「我殺過多少多少眾生，牠們就在這裡向我索命……」我們在旁邊聽到這些，都覺得膽戰心驚。

米拉日巴尊者說過：「若見罪人死亡時，為示因果

善知識。」的確，罪業深重的人在臨終時，是開示因果不虛的最好善知識。用不著上師天天給你講《前行》、《百業經》，如果是有智慧的人，看到這些人死亡的恐怖，就可以深深體會到：人在活著的時候，不能造業太多了，否則，不說來世的惡趣之苦，就是今生臨死時的痛苦也無法承受。

當他們奄奄一息時，惡趣的使者就已來到面前了，在他的迷亂顯現中，會看到牛頭馬面等閻羅卒，所有景象十分恐怖，一切感受都唯生痛苦。此時身體的四大內收，呼吸窘迫，上氣不接下氣，肢體顫抖，意識迷亂，白眼上翻、直直不動，這時候說明他已離開了人間。旁邊的親友見此情景，會一邊念「嗡嘛呢巴美吽」，一邊嗚嗚地哭泣。

當然，我們每個人都要面對這種大苦，《正法念處經》云：「人為死所執，從此至他世，是死為大苦。」假如你有修行的境界，一旦四大隱沒、迷亂顯現時，會憶念起密法的中陰竅訣，很清楚四大隱沒、意識融入的整個過程(56)。由於生前對此已了解過、準備過，故當這些迷亂現象一一呈現時，有些人就能把握住機會，獲得解脫。

打個比方說，有個非常老實的人要出遠門，你託他捎一個口信，他會牢牢記在心裡。同樣，我們離開這個

(56)詳見《上師心滴》之《正行光明藏講義》。

世界前往另一世界時，曾經上師交待過的關鍵問題，自然而然會浮現出來。或者說，就像一個人乘火車去外地前，因為從未坐過火車，父母告訴他：「等會兒到了火車站，你怎麼樣買票，怎麼樣上車，上車後怎麼樣找座位……」提前都講清楚後，到時這些逐一出現時，他就會想起父母的囑咐。所以，我們在活著的時候，要銘記善知識所講授的這些竅訣，若能如此，一旦死亡的各種景象出現，就可以一一認識，並行持相應的修法了。

面對死亡的修法，淨土宗雖然也有殊勝的教言，但主要是觀修阿彌陀佛，中陰竅訣講得不太多。然而，眾生的根基各不相同，現前的也不一定都是阿彌陀佛。相比之下，密宗有適合不同根基的各種中陰竅訣，若能生前對此有所認識，到時會有極大的幫助。否則，沒有修過這些竅訣的人，隨著閻羅使者到來，中陰境界全然呈現，那時無依無怙、孤苦伶仃，只能身不由己、赤手空拳地離開人世。

當然，大成就者則與此不同，他們生死是非常自在的。比如，後唐有位保福禪師，有一天他對眾弟子說：「近來我感覺氣力不繼，想來大概時限已至。」弟子們聽後，頓時躁動起來。有的說：「師父身體仍然很健康，請您不必多慮！」有的說：「為了教導我們，請您長久住世！」有的說：「您要加倍保重身體，常住世間為眾生說法！」一時之間，寺中充滿了喧譁之聲。正在

眾說不一時，突然一位弟子說：「生也好，死也好，一切隨緣由他去便好！」禪師聽後哈哈大笑，滿意地說：「我心裡要講的話，什麼時候被你偷聽去了？」說完便安詳圓寂了。可見，成就者不受煩惱的束縛，死亡何時降臨，都是無所畏懼的。

但作為凡夫人，我們誰也不能保證這種死亡今天不會臨頭。一旦死亡來臨，除了正法以外，再沒有其他可仰仗的對象了。因此，如頌云：「念法始從母胎生，初生之時憶死法。」我們對佛法必須要時時憶念、觀修，而這種教育，最好是從母胎中開始。

現在社會很重視胎教，那什麼是胎教呢？就是孩子入胎以後，母親以自己的行為所實施的教育。現在大多數胎教，都是聽些柔和的音樂、去些悅意的環境等，意義非常淺。其實真正有意義的胎教，應該是母親在懷孕後，常去寺院、常做善事，這些外在的行善因緣，才會對胎兒有利。此外，孩子降生之後，還應從小培養他死亡無常的觀念，並讓他知道：對每一個人來說，不管是老是幼，死亡都可能突然降臨，所以自己誕生到這個世界以後，必須要做善事、積福德，修持對命終有益的正法。

《雜阿含經》中也講過：「老死之所壞，身及所受滅，唯有惠施福，為隨己資糧。」衰老和死亡，定將毀壞我們的身體及所感受的一切，死時什麼都帶不走，唯

有布施等功德才能相伴左右，成為前往後世的資糧。所以，佛陀在經典中常說，當我們死亡的時候，唯有功德才可以救護。寂天論師也曾感歎道：「唯福能救護，然我未曾修。」

不過這一點，現在世間人真的不懂，尤其是大城市裡的人，整日忙於一些微不足道的小事，耽擱了最有意義的修行。在他們眼裡，最有意義的修行，無關緊要；而毫無意義的瑣事，卻視為一生至關重要的大事。他們從來不憶念死亡無常，一直在扶親滅敵、醉生夢死中虛度時光，整日為了住宅、財產等奔波忙碌，為了親戚朋友，以貪嗔癡蹉跎歲月、浪費光陰，實在令人感到遺憾！

《法句經》裡有一個非常好的偈頌：「命欲日夜盡，及時可勤力，世間諦非常，莫惑墮冥中。」意即我們的生命在日夜滅盡，無常也在不斷出現，故應抓住機會精進修行，認清世間的一切無有實義，不值得追求，千萬不要被它迷惑，從冥入冥，墮入黑暗的深淵。

因此，現在大家有了聞法的機會，務必要明白善知識的開導比什麼都重要。就像一個沒上過學的孩子，倘若任其發展，可能他一生都是文盲，但如果有人送他去學校，對他來講是最有意義的。同樣，我們處在這個迷茫的世界中，不學佛的話，最終就會像文盲般地離開人間，可是如今遇到了佛法的光明，讓我們懂得取捨，能

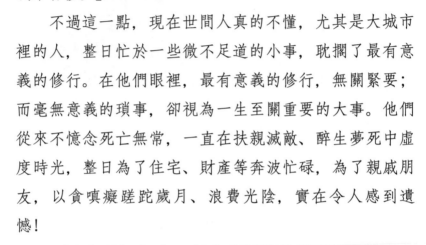

辨別什麼該做、什麼不該做，此時為了生生世世的大安樂，一定要選擇最有意義的事情。

若能如此，一旦我們面對死亡，反省一生時會覺得：「過去我雖然造了不少惡業，但在後半生中，還是修持過一些善法，該醒悟的時候已經醒悟了，所以現在離開也無所謂，什麼時候走都很快樂。」這就是修行人的境界——對世間一切看得很淡，得也可以，失也可以，名聲、地位都放得下。這樣一來，當自己離開人間時，因為積累了許多解脫善法，對來世的去處也會胸有成竹、很有把握。

以上所講的道理，大家應當反反覆覆地深思熟慮，這就是所謂的觀修。我一而再、再而三地強調過，觀修共同加行特別重要，希望每個人都牢記在心！

大圓滿前行廣釋（四）附大圓滿前行實修法

第五十二節課

第五十三節課

「人類之苦」已介紹了變苦、苦苦、行苦三大根本苦，及八個支分苦中的生、老、病、死四苦，今天繼續講第五個——怨憎會苦。

什麼是怨憎會苦呢？指所憎惡的人或事，欲其遠離，而反共聚。比如，想見的愛人見不到，怨恨的敵人卻總是狹路相逢；想聽的喜訊聽不到，不願意聽的噩耗卻時時傳來；非常希望身體健健康康的，可往往是病魔纏身，沒有自由快樂之時……這些不悅意的外境經常出現，而特別希求的對境日益遠離，令心產生強烈憂苦，這就是輪迴的本性。《大毗婆沙論》亦云：「不可愛境，與身合時，引生眾苦，故名非愛會苦。」意即不可愛的對境常出現在自己身上，或者自己面前，引生各種不同的痛苦，這就叫怨憎會苦。當然，怨憎會苦的定義，還有很多解釋方法[57]。

那什麼時候能斷除這種痛苦呢？只有證悟了空性，完全通達人我、法我不存在，那時候所有的痛苦將銷聲匿跡，一絲一毫也不可得。而在此之前，不管你轉生於輪迴何處，都難免要遭受此種痛苦。就算轉生為三善趣

大圓滿前行廣釋（四）附大圓滿前行實修法

---

[57]如《涅槃經》云：「何等名為怨憎會苦？所不愛者而共聚集。」《瑜伽師地論》云：「云何怨憎會苦？當知此苦亦由五相：一、與彼會生憂苦故；二、治罰畏所依止故；三、惡名畏所依止故；四、苦逼迫命終怖畏所依止故；五、越正法惡趣怖畏所依止故。」

眾生，也常會遇到憎惡的對境，那墮入地獄、旁生、餓鬼就更不用說了。所以，要想遠離這種痛苦，證悟空性非常重要。

《宗鏡錄》中云：「若未了無生，於所生之處，無非是怨，無非是苦。」假如沒有徹底通達無生空性之理，不論投生到六趣中的哪一道，在那個環境裡所感受到的，無非是怨恨，無非是痛苦。常有人抱怨：「這裡的環境太複雜了，我要去個清淨的地方。」說這種話的人，根本不了解輪迴的真相。倘若你清楚輪迴的實際狀況，那自然會知道，無論到哪裡去，都有不合意的對境出現。如果過於執著這些，自己就會萬分痛苦，而唯有對它的本性有所認識，才會明白特別不值得為這些苦惱。

有一本書裡說：「十年前我極執著的事情，今天想來覺得可笑；今天我所執著的事情，十年後再回憶時也將如此。所以，我們在每一階段所貪執的東西，都要先去了解它的本性。」的確，這說得很有道理。然可惜的是，大多數人在執著的當下並不覺悟，只有多年後再回顧時，才會恍然大悟、後悔不已。

據有些老年人講，他們在「文革」期間當過紅衛兵，現在想來，那時的行為特別瘋狂，自己都不知道為什麼那樣做。我們雖然不一定有這樣的經歷，但有些行為的性質其實也一樣，比如，自己童年時對玩具執著，

年輕時對感情、名利、財色執著，到如今才懂得此舉特別愚癡，完全是在作繭自縛、自尋煩惱。此外，現在許多人對身體、外境等特別貪執，並且認為理應如此，其實再過一段時間，隨著歲月的流逝，你的心態會不斷變化，尤其是若了達無生之義，回想起往昔的所作所為、所思所想，就會明白以前的一切有多可笑。

因此，要了解人類的痛苦，觀察生活很重要。現在很多人因沒有掌握生活的規律，達不到預期的目標，內心深處就極其苦惱，甚至將自己推入絕望的深淵。其實這沒有必要。就算你不能完全證悟空性，只要對無常法、人類歷史稍有涉獵，再加上自己的人生經驗，用智慧一分析也會知道：世人特別貪著的事物，實際上無一不是虛妄。當然，尚未了達諸法實相之前，我們對苦樂的執著也不可能拋棄。而只有斷除了煩惱障和所知障，才不會如此耽著「我」和「苦」，也不會隨業力趨入三惡趣。

這些道理，作為佛教徒一定要了解。但光是了解還不行，還要逐字逐句進行思維，從中得到一種感悟，這即是所謂的「修」。許多人常說自己不想聞思，只想實修。其實脫離了聞思的實修很危險，聞思基礎都沒有的話，你到底該怎麼樣修？有人認為，「修」是什麼都不執著，每天就閉著眼睛打坐；還有人認為，「修」不需要經過前面的任何次第，直接把密宗或禪宗中最甚深的

大圓滿前行廣釋（四）附大圓滿前行實修法

部分拿出來觀想即可。當然，對極個別利根者來講，這也並非完全不可行，但就大多數人的根基而言，還是需要次第性的修持。

這一點，從世間的學習就看得出來。我們在學校讀書，要先讀小學，再讀中學，進而讀大學，不可能一步登天，直接就跨入大學校門。出世間的修行也是如此，除非你是利根者，有超勝的五根(58)，依靠上師簡單的竅訣，當下便有頓悟的可能。但如果你通過詳細觀察，發現自己並非這種根基，那麼最適合的修行之路，應該是先從理論下手，對此慢慢了解之後，再去實地修持每一個道理，如此內心才能漸漸改變，煩惱也會日益減少。

以前大多數的高僧大德，其實也是依靠這種次第一步步修持，最終認識了心的本性。所以，現在正在講「共同加行」時，大家要好好觀修六道眾生的痛苦。尤其是人類之苦，佛陀在經典中講述得特別廣，大德們在論典中也描述得很細緻。可作為後學者，我們有沒有如實去思維、去修持？每個人反觀自心就知道了。

庚五、怨憎會苦：

再來看看怨憎會苦是怎樣的情形：很多人非常執著自己的財產，為了防止它被怨敵打劫，因而白天守護、夜間巡邏。

比如說，近年來阿根廷社會治安惡化，人人自危，

(58)五根：指信根、進根、念根、定根、慧根，此五法是生聖道的根本。

為防止強盜入室搶劫，許多人都在房子的圍牆上安裝了電網，感覺就像監獄一樣。雖然他們不願意這樣做，但形勢逼人、迫於無奈，只能選擇這種「極端」的方式來保護自己。漢地很多城市也是如此，為了保護財產、甚至生命，家家不得不裝上防盜窗、防盜門，否則根本沒有安全感。所以，深入思維便會了知，財產的本質是一切痛苦的根源，有了財產，痛苦自然而然就會降臨。

華智仁波切講的「怨憎會苦」，主要是闡述財產的過失。雖說從廣義而言，遭遇任何麻煩、苦惱等不悅意對境，都是怨憎會苦，但此處著重講的是財產。因為作為修行人理應知足少欲，而財產卻能給自己帶來極大障礙。

許多人為了養家糊口，一輩子忙忙碌碌，沒有機會修行，可是到了最後，自己的財產會意想不到地落入仇人手中。譬如，白天土匪會明目張膽地搶奪，晚上盜賊偷偷摸摸地竊取，甚至自己所擁有的牛羊，也會被豺狼等猛獸吃掉，最終一無所有。

大城市裡就更可怕了。據一則新聞報道：2009年12月，一女人準備在自助銀行存款時，旁邊突然出現一個男子，用槍對著她說：「把錢給我，不然就殺了你！」她一下子就懵了，在極度恐怖中，只好將身上的一萬多塊錢給了他。當時是晚上8點左右，那男子得了錢後，迅速就消失不見了。可見，現在的社會很不安全，許多人的金錢、房屋、車輛等財產，隨時都可能被盜賊洗劫一空。

大圓滿前行廣釋（四）附大圓滿前行實修法

那天我家來了個老鄉，他在色達某單位做門衛。他說最近一個月裡，小小的色達縣，就有十五家被盜。有的是門被撬了，有的是窗被毀了，多則被偷了七八萬塊錢，少則也丟了一些小東西。這些治安問題，足以說明現在人的貪心越來越大，道德素質日益下滑。即使人們想盡辦法，安裝各種防盜措施，但也是「道高一尺，魔高一丈」，盜賊以更先進的工具輕而易舉就能攻破。

所以，現在的社會真的很可怕。不觀察的話不覺得，但只要詳細去觀察，就會發現人們內在的悲心、利他心、知足少欲等精神財富越來越少，對外在的奢望、希求、惡意越來越厲害。這樣一來，即使公安局等部門每年招的人再多，也無法力挽狂瀾，甚至有時他們自己也貪污，變成了壞人。

相比之下，我們山裡的修行人，除了簡單的衣食以外，沒有其他俗世的目標。也許在世人眼裡，這種生活很痛苦，但實際上我們精神上的快樂，遠遠超過大城市裡的大富翁。所以，道友們修行時要多反觀自心：「在這個世間上，我活著的目標是什麼？旁人的所作所為又是為了什麼？我應當選擇和堅持什麼？……」用自己的智慧觀察之後，相信不難得出正確的結論。

其實，無論你擁有多少財產，都免不了遭受最初積累、中間守護、最後增長等無盡痛苦。誠如佛陀親自授記的怙主龍猛所言：「積財守財增財皆為苦，應知財為

第五十三節課

無邊禍根源。」現在許多人日日夜夜絞盡腦汁，希望通過白手起家，有朝一日能變成富翁，這種願望固然美好，可是真正成功的卻屈指可數（積財）；即使中間有了點財產，也要拼命去守護，生怕一不小心就被偷了（守財）；光是守護還不夠，還想在此基礎賺更多的錢，並將其作為一生幸福的保證（增財）。因此，為了這些財產，人們始終非常辛苦，根本不了解它無有實義，是一切禍害、痛苦的根源。

曾有一個美國人叫富勒，他就是從零開始，積累了大量財富和資產。30歲時，他已掙了100萬美元。但他覺得自己的事業才剛開始，下一步的目標是要成為千萬富翁。然而，隨著財富的不斷增加，他不但沒有感到絲毫快樂，反而身體一天天垮下去了，家庭和婚姻也岌岌可危。於是他再再反思後，決定變賣家產，把所得收入捐給教堂、學校和慈善機構。而且他還跟妻子一起，為那些無家可歸的貧民修建「人類家園」。目前，「人類家園」已在全世界建造了6萬多套房子，為超過30萬人提供了住房。富勒雖放棄了所有的財產，但他覺得自己是世界上最富有的人。

可見，世間人中也有看破今世的。不過他們的「看破」，並非完全明白了財產的實義，只不過在某些因緣的觸動下，知道財富不會真正帶來快樂，從而放棄了對它的追求。既然世間人尚能如此，我們作為修行人，就

大圓滿前行廣釋（四）附大圓滿前行實修法

更不應該耽著財產了。（那天有個人說：「別人跟我講錢的過失，我就是想不通。錢是真正的如意寶，有了它，吃飯也可以，坐車也可以……現在什麼都要靠錢，所以錢是賜予一切悉地的如意寶！」）當然在佛教中，修行人的生活應不墮兩邊，既不墮於極其窮苦的邊，也不墮於極其奢侈的邊，這即是所謂的中道。因此，我們平時要經常發願：「不生過富家，不轉貧窮家，唯生中等家，恆常得出家。」

關於財富的過患，米拉日巴尊者還說：「財初自樂他羨慕，雖有許多不知足；中被吝嗇結束縛，不捨用於善方面，乃為著魔之根源，自己積累他人用；最後財為送命魔，希求敵財刺痛心。應斷輪迴之誘餌，魔之財富我不求。」

意思是，剛開始的時候，你會因財富而快樂，認為它可以滿足一切，別人對你也極其羨慕：「啊，這個人有錢了，買房子、買車了！」（現在城市裡的人，整天就這樣互相攀比。）此時你縱然擁有再多錢財，對它的希求也不知饜足。

到了中間，因為有了一定的財富，就會被吝嗇之結所束縛，捨不得用於上供下施，這些財富便成了著魔的根源，結果一旦怨敵等違緣出現，自己所積累的財產，全部會被他人享用。其實，稍微有點錢的人，有功德的善法做得很少，沒意義的事情卻做得很多。在他身邊，總圍繞著一大群人享用他的財物，貪心也一天比一天

第五十三節課

大，而他自己所享用的，反而少得可憐。

最後，因為貪得無厭，甚至希求敵人的財物，錢財反成了斷送性命的惡魔。因此，我們應當斬斷這一輪迴的誘餌，不要去希求魔王的財富。

以前阿底峽尊者剛來藏地時，僧人們為了表示尊重，就身穿華服，佩戴珠寶飾品去迎接。尊者一見這些人，急忙將頭蒙起來。在旁的弟子大惑不解，請教尊者其中緣故。尊者回答：「藏地的魔鬼來接我了！」僧人們聽後十分慚愧，趕緊將身上的華麗飾品拿掉，換上出家的三衣恭敬迎請，尊者才歡喜地接受。

阿底峽尊者之所以如此，並不是害怕一顆珊瑚、瑪瑙，而是怕出家人太看重金銀財寶了。佛陀在諸多經典中，常將財富喻為毒藥、猛火、魔障，以警示修行人切莫希求，否則，它就會像怨敵的利刃般刺入你心。因此，我們沉溺在輪迴中的眾生，千萬不要受財富的誘惑，不然，自己將永無出頭之日。

其實一個人修行好不好，跟財產也有很大關係。如果你財產不多，至少會有時間去修行，否則，成天忙於打理財富，根本不會希求解脫。我就接觸過許多富裕的居士，他們善根倒不錯，很想弘揚佛法或認真修行，但由於錢太多了，瑣事也多，以致白天一直盤算，晚上睡都睡不著。甚至閉關修「人身難得」時，雖然眼睛閉著，心裡卻在琢磨：「我這筆錢怎麼處理？今年公司會賺多少？下個月轎

大圓滿前行廣釋（四）附大圓滿前行實修法

車怎麼保養？……」想的全是財產方面的事情。相比之下，那些住在山洞或山林裡的修行人，相續中除了佛法和解脫，幾乎沒有世間俗事，真的非常隨喜。

所以，財富特別多的人，修行相當困難。聽說有個富人去清淨地方閉關，結果在21天裡，根本不是在山洞修行，而是用三個手機一直在指揮。山洞裡他都是這樣的話，那下來後就更不用說了。這樣「行持善法」，到底會有什麼樣的善根，相信大家也非常清楚。可見，修行人的財產多了，精力肯定會分散的。

寂天菩薩也說：「積護耗盡苦，應知財多禍，貪金渙散人，脫苦遙無期。」財富的積聚、守護、耗散過程中，充滿著無邊無際的痛苦，以此應知，財產是一切禍害的根源。那些因貪愛金錢而散亂的人，在他們心裡，佛陀也顯不出來，殊勝禪定也顯不出來，一閉上眼就是人民幣「嘩啦嘩啦」響，從來沒有佛法的境界，如此一來，解脫之日勢必遙遙無期。（有些人可能是前世的福報吧，即生中生活不是很困難，也不是很富裕，剛好具足修行的順緣。我就很隨喜這裡的個別道友，吃得也不錯，也沒有過多積累，每個月的錢剛剛好。是吧？）

要知道，一個人擁有多少財產，就會有與之同等的痛苦。誠如《親友書》所言(59)，龍王有多少具寶珠的蛇

(59)《親友書》云：「智者痛苦如財多，少欲之人非如是，一切龍王頭數目，所生痛苦如是多。」

頭，就會遭受多少熱沙之苦。少而言之，哪怕你只擁有一匹馬，也會擔心牠被敵搶走、被賊偷走、草料不足，整天顧慮重重，給自己增添許多煩惱。那麼同樣的道理，擁有一隻羊會有一隻羊的苦楚，甚至僅僅有一條茶葉，也必定會有一條茶葉的痛苦。

因此，一個人的痛苦程度，往往跟財產多少成正比。假如財產只有一條茶葉，痛苦則不會太大，但如果是一幢房子、一輛轎車，甚至一架飛機，那就完全不同了。美國很多富人都有私家飛機，但事實上，他們內心的痛苦比飛機還大。以前法王去美國弘法時，就坐過一架私人飛機。這飛機是一對老夫妻的，他們的財產很不錯，女兒跟一個活佛成家了。對於這飛機，那個老人天天嘮叨：「我的飛機如何如何……」他妻子一聽就有點煩：「你已經老了，頭髮都白了，還總說這些！」「不說那怎麼辦？你看我們的車、我們的飛機……」據說兩人整天為此吵架。

可見，世間人的生活壓力特別大。如果你有一輛普通轎車，維修和保養的花費不多，平時操心得也不厲害；但如果你的車是一百多萬，那被刮傷了一點點，就要花好多錢去修，再加上加油費、過路費等，一個月下來需要不少錢。除了轎車以外，現在人還喜歡買最高級的房子。然而，房子越高級，各方面開銷就越多，自己壓力也越大。遺憾的是，現在人不明白這個道理，反而

大圓滿前行廣釋（四）附大圓滿前行實修法

覺得痛苦越大，就越快樂，實在特別顛倒！

　　與之相比，真正的修行人對生活沒有太多要求，他們唯一重視的，是內心的自在、安樂。以前華智仁波切和兩位上師——如來芽尊者、晉美‧陳雷沃熱（菩提金剛）一起在外雲遊。他們衣著襤褸，沿路化緣，顯得像乞丐一樣。一次，一戶牧民的家人死了，因地處偏僻，請不到其他出家人，見他們穿著僧衣，就請他們到家裡做超度。

　　到了死者家中，三位尊者開始準備超度所需之物。這時他家的年輕姑娘回來了，看見在灶前做食子的華智仁波切，心想：「我家真是可憐，竟然叫這些乞丐來超度。」於是狠狠踢了他一腳，生氣地說：「滾出去！」對於姑娘的惡言暴行，尊者只是笑了笑，好像什麼也沒發生，繼續做他的食子。

　　做完之後，他們以慈悲心念超度儀軌。完畢時，亡人梵淨穴開頂，出現了往生的瑞相。家人見此情景特別高興，供養他們三匹馬、一頭犛牛。華智仁波切說：「我們不需要任何供養，有三匹馬就會有三匹馬的煩惱。」主人突然意識到這三位僧人非同尋常，忙追問他們的姓名。尊者向他們介紹了兩位上師的尊名，但對自己卻隻字未提。（這些在《華智仁波切略傳》中有，方便時你們看一下。）

　　從尊者一生的行持來看，他不僅教誡他人要知足少

欲，自己也做到了「頭陀行」。其實，知足少欲誰都會說，但真正能做到的寥寥無幾。因此，我們應追隨前輩大德的足跡，讓自己的生活簡單化，以成為一個名副其實的修行人。愛因斯坦在《我的世界觀》中，有句話就說得很好，他說：「我強烈嚮往著儉樸的生活……我也相信，簡單淳樸的生活，無論在身體上還是在精神上，對每個人都是有益的。」作為世間的科學家，他能有這樣的認識，並讓自己生活盡量簡樸，的確很不簡單。

最近，奧地利也有位富商，把300萬英鎊（約合人民幣3201萬元）的巨額財產，全部拱手捐給了社會，自己則搬進山裡一座小木屋，過起非常清貧的生活。之所以如此，是因為他逐漸意識到財富不再使他快樂。這些世間人，並沒有受過知足少欲的佛法教育，但他們以自己的智慧觀察後，認清了財富的真面目，誠如美國總統華盛頓所言：「錢財和名聲帶給人的只有痛苦，不是快樂。」所以，最終捨棄了所擁有的一切。

然而，現在城市裡大多數人，還沒認識到這一點，他們百分之百相信：物質越豐富，生活越奢侈，人就會越幸福。假如跟他講起錢的過失，他就會認為是在誹謗「如意寶」——「你說錢不好？不要說、不要說。這是錢啊，一百塊哦！」他們並不知道，一個人若清貧如洗，就不會有仇敵的騷擾，不論去哪裡都無牽無掛，門開著就可以，出去多少天也無所謂。如云：「若無財產

大圓滿前行廣釋（四）附大圓滿前行實修法

遠離敵。」有了這樣的境界，才是一種莫大的快樂。

《緇門崇行錄》中記載，唐朝有位玄朗禪師，他住在一個小屋子裡，四十多年只穿一件七條僧衣，一輩子就只有一個坐臥具。若不是為了查閱經典，他絕不隨便點蠟燭；若不是要禮佛拜佛，絕不隨便走動一步；平時除了念經、誦咒，沒有一句多餘的閒話。

《竅訣寶藏論》也講過(60)，我們的身口意若能斷除一切非法，所作所為都圍繞著佛法，不造世間無義之業，那該有多好！可是這一點，很多人都做不到。他們說話80%無有意義，甚至在造惡業；行為80%沒有功德，甚至非常顛倒；分別念80%為胡思亂想，不是外散就是內收。所以，凡夫人該改的毛病太多了，不要認為自己修了幾天，就能馬上成就了。常有人抱怨：「我已經皈依一百天了，怎麼還沒開悟？」這種想法非常幼稚，修行是一條漫長的道路，千萬不能急於求成。

我雖不敢說自己修行很好，但長期以來，這方面還是有點經驗，就像一個老師，教學二三十年後，對學生的心態會比較熟悉。因此，剛出家、剛皈依的人，心特別急，很想馬上成就，我也能理解。但你們不能太過了——「昨晚我一直念金剛薩埵心咒，但今早起來想了想，好像沒什麼夢相，也沒見到金剛薩埵，這是什麼原

(60)《竅訣寶藏論》云：「斷除身體顛倒之行為，斷除口中無義之言語，斷除意識妄念之散收。」

因？是我業力太深重，還是行為不如法？上師您可不可以給我指點一下？」不能太著急哦！

總而言之，怨憎會苦非常多，說都說不完。誠如《正法念處經》所云：「怨憎不愛會，猶如大火毒，所生諸苦惱，此苦不可說。」怨憎會苦是一種不願接受的痛苦，比如房子不願被大火燒毀，身體不願被藥毒害，面前不願見到關係最不好的人，正常聞思、工作時不願出現不順心的事……但結果往往事與願違，這即是輪迴的本性。

明白這一點後，大家也沒必要怨天尤人，甚至誹謗因果：「好倒霉啊，為什麼我做善事就碰得頭破血流，別人做惡事卻沒有報應？說什麼善惡有報，因果根本就不存在！」這種論調特別可怕。要知道，萬法都有一種自然規律，只有因緣成熟時，果報才會呈現出來，而不能只看一時的苦樂感受。因此，我們作為修行人，在經常觀察自心的同時，也要了解世俗的各種因緣，否則很容易對正法產生邪見。

當然，生邪見的人，往往是不明事理所致。正如《彌勒請問經》所言[61]：不能因憎嫉某人，對法也憎嫉；不能因某人的過失，遷怒於法；不能因怨恨某人，對法

大圓滿前行廣釋（四）附大圓滿前行實修法

---

[61]《彌勒請問經》云：「不以憎嫉人故而憎嫉於法，不以人過失故而於法生過，不以於人怨故而於法亦怨。」

也生怨。其實，佛法百分之百是正確的，只不過修行的人有時達不到那種境界而已。同樣，即便是我們自己，若不認識佛陀所賜的珍貴教義，也只能算是名相上的出家人或居士。或許你自認為很了不起，但你所希求的道路，已經是另一個方向了。

如今，我們站在人生的十字路口，一邊是永恆的黑暗，一邊是光明福祉，今後要去向哪裡，完全掌握在自己手中。在座的道友都發了菩提心，出家人當然是了無牽掛，唯一的任務就是行持正法；而即使是在家人，對世間的執著也要有所減輕。有位居士學了一些法後，說：「我現在已經是個無牽無掛、無著無礙、無有執著的清淨居士了。我不是隨便讚歎自己，因為我有幾大優點：第一、自學佛以來，我從不跟家人吵架，包括父母和兒子；第二、自學佛以來，我從不看電視、電影、連續劇，包括新聞；第三、自學佛以來，我從不做無意義的事，包括逛街。通過這三點，我覺得自己是很了不起的修行人！」

城市裡的人尚能如此，那我們山裡的出家人，就更應該這樣了。在座的道友看破今世，捨棄家庭等一切來學院修行，的確非常不容易。看到你們一張張面孔，我時常會想：「這些人還是很有善根，很了不起。你們在家時，一個個都是父母的寶貝。多年來父母把希望寄託在你身上，可當你長大以後，頭髮就飛到虛空中去了。

第五十三節課

這樣的話，父母心裡也許會有一滴淚水，慢慢融進自己的血液。但這滴淚水是有功德的，隨著你的修行增上，他們一定會得到利益。」

所以，希望你們不管出家還是在家，都不要變成業際顛倒者。畢竟學佛的因緣非常難得，有時站在城市的十字路口，看著來來往往、熙熙攘攘的人流，其中學佛的連萬分之一都沒有；相續中生起閃電般的善念、放棄一切到清淨道場行持大乘佛法的人，更是少之又少。因此，你們應珍惜這來之不易的機緣，一定要追隨往昔出世的諸佛、聖者前輩的足跡，盡量根除對受用和親人的貪執，像鳥雀尋找當天食物一樣，無牽無掛地唯一修持正法。

當然，完全像鳥雀一樣，修行一天就找一天的糧食，恐怕不太現實。但至少也要像前輩修行人那樣，夏天準備好冬天的食物，冬天就一直閉關，第二年再出去化緣。對信心具足的修行人而言，《修心門扉》中說了，生活上不會有很大困難。所以，大家應以知足少欲的方式，盡量過一種清淨的生活，如《親友書》云：「佛說一切財產中，知足乃為最殊勝。」對於上述道理，每個人要認真思維、反覆觀修。

大圓滿前行廣釋（四）附大圓滿前行實修法

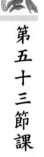

第五十三節課

第五十四節課

「人類之苦」的八支分苦中，今天講第六個——愛別離苦。

所謂愛別離苦，是指所親愛之人，以某種因緣互相離別，不得共處，由此產生極大苦楚。如《大毗婆沙論》云：「諸可愛境，遠離身時，引生眾苦，故名愛別離苦。」這種現象在世間上比比皆是，兩個相愛的人有時由於因緣窮盡，不得不勞燕分飛，其中一者若對此無法接受，甚至會因絕望自殺，做出種種無知的行為來。

其實，如果認識到這種痛苦的本體，就不會有那麼沉重的打擊了。要知道，愛有狹義、廣義之分：廣義的愛，是對一切眾生不計回報的付出，這是一種大愛；而狹義的愛，只限於男女之情，這種愛完全是折磨，在沒認識它的本性之前，只會給你帶來痛苦。而唯有斷除了對它的執著，才不會有那些憂愁、怖畏、悲憤。如《大般涅槃經》云：「因愛生憂，因愛生怖，若離於愛，何憂何怖？」

現在很多人都活在患得患失中，這種心態，往往是源於對某個人的愛執。正因為對所愛之人太過癡迷，以致醉生夢死、執迷不悟，耗盡了一生的時光。實際上若能明白這種苦的本質，相信很多人會對自己的追求重新定位。

大圓滿前行廣釋（四）附大圓滿前行實修法

所以，在學習《前行》時，大家也要了解世間百態，只有這樣，才能更好地引導眾生。

如今許多人特別迷茫，當執著一個對境時，加上社會風氣的推波助瀾，自己很難從中解脫出來。尤其是一些年輕人，對人、財、物的執著相當可怕，儘管這些很折磨人，但他們卻無力自拔、越陷越深。因此，要想擺脫這一切，只有依靠佛法的力量，若能認識心的本性，或對俗世的虛幻無常通達無餘，一切的痛苦則很容易轉為道用。

其實，對每個人來講，精神財富遠遠超過物質財富。物質財富固然能解決一時的貧困，但卻遣除不了內心的痛苦；而精神財富，尤其是佛教中看破今世、斷除我執、證悟空性、了知無常等教義，不管你是什麼身分，出家也好、在家也好，漢族也好、藏族也好，乃至任何民族、任何國家的人，只要擁有了這些理念，就會成為世間上最快樂的人。

在座的很多道友，從外在形象、服裝上看，一個個都大同小異，但有些人因前世的信心和今生的努力，各種因緣聚合之後，將佛陀的大慈大悲與空性教義融會貫通，這樣一來，無論他弘揚佛法、利益眾生，還是自己面對生老病死，都會遊刃有餘，無論身在何處，生活都會非常快樂。

當然，作為凡夫人，尚未登地或成就之前，身心上

第五十四節課

難免會有恍恍惚惚的痛苦，但對於這些痛苦，我們不會像從未學佛的人那樣特別執著——以前我家來了個老鄉，他為了家人的事情，一直哭哭啼啼講了很多。他走之後，旁邊的一位堪布說：「這些世間人太執著了，執著得那麼厲害呀！」的確，他們把名、財、情等完全執為實有，正因為執為實有，這些就會實實在在地傷害自己，實實在在地帶來不便。

現在，很多人都徘徊在人生的十字路口，對左右兩邊猶豫不定、不知方向。所以，我們一定要引導他們通過學習佛法，從心坎深處希求人生的光明之路。當然，最有意義、最有價值的道路，無疑就是大乘之道。如果你們已入此道，就應該勇往直前、義無反顧，直至達到目的地為止。在這個過程中，就算遇到各種障礙、困難，每一個人也不應該退縮！

庚六、愛別離苦：

流轉世間的一切眾生，都對親友等自方愛戀有加，對怨敵等他方恨之入骨，墮入親戚、朋友、眷屬的情網中，結果為了他們受盡苦難。其實，親友之間的暫時相聚，同樣是無常離別的本性。但大多數人卻不明此理，對他們來說，親人離開人世，或者流離失所、淪落他鄉，或者被怨敵逼得走投無路，自己甚至比他本人還痛苦。

特別是，父母對子女十分愛執，一會兒擔心他挨凍

大圓滿前行廣釋（四）附大圓滿前行實修法

受涼，一會兒顧及他餓了渴了，一會兒又憂慮他生病死亡。（我們為什麼要報答父母的重恩？就是因為他們為我們付出太多了，跟其他人完全不同。）即使是子女老了，父母仍會這樣擔憂。鳩摩羅什翻譯的《佛說父母恩重難報經》中，佛陀就講了父母的十種恩德[62]，每一種恩德均由兩偈闡述，其中有一偈云：「母年一百歲，長憂八十兒，欲知恩愛斷，命盡始分離。」意思是即使老母年逾100歲，也會時時掛念80歲的兒子：「他在外面身體好不好？會不會遇到困難？會不會再不回來了？……」除非她撒手西去、離開人間，否則，再老、再病都不會斷盡這份恩愛。如果是寶貝兒子或女兒生病了，父母寧願以自己的性命換取子女健康，他們心裡揮之不去的唯一牽掛就是孩子，為了孩子總是勞心費神，含辛茹苦。同樣，與親友之間如果情意纏綿、糾纏不休，勢必也要感受這樣的憂苦。

因此，人與人之間所謂的感情，不要說用中觀的離一多因、有無生因觀察，就算用簡單的推理去分析，也都是痛苦之因。然而，眾生因無始以來的執著所致，不知這種愛執是源於前世的惡緣，故很難不受它的束縛。

佛經中記載[63]，昔有一婆羅門生了個兒子，7歲時便

[62]一、懷胎守護恩；二、臨產受苦恩；三、生子忘憂恩；四、咽苦吐甘恩；五、回乾就濕恩；六、哺乳養育恩；七、洗滌不淨恩；八、遠行憶念恩；九、深加體恤恩；十、究竟憐愍恩。
[63]此公案詳見《法句譬喻經‧道行品第二十八》。

第五十四節課

因病而死。婆羅門傷心欲絕，決定去找閻羅王，把兒子的命要回來。他到處打聽如何才能前往陰間，一群婆羅門告訴他：「人活著的時候，通常見不到閻羅王。不過如果你執意要去，向此西行四百里有一條大河，河中的城是仙人行經人間停宿的地方。每月八日閻羅王將經過那座城，只要你守持齋戒，必定能如願見到！」

後來，婆羅門歷經千辛萬苦，終於見到了閻羅王。他懇求閻羅王讓他兒子重新活過來，閻羅王說：「你兒子正在東園玩耍，如果他願意，你就可以帶他回去。」他欣喜至極，立刻直朝東園奔去。結果他兒子見了他，根本不理他，甚至還呵斥道：「你這不明事理的愚癡老頭，我只是暫時寄住在你家，所以被稱為你的兒子。現在我在這裡已另有父母，你還是打消妄想，早點回去吧！」婆羅門滿懷悲痛，悵然離去。

他回家後實在想不通，就去問佛陀整件事的緣由。佛陀說：「你真的是愚迷無知啊！父子、夫妻只是暫時的因緣聚合，才聚到了一起，就如寄居一處的旅人們般，不久便會離散……(64)」佛陀開示了愛別離苦的道理，婆羅門頓時心開意解，遂於佛陀座下出家，終證得阿羅漢果。

---

(64)《法句譬喻經》云：「佛告梵志：汝實愚癡，人死神去，便更受形。父母妻子，因緣會居，譬如寄客，起則離散。愚迷縛著，計為己有，憂悲苦惱，不識根本，沈溺生死，未央休息。唯有慧者，不貪恩愛，覺苦捨習，勤修經戒，滅除識想，生死得盡。」

可見，佛經中有許多對人生的透徹認識，如果人人都能懂得，就不會有特別強烈的苦受了。否則，一旦與所執著之人別離，便會感到天崩地裂、極難忍受。即使這種苦發生在別人身上，自己也會難以釋懷。世間上有好多故事和電影，之所以感人至深、流傳千古，就是因為它的情節十分悲哀，而這種悲哀，實際上就是愛別離苦。

拿孟姜女的故事來說，當年秦始皇為修長城，到處抓人做勞工。孟姜女剛成親不久，丈夫也被強行抓走了，從此兩地相隔、音信全無。孟姜女日夜思念著丈夫，於是做好幾件寒衣，親自去千里尋夫。到了長城，她一站一站詢問，結果終於打聽到，丈夫已因飢餓、勞累而死，屍骨被埋在城牆底下。（據歷史記載，修長城累死了好多人，死後大多被埋在那裡。所以我去長城時一直念觀音心咒，一邊看著那些石頭，一邊想：「下面會不會有很多屍體啊？」）孟姜女哭了三天三夜，哭得天昏地暗，連天地都感動了。後來，一段長城突然倒塌，露出來的正是她丈夫的屍骨……

藏地也有類似的故事。果洛地方有個女人，丈夫去打仗了，再也沒回來。她日日以淚洗面，久而久之，就瘋掉了。她瘋了以後，自然唱起很多悲歌，可能是發自內心的緣故吧，每一首悲歌的詞都很優美。這是流傳很廣的一個故事，在我小的時候，老人們經常講起，聽後

第五十四節課

讓人覺得這種執著很可憐。

前幾年，有一部很出名的電影叫《雲水謠》。我雖然沒有看過，但別人給我講了裡面的情節：上世紀40年代，兩個台灣年輕人一見鍾情，並成了親。後因政治動亂，男的輾轉來到大陸，奔赴朝鮮戰場當兵，並把名字也改了。此時他結識了一位戰地護士，由於種種原因，最終與她結了婚。而身在台灣的那個女人，始終堅貞不渝，並以兒媳的身分主動擔負起照顧他母親的重任，開始了漫長而無望的等待。後來兩岸關係有所好轉，她有機會來大陸辦畫展，在養女的幫助下，終於打聽到了丈夫的消息——他多年前在西藏雪崩中殉難了。此時，她已苦苦等了近60年。這部影片是根據《台灣往事》改編的，由兩岸三地多位知名演員聯合演出，2006年國內票房排名第八。據說很多人看了後，都感動得流下眼淚。

還有，以前法王去印度時，在香港停留過一段時間，當時很多香港居士都讚歎一部電影——《媽媽再愛我一次》。劇中講述了一位精神病醫生留學歸國後，偶然發現院中的一名病人，竟是他失蹤18年的母親……該劇主題是「世上只有媽媽好」，刻畫了母親的崇高、母愛的偉大。這部電影十分感人，觀眾們看後哭成一片，是一部公認的「哭片」。在我們眼裡，這片子最打動人的地方，其實是母子聚合與離別的場面，這即是佛經中講的愛別離苦。

這樣的故事還有很多，如牛郎與織女、梁山伯與祝英台、陸游與唐婉……講的都是人和人之間的互相執著。由於他們沒有證悟空性，不了解一切聚散都是因緣，所以一旦面臨生離死別，就萬分痛苦、肝腸寸斷。這種痛苦被搬上熒屏之後，人們也覺得非常真實。然而在通達佛法的人看來，這一切只不過是因緣而已，沒有什麼好耽著的。

《法苑珠林》中就講過一個人，丈夫被毒蛇咬死了，她並不悲痛，什麼感覺都沒有。旁人覺得奇怪，問：「你為何不傷心啼哭？」她說：「夫妻猶如林中的飛鳥，有緣即合，無緣即離，沒什麼可痛苦的！(65)」後來，這就演變成俗話所說的：「夫妻本是同林鳥，大難來時各自飛。」可見，夫妻聚合只不過是暫時的緣分，因為各自業力不同，一旦大難來臨，只有獨來獨去、各奔東西。《毗奈耶經》亦云：「一切恩愛久共處，時至命盡會別離，路宿樹下且隨飛，妻子眷屬皆如是。」

同樣，上師和弟子、老師和學生的關係也是如此。以前我讀師範時，班裡有九個涼山州的同學，他們只讀兩年，而我們讀四年。所以，兩年後他們離開時，全班三四十個同學抱著這九人不放，捨不得讓他們走。大清早去送行時，一兩個人抱一個，哭得稀里嘩啦。後來老

(65)《法苑珠林》云：「譬如飛鳥暮宿高樹，同止共宿，伺明早起，各自飛去，行求飲食。有緣即合，無緣即離。我等夫婦亦復如是，無常對至，隨其本行，不能救護。」

師批評說：「車馬上就開了，車票都已買好了，你們不放不行！」於是，大家只好抱著、哭著把他們送進了車站，一路引來了許多人的圍觀。這是什麼原因呢？就是因為當時沒學過「愛別離苦」。（眾笑）

其實，只要以智慧認真觀察，就會發現親友也不一定是真正「親」。比如，父母自以為對孩子情深意切、甚為慈愛，可這種慈愛完全是顛倒的，最終只能害了他們。為什麼這樣說呢？你們想想：兒子小的時候，衣來伸手、飯來張口，父母為他做好所有的事，到了成家立業之時，又為他迎娶作為終身伴侶的妻子，這實際是把他捆縛在了輪迴的繩索上。常有許多老居士說：「上師您加持加持，我家孩子快30歲了，馬上過期了，一定要……」那天還有個人給我打電話：「上師啊，怎麼辦呢？我家『傳承』斷了！」因為她開始是在講學《入行論》的情況，我就以為是《入行論》的傳承斷了，結果弄了半天才明白，她說的是家族香火的傳承斷了。

而且，父母還教給孩子如何制伏敵人、扶助親友、發家致富等造惡的方法。就現在的父母而言，常教孩子從小怎麼殺生，怎麼吃蛇、吃蝦、吃青蛙……有時在餐廳看到這一幕幕，真的覺得很悲哀。父母雖然很想對孩子好，但他們的「專業」除了殺盜淫妄，也教不出對今生來世有利的行為，這無疑會導致子女無法從惡趣深淵中獲得解脫，恐怕再沒有比這更為嚴重的坑害了。

大圓滿前行廣釋（四）附大圓滿前行實修法

要知道，真正去害一個人，不一定是用武器當面刺殺，日積月累的錯誤引導，對生生世世才是致命的毒害。當然，父母也不是故意去害子女，只是他們太愚癡了，由於受環境、教育等各方面影響，所作所為無一不是惡業。因此，在這種環境中長大的孩子，所學也只有造惡而已，除此之外，不會有優良、高尚的慈悲理念。即使子女偶爾因善根萌發，想學佛、出家或做善事，父母也會心生不滿、橫加阻攔，千方百計去破壞。由此可見，很多父母確實可憐，他們思維是顛倒的，行為也是顛倒的，最終不但利益不了子女，反而可能會害了他。

現在很多人說父母是最好的，這一點我們也不否認，正如剛才佛經所言，父母為兒女付出了很多心血，應當報答他們的恩德。但另一方面，對父母也不能太執著。曾有個人說：「如果我母親死了，我一天也活不下去，要麼一頭撞死，要麼……反正肯定會去死。一想到母親不在了，我的心就崩潰了！」話雖如此，但你母親若真的死了，你會不會撞死也不一定。可單單是你這種想法，就是不懂輪迴的本性所致。

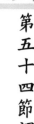

第五十四節課

當然，父母也是一樣，不應該對子女太執著，以為他百分之百對你有利。要知道，真正孝順的孩子為數不多，那許多子女是怎樣對待父母的呢？最初吸取父母身體的精華，中間搶奪他們口中的飲食，最後奪取他們手中的財產。父母再怎麼疼愛兒女，他們也會反過來與父

母作對。父母將畢生不顧千辛萬苦、罪大惡極、臭名遠揚而積累下來的財富，毫不吝惜地全部給予子女，他們卻覺得這理所當然，無有一點一滴感激之情。在這個世間上，就算只給個普通人一把茶葉、請吃一頓飯，他也會喜不自禁地連連道謝，可是對子女來說，哪怕給了他一大筆錢、一套房子，他也滿不在乎，覺得這沒什麼，還認為父母的財物由自己來享用天經地義。

而且，兄弟姐妹之間，也常為了財產而你爭我奪，互不相讓。平時他們從不關心父母，一旦父母重病垂危，就一個個都跑來了，生怕財產落入了別人腰包。縱然父母把財產給了子女，他們也沒有答謝之意。即使父母已傾囊相送，他們卻仍是一要再要，甚至父母念珠裡有一顆記數用的精緻珍珠，他們也會死皮賴臉地要走。

這種情況不僅藏地有，漢地實際上也很多。聽說有個人自己條件不錯，卻把父母安置在一所簡陋的房子裡。這還不算，別人送給他父母一台電視，他回來看到了，忙說：「你們眼睛不太好，看不了電視。還是給我吧，我們年輕人喜歡看。」然後，父母只能眼睜睜看著電視被他搬走了……

其實子女這樣對待父母，父母最終也會有怨氣的。最近我去了幾家養老院，那裡的條件有好有壞，但有一點相同的是，很多老人都有自閉症。我敲門的時候，他們先是不出來，就算出來了也是怨天尤人，說這個、說

大圓滿前行廣釋（四）附大圓滿前行實修法

那個，一肚子都是牢騷。他們始終覺得，所有人都很虛假、不值得信任，即使我們慈愛地給他些東西，他也覺得是騙人的。為什麼呢？因為他最信賴的子女，如今都拋棄了他，那還有誰值得去相信呢？

明白這一點後，父母也沒必要執著子女。就拿女兒來講，倘若她賢惠善良、聰明能幹，遲早會成為別人家的媳婦，對自己方面起不到什麼作用；倘若她性情惡劣，成天在婆家吵架，最後待不下去了，只好抱著孩子回娘家，給家人蒙羞。

其他的親戚也不例外。當你財力十足、幸福美滿時，所有人會把你奉若神明，明明不需要，他們也竭盡全力地幫助你，將飲食財產主動送上門來；而一旦你身敗名裂、身無分文，即便沒做一點錯事，他們也像仇人一樣對待你，縱然你誠心利益他們，所得到的也是恩將仇報。

由此可見，子女、親友等無有絲毫實義。故佛在《菩薩本行經》中說：「富貴榮祿，眾苦之本；居家恩愛，猶如牢獄之中。」榮華富貴都是無常的，如果去執著，就會成為眾苦的根本；家人恩愛也是如幻的，如果去貪執，只會將自己束縛在輪迴的牢獄中。

尤其是當今時代非常現實，有些人退休前門庭若市，退休後門可羅雀；退休前一呼百諾，退休後呼天不應；退休前眾星捧月，退休後鞍馬稀少。現在世風日

第五十四節課

下、人心不古，許多人從官場上退下來後，常有「人走茶涼」的慨嘆。所以，若能明白這些道理，自己對很多人和事就不會那麼執著了。

《大莊嚴論經》(66)中有這樣一則故事：從前，有個人叫稱伽拔吒，他家世代都是巨富，但到他這一代開始沒落，財力衰耗，最後變得一貧如洗。這時所有親友都不理他，反而輕蔑他，不把他當人看。他實在無法面對，只好痛苦地背井離鄉，去往別的國家謀求生路。經過多年不懈的努力，他終於獲得了大量財富，準備返回家鄉。

親友們聽見他回來的消息，立刻改變態度，紛紛拿著食物、香花等到路上迎接。他得知後，故意衣衫襤褸，混雜在前頭僕人的隊伍裡。他昔日貧困潦倒時還是青年，如今成了富翁已是老人，所以誰也不認識他。

親友們向他打聽道：「衣錦還鄉的稱伽拔吒在哪裡？」

他說：「還在後面。」

親友們又向後面的人打聽：「哪一位是稱伽拔吒？」

回答：「剛才前面那位就是。」

親友們忙回頭找到他，責問：「你為什麼這樣

(66)《大莊嚴論經》：十五卷，印度馬鳴菩薩造，鳩摩羅什譯。又作《大莊嚴經論》、《大莊嚴論》、《大莊嚴經》，收在《大正藏》第四冊。主要是搜集佛陀本生，及諸種善惡因緣、譬喻等九十章故事，以供求道者參考。

做？」

他冷淡地回答：「你們想見的稱伽拔吒，坐在後面的駱駝上。當年我窮途沒落時，諸位不理睬我，而現在卻忙著來迎接。事實上，你們不是迎接我，只不過是為了我的財產，這些財產就放在後邊的駱駝背上！」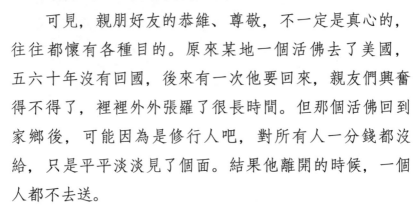⑥⑦

可見，親朋好友的恭維、尊敬，不一定是真心的，往往都懷有各種目的。原來某地一個活佛去了美國，五六十年沒有回國，後來有一次他要回來，親友們興奮得不得了，裡裡外外張羅了很長時間。但那個活佛回到家鄉後，可能因為是修行人吧，對所有人一分錢都沒給，只是平平淡淡見了個面。結果他離開的時候，一個人都不去送。

所以，在現實生活中，親怨有時很難分辨。以前阿凡提當州長時，來往於他家的人絡繹不絕。一天，鄰居冒昧地問：「你家每天有這麼多客人，你到底有多少朋友啊？」阿凡提回答：「等我不當州長、削職為民時，那時候再告訴你。」其實他也很清楚，一旦自己下了

---

⑥⑦《大莊嚴論經》云：「竺叉尸羅國有博羅吁羅村，有一估客名稱伽拔吒，作僧伽藍，如今現在，稱伽拔吒。先是長者子，居室素富，後因衰耗，遂至貧窮。其宗親眷屬盡皆輕慢，不以為人，心懷憂惱遂棄家去。共諸伴黨至大秦國，大得財寶還歸本國。時諸宗親聞是事已，各設飲食香華妓樂於路往迎。時稱伽拔吒身著微服在伴前行。先以貧賤年歲又少，後得財寶其年轉老，諸親迎者並皆不識，而問之言：稱伽拔吒為何所在？尋即語言：今猶在後。至大伴中而復問言：稱伽拔吒為何所在？諸伴語言：在前去者即是其人。時宗親往到其所而語之言：汝是稱伽拔吒，云何語我乃云在後？稱伽拔吒語諸宗親言：稱伽拔吒非我身是，乃在伴中駝驢馱上。所以然者？我身頃來，宗親輕賤，初不與語，聞有財寶乃復見迎，由是之故在後馱上。宗親語言：汝道何事不解汝語？稱伽拔吒即答之言：我貧窮時共汝等語不見酬對，見我今者多諸財寶，乃設供具來迎逆我，乃為財來，不為我身。」

台，就不會有這麼多「朋友」了。所以，執著親友沒有絲毫意義。

關於斷除對親友的貪執，米拉日巴尊者就有很好的教言。當年尊者在光明洞閉關時，有一次去孟津化緣，被一對老夫婦請到家裡應供。老夫婦見尊者長得不錯，修行也好，就問他：「你從哪裡來？有沒有親人？」尊者答言：「我捨棄了家鄉，也沒有親人，我就是這樣一個乞丐。」老夫婦聽後，說：「我們也沒有子女，你就做我們的義子吧！我們有塊好地，你可以去耕耘；然後再找個好姑娘，生個可愛的兒子，這樣一來，你不久就會有很多親友了。」

米拉日巴尊者說：「這一切我都不需要，我捨棄他們還來不及呢。」於是以歌唱道：「子初悅意如天子，慈愍之心難形容，中間過分催索債，雖施一切無悅時。別人之女迎入內，大恩父母逐出外，父親呼喚不答覆，母親呼喚不應聲，後成冷淡之鄰居。勾結狡者造惡業，自生怨敵刺痛心，應斷輪迴之耙繩，世間子孫我不求。」

意思是，兒子剛降生時猶如天子，可愛得不得了，但長大後就成了討債鬼，即使給他一切，也沒辦法取悅他。待他把別人的女兒娶回家，就會把大恩父母逐出門外。父母怎麼呼喚，他也不搭理，就像關係冷淡的鄰居一樣。甚至他還與惡人勾結，做盡壞事，刺痛父母的

大圓滿前行廣釋（四）附大圓滿前行實修法

心。故應斷除輪迴的繩索，世間的兒子我不要。

老夫婦又說：「兒子的確可能會變成仇人，那麼就要一個女兒吧，女兒還是很可愛的。」尊者又以歌唱道：「女初笑顏如仙童，掠奪財寶具大力，中間討債無盡頭，父前公開索要走，母前暗地偷偷帶，施給不知報恩德，嗔恨大恩之父母，後成紅面羅剎女。若善他人之榮耀，若惡自己禍害源，禍害魔女刺痛心，斷除無覺之憂愁，禍根之女我不求。」

老夫婦不甘心，繼續勸道：「沒有子女也倒不要緊，但若連一個親戚都沒有，你會處處受人欺侮的。」尊者搖搖頭，唱道：「親友初遇見歡顏，密切來往漫山谷；中間酒肉如還債，送他一次還一度；後成貪嗔爭吵因，惡友訟因刺痛心。捨棄樂時之食友，世間親友我不求。」

漢地、藏地都有這種情況：開始的時候，親友之間你請我、我請你，顯現特別熱情；到了中間，就開始講條件了，你請一次，我才還一次，不像最初那樣了；最後關係越來越僵，甚至還會互相爭吵。這就是世間的親友，對此也沒必要希求。

總而言之，兒子、女兒、親友等，都不應該去執著，這就是所謂的看破今世。儘管這一點很難做到，但作為修行人，只要懂得了愛別離苦，定能慢慢看淡這一切。否則，你天天想孩子、想父母、想朋友……心裡裝

的都是這些，那根本不會有修行的時間，也不會有大慈大悲的位置。

　　當然，對在家人而言，將子女親友完全看破並拋棄，也是不現實的。但即便如此，你也不能太執著。畢竟聚散離合是輪迴的規律，明白這個道理後，修行自然比較成功。否則，你都修行很長時間了，親人離去還特別痛苦，甚至不想活下去，那就不是修行人了。所以，大家要好好觀修愛別離苦！

第五十五節課

下面繼續學習「人類之苦」中的第七個——求不得苦。

所謂求不得苦，是指世人欲望無有限度，因各自職業、地位、愛好、身分等不同，以致所求目標也各式各樣，若對自己所愛樂的事物，如財產、地位、美色等，求之而不能得，這種痛苦即為求不得苦。如《大毗婆沙論》云：「求如意事，不果遂時，引生眾苦，故名求不得苦。」

平時我跟許多人接觸的過程中，常發現他們的苦受、煩惱、憂愁，大多數都是求不得苦。尤其是現在的世間人，因看得太多、聽得太多，以致所追求的目標和花樣也很多。他們見到別人穿高檔衣服、吃美味佳餚、住奢華豪宅、開高級轎車，自己沒有的話，就會特別傷心。而我們學佛的人完全不同，尤其是觀過輪迴痛苦的人，對世間一切不會特別執著。如果各方面因緣具足，你有這些外在條件，那去享用也可以；但若實在得不到，自己也能坦然接受，並不會苦苦強求。

所以，當今時代確實需要精神食糧，有了它，無論遇到什麼情況，都有一種面對的勇氣。否則，內心的欲望得不到滿足，就覺得自己極其倒霉、一無是處，這樣想的結果，只能產生越來越大的精神壓力，弄得自己無

大圓滿前行廣釋（四）附大圓滿前行實修法

所適從。

　　要知道，夢想與現實之間有距離，許多事情不一定如願以償，這是很正常的。《仁王般若經疏》也說：「事與願違者，即是求不得苦。」但世人達不到自己的目標，心裡往往會產生憂愁、悲傷，如《六度集經》所言：「事與願違，憂悲為害。」這是沒有必要的。如果你學過大乘論典，心胸就會非常開闊，所求的東西得到了，不會過於歡喜；得不到，也不會過於傷心。因為你知道這一切都是因緣，因緣具足時，不費力也會自然成功，而如果因緣不具足，再努力也無濟於事。

　　因此，對很多心理不平衡的人來說，佛法是內心創傷癒合、防止再次受傷的甘露妙藥，只要你心態健康了，即使身體上有病，狀況也不會太糟糕。當然，最快樂的人，是身體健康、心理也健康，若能具足這二者，就算沒有財富、地位、受用，也會活得快快樂樂。否則，縱然你天天住得好、吃得好、穿得好，可是心裡的隱患不斷發作，外在的物質條件再好也沒用。所以，許多發願文都提到要迴向「身心健康」，這也是修行中不可缺少的順緣。

　　其實，用佛教的慈悲觀、人生觀調伏自心，對心理健康會起到很大作用。有些人以前像發瘋了一樣，時刻都在為生活、感情所困，但學佛後明白一切都是因緣，想通了也就放下了，反而覺得過去特別瘋狂，對自己經

第五十五節課

常呵斥——還是從文字上講吧，不然我一直發揮的話，待會兒又該講不完了！

庚七、求不得苦：

在這個世界上，不管是誰，沒有一個不渴求幸福快樂的，趨樂避苦是人人與生俱來的天性，可真正能如願以償的卻寥寥無幾。有的人為了舒適安樂而建造房屋，沒想到房屋突然倒塌，自己被埋在裡面；有的人為了充飢果腹而享用飲食，結果卻染上疾疫，危及生命；有的人為了身體健康而服用藥物，結果竟發生反應，提早離開人間；有的人為了獲取勝利而奔赴戰場，結果一命嗚呼、客死異鄉；有的人為了謀求利潤而拼命經營，結果被仇人毀得傾家蕩產，淪為乞丐……

無論是什麼樣的人，雖然都有自己的目標，如農夫希望莊稼豐收，知識分子希望學業有成，公務員希望在政界中得到高位，但在所有的目標中，我覺得大乘佛教的目標最不可思議。為什麼呢？一是它時間漫長，從初發心乃至成佛之間；二是它範圍廣大，利益三界的一切眾生。相比之下，如今被稱為「世界上最偉大的人」，也只是幫助了一部分人類而已，實無法與大乘的願力同日而語。

曾有一位法師說：「願大，力就大。」我特別喜歡這句話。的確，她在這種信念的支持下，利生事業不可思議，非常廣大。可見，一個人能否有所作為，關鍵要

大圓滿前行廣釋（四）附大圓滿前行實修法

看願力大不大。如果願力很大，想幫助全世界的苦難眾生，那力量和機會自然會具足，短時間內這種因緣也可以成熟；反之，假如成天想的只是自己好好生活，那麼，所作所為也就只能圍繞著這個而已。

其實，求不得苦往往是源於狹隘的思想。倘若一味只為了自己，得不到預期的財富、地位，必定會因此而苦惱。對我們很多人來說，除了聖者以外，為自己流淚的人比比皆是，為眾生流淚的卻寥若晨星。由於每個人有強烈的我執，因而，感受求不得苦的人多之又多。

放眼周圍，無數人為了今生的幸福、受用，盡心盡力地辛勤勞作，他們卻並不知道，如果沒有前世的福德因緣，今生再努力也無濟於事，到頭來不但得不到這些，甚至解決暫時的溫飽也成問題。我就有這麼一個親戚，在我很小的時候，他就為生活而四處奔波，前不久我在一所寺院又見到他，他辛苦一輩子所追求的快樂和財富，到現在還沒有得到。可見，就算是小小的希求，有時也需要前世的因緣。

這一點，出家人、在家人都一樣。即使每個人擁有同等的緣分，但由於各自福報不同，最後的結果也會千差萬別。就算是同一個老師教出來的學生、同一個父母所生的孩子，未來的命運也都有天壤之別。所以，我們不得不承認，若想得到夢寐以求的東西，除了勤奮努力之外，前世的因緣也不可或缺。

佛經中就有這樣一則公案(68)：從前，印度王舍城有很多富翁，他們中擁有一億財產的，都住在「一億里」這個富人區。當時有位商人為了能成為其中一員，拼命工作、縮衣節食，將畢生心力投注在累積財富上。經過數十年的努力，眼看著家產將近一億了，商人卻在此時積勞成疾而病倒。臨終前，他告訴妻子，希望年幼的兒子將來繼承他的遺願，成為擁有一億家產的富翁。

商人死了之後，妻子含淚將遺囑告訴兒子。兒子聽完母親的話，讓母親把財產交給他處理，並承諾很快就能住進「一億里」。母親放心地將財產交給他，豈料他廣行布施，供養三寶、周濟窮人，不到半年光景，所有的家產全部散盡。更不幸的是，兒子此時得了重病，短短數日便死了。商人的妻子見財產沒了，兒子也死了，悲痛欲絕、傷心萬分。

兒子由於生前布施而種下善因，不久即投生在

(68)《雜譬喻經》云：「昔王舍城中，人民多豐饒，九品異居，不相雜錯。別有一億里，有一億財者，便入中。時有居士，規欲居中便行治生，苦身節用廣諸方計。數十年中，九十萬數未滿一億，得病甚篤，自知不濟。有一子年七八歲，囑語其妻曰：吾子小大，付與財物令廣治生，使足滿一億，必居其中，全吾生存之願矣。言竟終亡。喪送事畢，將子入示其寶物：父有遺教，須汝長大具一十萬足滿一億，居億里中。子報母言：何必須大？便可付我早共居之。母即付之。於是童子以財物珍寶，供養三尊，施與貧乏者，半年之中財物盡了。其母愁惱怪子所作，童子未幾身得重病，遂便喪亡。其母既失物，子又幼喪，憂愁憶之。中有最富者，八十居而無子姓，於是童子往生其家，為第一婦作子。滿十月生，端正聰明自識宿命，母自抱乳確不肯食，青衣抱養亦復如是。兒前母聞生子如是，偶往看見愛之，即抱嗚皺，開口求食，長者大喜重雇其價，使養護子。長者便與夫人議曰：吾少子性，他人抱養不肯飲食，此婦抱撮兒輒歡喜，吾今欲往迎取以為小妻，令養視吾子，為可爾不？夫人聽之。便以禮娉迎來，別作屋宅分財給與無所乏短。兒便語母：為相識不？母大怖懅，而言不相識。兒白母言：我是母之前子，取母九十萬分用布施，今共來作八十億主，不勞力而食，福為何如耶？」

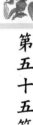

「一億里」的首富家中。這位家財萬貫的富翁，年過八十仍膝下無子，如今喜獲麟兒，實在開心不已。但這剛出生的兒子卻生性奇特，不論誰來餵哺都不肯進食，夫妻倆焦慮萬分，到處探尋良策。事情很快就傳開了，商人的妻子聽到這個消息後，好奇地前去富翁家中嘗試，沒想到嬰兒一到她手上，就馬上開口進食。富翁見狀大喜，於是和夫人協議，以厚禮為聘，請商人的妻子到家中居住，就近照顧兒子。

有一天，懷裡的嬰兒忽然開口對她說話：「您不認識我了嗎？」她聽後大驚。嬰兒又說：「不要怕，我是您的兒子。因為上供下施的福報，所以投生到一億里的首富家，這就是布施功德的不可思議啊！」

所以，前世的願力和因緣，我們每個人不得不承認。現在有些佛教徒，從他們言行舉止中看，只顧眼前及時行樂，對後世卻漠不關心，這完全是唯物論者的做法，跟只管今天、不管明天的行為一樣可怕。當然，這也與從小教育及成長環境有關，在這樣的背景下，許多人即使表面上承認後世存在，也只是說說而已，並沒有積極為後世積累資糧，這種做法不太合理。古大德曾一再教誡我們：「勤勞如山王，不及積微福。」一個人再怎麼勤勞，也不如積累微小福德的作用大。所以，單靠勤奮努力不一定能成辦大事，若在做事的同時，花錢念經或作些功德，順緣的力量才非常大。

其實，我們從無始以來，將全部精力都放在世間瑣事上，一輩子只關心成家生子，孩子長大後再成家生子……卻從不為來世作任何打算，這樣在輪迴中沒完沒了地流轉，上演種種恩怨情仇，可結果呢？只是痛苦而已。許多人為了今生的目標，上半生和下半生都在百般努力，這份精進若能用於修持正法，恐怕現在早已成佛了。即使沒有成佛，也絕不至於再度感受惡趣的痛苦。

像我們學院的出租車司機，每天三四點鐘就起來，晚上十一二點還在那邊。他們一天的所作所為只為賺錢，甚至晚上都不回家，一直睡在車裡，第二天一早就起來招客人：「阿可、阿可，到不到爐霍？」「阿可、阿可，去馬爾康嗎？」試想，他們若是每天三四點起來發菩提心，為眾生而努力修行，那麼短短十幾年中，成就必定不可限量，即使沒有成佛，至少也能看破世間了。還有《雲水謠》的那個女主角，如果用近60年一直觀想佛陀，而不是對一個男人朝思暮想，生起次第肯定早已修成了。

然而，世間人把心思和精力，全都用在沒有意義的事情上。尤其是他們最執著的感情，正如一本書中所言，它是耗盡光陰、耗盡青春、耗盡錢財的魔術，最終只能是竹籃打水一場空。到頭來，當你面對死亡時，究竟得到了什麼？一無所有！縱然你是腰纏萬貫的大富

---

⑥⑨阿可：藏地對喇嘛的稱呼。

翁，離開人間時一分錢也帶不走；縱然你是億萬人之上的國家總統，死時一個眷屬也無法跟隨。因此，佛陀所講的生老病死等道理，完全是以理服人，不是以勢壓人，真正有智慧的人應該能接受，因為這也是他們有目共睹的事實。

明白這一點後，大家應當這樣想：「如今我已經遇到了大乘佛法，依止了善知識，依靠經論也知道棄惡從善的分界。此時此刻，我千萬不能再將精力放在輪迴瑣事上了，一定要修持真實的正法！」當然，要像以前噶當派和寧瑪派的大德那樣，將精力100%用於修行，我們恐怕也做不到。尤其是城市裡的人，一個禮拜能空出一天或半天學佛，就已經很不錯了。他們自己都特別驚訝：「以前我的時間全用來吃喝玩樂，現在一周還能抽出半天學習佛法、聞思修行，我的境界這麼高啊！」確實，跟過去相比，你是有所進步。但七天中只用半天學佛，其餘六天半都在散亂，而且你的「半天」也許只是聽兩堂課，就兩個小時而已，這樣的話，和真正的修行人比起來，還是差得相當遠。

相較而言，我們學院的出家人，從早到晚除了聞思修行，散亂確實非常少，大多數的時間都安排得很緊。昨天有個道友就說：「哎喲，我們又聽課、又背誦、又講考、又輔導……耳朵一直都嗡嗡響。」其實這樣也好，畢竟這些都是善法，若能一直這樣下去，活多少年

就學多少年，對世間沉迷得沒有那麼厲害，臨死時也會有一點把握。所以，大家應當珍惜自己的時間，雖說完全捨棄世間有點困難，但最好能多用於修行方面，這對每個人來講非常重要！

庚八、不欲臨苦：

在現實生活中，可以肯定地說，希望自己受苦受難的人，這個世界上一個也沒有。然而，即便不願意受苦，痛苦也會自然而然降臨，這就是不欲臨苦。

比如，我們不想生病、不願被別人束縛，但業力現前時，除了生死自在的成就者以外，我們想逃也逃不掉，就算不想感受痛苦，也很難如願以償。還有因往昔業力所感，成為國王的臣民、富翁的奴僕、老闆的員工等那些人，完全是身不由己，不願意也必然要受主人控制。他們哪怕只犯了微不足道的錯誤，也會大難臨頭，措手無策。即使當下被帶到刑場，也只好硬著頭皮跟著去，自己一點權利也沒有。甚至他們不想犯罪或破壞紀律，但在業風吹動下，常常不由自主。包括有些出家人，很希望一生戒律清淨，但在業力現前時，自己也無力抗拒……以此為例，我們就能明白所謂的不欲臨苦。

拿蘇東坡來說，很多人只知道他是北宋著名的文學家、書畫家，曾任翰林學士，官至禮部尚書，卻不知道他前世是個出家人。其實他自己也在《南華寺》中提過：「我本修行人，三世積精煉，中間一念失，受此百

年譴。」意即我本來是個修行人，曾於三世中一直積累資糧，但因一念之差落入塵世，招來了這一生的憂患。

據說他的前世是五戒和尚，一目失明，為某寺院住持。有次他在山門外發現一丟棄的女嬰，就帶回寺中讓一名和尚養大，取名紅蓮。紅蓮長大後清秀動人，五戒見到生了一念貪心，並因此而破了戒。他有一個師弟叫明悟，在定中察覺此事後，藉機作詩點醒了他。羞愧之下，五戒坐化而去。明悟見後心想：「師兄錯走這一步，下世可能會毀謗佛法，永無出頭之日。」於是他也趕緊坐化，緊追五戒投胎而去，這就是後來的佛印禪師。

之所以說蘇東坡是五戒和尚，也因為他這一世有許多跡象可尋。比如他母親剛懷孕時，曾夢到一僧人來託宿，僧人風姿挺秀，一隻眼睛失明。還有，蘇東坡在抵達筠州前，雲庵和尚、蘇轍、聰和尚同做一夢：三人一起出城迎接五戒和尚。而且蘇東坡自己也說，他在八九歲時，夢到自己前世是位僧人，往來於陝右之間(70)。可能是前輩子的習氣吧，他此世雖是在家人，卻總喜歡穿出家人的衣服，平時在他的朝服下面，往往就穿著僧衣。（有人常問：「漢地怎麼沒有活佛啊？」其實是有的，蘇東坡就是一例。）

通過這個公案可以了知，五戒和尚原本道行清淨，

---

(70)五戒和尚就是陝右人。

修行不錯，但因為那段孽緣，以至於不得不感受輪迴的痛苦，並對後世有一定影響。當然也正由於他出家修行過，故而後世不同於常人，不管在詩學方面，還是佛教研究，都有相當深的造詣，並且利他之心非常明顯。所以，善惡有報、因果不爽的道理，在他一人身上全都體現了。

關於不欲臨苦，無垢光尊者在《竅訣寶藏論》中也有描述。如云：「家人親友雖欲恆不離，相依相伴然卻定別離。」親朋好友相依相伴、難分難捨，希望能天長地久永不分離，但在無常的襲擊下，到了一定時候，也會死的死、散的散，只有隨業力各奔東西，最後留下來的，徒有思念而已。如李白在《靜夜思》中云：「舉頭望明月，低頭思故鄉。」——你們好多出家人，想不想家啊？離開了家人親友，獨自回憶他們時，痛不痛苦？

「美妙住宅雖欲恆不離，長久居住然卻定離去。」對修行人而言，最執著的寺院、茅棚或學院，自己希望恆時不離開，永遠都住在這裡，但也是不現實的。無論是由於共業還是別業，因緣散了的話，不要說永遠，就算待一剎那的機會也沒有。世間人也是一樣，買了一幢房子，就認為永遠是自己的，這也不一定，無常一旦到來，即使你再不想離開，也不得不接受無情的事實。

「幸福受用雖欲恆不離，長久享受然卻定捨棄。」

幸福的生活、豐足的受用，雖想永遠擁有，稍許也不願離開，但無常來臨之際，這些也必定要捨棄。《大莊嚴論經》亦云：「家中有財寶，五家(71)之所共。」你認為是自己的財物，過段時間不一定還是你的，可能統統會被別人使用。有些道友認為「這是我的錢包」，但不小心在路上掉了，就成了別人的了。昨天有個人說：「我的手機掉了。打過去，剛開始是無法接通；再打一次，通了但沒人接；又再打一次，就關機了。這是什麼原因呢？」我說：「這是你的手機已經被別人享用了。」所以，我們對自己的財物雖然不想離開，但終究還是會離開的。無垢光尊者的這些竅訣非常甚深，大家要好好體會！

「暇滿人身雖欲恆不離，長久留世然卻定死亡。」

有了暇滿人身，就有了修行的機會，儘管我們很想長久留住，可是人生短暫、無常迅速，真正能聞思修的時間也不過幾年。《雜阿含經》中云：「覺世無常，身命難保。」因而作為修行人，一定要珍惜學佛的機會。以前有個人生了邪見後，口口聲聲威脅別人：「那我不學佛了！那我不學佛了！」我們雖然沒有像他那樣，但就算自己想學佛，這個人身能用多久也很難說。

「賢善上師雖欲恆不離，聽受正法然卻定別離。」

(71)《六度集經》云：「所謂私財也，五家分者：一水、二火、三賊、四官、五為命盡。」

對慈悲賢善、唯有利他心的具相上師，很多弟子都想永遠不離開，但這也是不可能的。有時候上師會圓寂，有時候是弟子圓寂，有時候師徒雖都未圓寂，但也會以各種因緣而分開。所以，上師如意寶常引用這個教證說：「我們師徒如今歡聚一堂享受大乘佛法，但再過段時間，這只能成為美好的回憶了，除此之外，一切都會煙消雲散的。」確實，我們很想永遠在上師面前聽受正法，但這是不可能的，歷史上沒有永不分離的師徒。所以，有了聽受正法的機會，每個人一定要珍惜！

「善良道友雖欲恆不離，和睦相處然卻定分離。」具有出離心、慈悲心、菩提心的善良道友十分難得，雖然希望永遠不要分離，與他在菩提道中恆時相伴、和睦相處，但這也是做不到的。

最後，無垢光尊者說：**「今起該披精進之鎧甲，詣至無離大樂之寶洲。於諸生深厭離道友前，無有正法乞人我勸勉。」**了知這些無常的道理後，我們要立下堅定誓言：從現在開始，應披上精進的鎧甲修持正法，以趨至永不分離的大樂寶洲——佛果。無垢光尊者還謙虛地說：「於輪迴深生厭離的諸道友面前，我雖是沒有修成正法的乞丐(72)，但也真誠地以此教言進行勸勉。」

總之，一切萬法都是因緣所致，若想避免求不得苦，獲得財產受用、幸福名譽等善果，必須要有往昔積

(72)無有正法乞人，也可解釋為無有任何執著的無勤瑜伽士。

德的善因，有了這樣的因，果才會不求自得。以前洛若寺的金旺堪布就常說：「有福報的人不管到哪兒，即使是監獄，也會自然得到快樂。」比如在「文革」期間，藏地許多大德身陷囹圄十幾年、甚至二十幾年，有些人因為有福德，在監獄裡過得很舒服，有吃不完的東西；而沒有福德的人，結果就餓死了。所以，具足福德的人無論在哪裡，都會像慈力王子(73)一樣，時時處處遇到順緣。反之，如果不具備這樣的因，就算再怎樣兢兢業業、勤勤懇懇，非但不會如願以償，反而可能適得其反，遭遇不幸。

明白這個道理後，大家應息滅自己的貪欲，依靠知足少欲這一取之不盡、用之不竭的財寶，盡量過一種安貧樂道的生活。否則，作為修行人，該捨棄的已捨棄了，該放下的也放下了，若還不集中精力修行正法，入佛門後每天放逸，忙於各種世間瑣事，那只能是自尋煩惱、自討苦吃，最終會受到諸佛菩薩、護法神的呵責。甚至，有些金剛道友也會譴責你：「這個人明明都報名學習了，卻天天忙別的，今天這個藉口、明天那個藉口，始終不來學習……」

現在外面的個別道友，聞思特別精進，兩三年來一堂課也沒落，再怎麼忙都能趕上進度，這種求法之心特別好。而有些人卻與此相反，他們天天找藉口不上課，

(73)慈力王子：佛陀的因地，類似於福力王子。

今天是「我朋友要結婚了，請個假」，明天是「我們領導要出去玩，請個假」，後天是「我父親生病了，請個假」，大後天是「我的胃特別痛，請個假」……這樣把學佛時間都耽誤了，其實欺騙別人就是欺騙自己！

或許是見到末法的這種現象吧，米拉日巴尊者也唱了一首道歌。這首道歌的緣起是這樣的：當時有兩個格西，分別是羅頓、達羅。達羅不好好修行，天天以因明的方式說人過失，後來在與米拉日巴尊者辯論中，因失敗而於嗔恨心中死去。羅頓見了，一方面既怕又愧，一方面對尊者的修行生起了信心，於是到尊者面前恭敬求法。以此緣起，尊者為他傳授了教言，並通過呵責的方式，先讓他遠離形象學法，待他的相續堪能時，又把密法甚深竅訣傳給他。最終羅頓通過真實修行，也成為非常了不起的修行人。此故事出自《米拉日巴尊者道歌集》，你們最好是看一下。

那麼，尊者是怎麼教誡羅頓的呢？他說：「**本來佛陀世間主，為摧八風(74)說諸法，如今自詡諸智者，豈非八法反增長？**」大慈大悲的佛陀宣說八萬四千法門，本是為了摧毀眾生的世間八法，可如今自詡為「智者」的某些人，打著佛教的幌子，拼命追求名聲、財富、恭敬，世間八法豈不是反而增上了嗎？此舉完全與佛陀的教法相違。（曾有個領導說：「你們有些出家人去茶館，這與釋迦牟

(74)八風：指世間八法。

尼佛的教法相違。」我說：「去茶館不要緊吧，佛陀也沒規定出家人不能喝茶。但若是去茶館做非法事，那就不太好。」可能這些人的要求太高了，只要在寺院以外看到出家人，就認為與佛陀的教義相違，這種認識也有待觀察。在我看來，出家人若整天宣傳自己，追求名利等世間八法，根本不想眾生的利益，才是違背了佛陀的教義。）

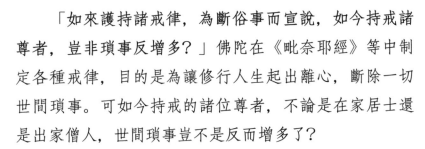

「如來護持諸戒律，為斷俗事而宣說，如今持戒諸尊者，豈非瑣事反增多？」佛陀在《毗奈耶經》等中制定各種戒律，目的是為讓修行人生起出離心，斷除一切世間瑣事。可如今持戒的諸位尊者，不論是在家居士還是出家僧人，世間瑣事豈不是反而增多了？

「往昔僧人之威儀，為斷親屬佛宣說，如今僧人諸威儀，豈非過分顧情面？」佛陀往昔規定僧人的威儀，是為斷除對親友的一切牽掛。可如今僧人們護持威儀，豈不是太顧及親友的情面了嗎？作為一個出家人，如果天天給家裡打電話，邊哭邊說：「給我母親聽聽，給嫂嫂聽聽，給姐姐聽聽……」對親友的情況，比在家人還關心，這不太合理。

「總之若未念死亡，修持正法徒勞矣！」總而言之，修行人若沒有憶念死亡、看破今世，修持正法必定徒勞無益。

綜上所述，通過學習人類的三根本苦、八支分苦，

大家應當明白：四大部洲的人類均無安樂可言，尤其是我們這些南贍部洲的人，如今正處於五濁惡世(75)，沒有一絲一毫的安樂，唯有感受痛苦。然而，許多人由於太過愚癡，不但不覺得輪迴很苦，反而認為社會越來越發展，生活水平越來越高，這樣的生活特別快樂。正如寂天論師所言：「輪迴雖極苦，癡故不自覺，眾生溺苦流，嗚呼堪悲憫！」他們並不知道，在這些五光十色的科技背後，倫理道德日益下滑，貪嗔癡煩惱日益增長，人類的痛苦遠遠超過以往。

隨著年復一年、月復一月、日復一日，這個時世會越來越污濁，劫時會越來越惡劣，佛法會越來越衰敗，眾生的幸福也會逐漸減滅，想到這些，誰還會貪圖一時的快樂？再者說，就算我們暫時很快樂，但南贍部洲是業力之地，一切苦樂、凶吉、高低等都是不定的，執著這些只能帶來無盡苦惱。因此，通過觀察這些有目共睹的事實，我們今後一定要學會取捨。

誠如無垢光尊者在《竅訣寶藏論》中所云：「有時觀察自現之順緣，了知自現覺受現助伴；有時觀察有害之逆緣，即是斷除迷執大要點；有時觀察道友他上師，了知賢劣促進自實修；有時觀察四大之幻變，了知心性之中無勤作；有時觀察自境建築財，了知如幻遣除迷現

(75)五濁惡世：劫末壽等漸變鄙惡，如渣滓故名為濁世。五濁：壽濁，煩惱濁，眾生濁，劫濁，見濁。

執；有時觀察他人眷屬財，生起悲心斷除輪迴貪。總之於諸種種顯現法，觀察自性摧毀迷實執。」

意思是說，有時觀察修行的順緣，了知為自現之後，可以變成覺受的助伴；有時觀察有害的逆緣，此時正是斷除迷執的大要點（別人本想製造違緣害你，但在這個過程中，你一觀心就開悟了。即使沒有大悟，也會有一些小悟）；有時觀察其他的上師或道友，就會了知賢劣差別，促進自己修行；有時觀察四大幻變，見它一會兒顯、一會兒無，自會通達心的本性；有時觀察自己的房子、財產等如幻如夢，可以斬斷對迷亂顯現的執著（比如我剛開始是草皮房，然後是板皮房、繃殼房、水泥房……最後什麼都沒有了，死後全部留在人間，故沒什麼可耽著的）；有時觀察他人的眷屬、財產，則會生起大悲心：「這些變幻不定，為什麼人們如此執著啊？」從而斷除對輪迴的貪執。總之，對於一切種種顯現，理應觀察其自性，以摧毀自己迷亂的實執。

如今你們各班正在學習《竅訣寶藏論》。在學的過程中，大家應好好思維這些殊勝內容，並依照尊者所說的去實地修行！

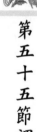

第五十六節課

今天繼續講「輪迴過患」中善趣的痛苦。人類、非天、天人這三界叫三善趣，雖比三惡趣快樂，但也不離痛苦，下面就敘述非天的痛苦。

非天，又名阿修羅。《楞嚴經》中說(76)，阿修羅依胎、卵、濕、化四生而分四種，其中胎生者為人道所攝，濕生者為旁生道所攝，化生者為天道所攝，卵生者為鬼道所攝。還有《法華文句》中講，阿修羅有兩種：「鬼道攝者，居大海邊；畜生道攝者，居大海底。」可見，各經論對非天的描述不盡相同。

通過學習非天的痛苦，大家就會明白，即使非天是善趣，那裡也不會有快樂。儘管他們的受用、相貌、能力跟人類相比，遠遠超勝，但就像人類中有智慧、富裕、強勢的人一樣，雖為愚癡、貧窮、弱小之人所羨慕，但其身心也不離痛苦，同樣要遭受三苦的逼迫、折磨。

所以，學了這樣的大乘佛法，每個人要知道：三界中任何一處，都不會有真實的安樂。現如今，有些眾生正在感受苦果；有些眾生雖未感受現行痛苦，但卻在造痛苦之因，時時處於行苦之中，苦果很快就會現前。因

(76)《楞嚴經》云：「阿難，是三界中復有四種阿修羅類：若於鬼道以護法力成通入空，此阿修羅從卵而生，鬼趣所攝；若於天中降德貶墜，其所卜居鄰於日月，此阿修羅從胎而出，人趣所攝；有修羅王執持世界力洞無畏，能與梵王及天帝釋四天爭權，此阿修羅因變化有，天趣所攝；阿難別有一分下劣修羅，生大海心沈水穴口，旦遊虛空暮歸水宿，此阿修羅因濕氣有，畜生趣攝。」

此，有智慧的人依靠學習經論，會深深認識到佛經中「三界無安，猶如火宅」的道理。

戊五、非天之苦：

本來，非天在前世造過布施等善因，今生的財富受用可與天人相媲美。但由於他們往昔妒賢嫉能、好爭好鬥，七種慢基本都具足(77)，以此惡習、業力所牽，而感得阿修羅的身分。

就像人中的富翁一樣，儘管有錢有勢，但內心被嗔心之火燃燒著、被嫉妒心之水衝擊著、被煩惱之風吹動著，在各種痛苦中不能自拔，根本無有快樂可言。同樣，非天嫉妒心極為粗重，就是在自己的範圍內，區域與區域之間、部落與部落之間，也總是爭鬥不息，格格不入，始終在戰火紛飛中過日子。

在我們人間，像阿拉伯等有些國家，可能是非天的業感提前吧，十幾年來硝煙彌漫，一直處於戰亂當中，人們恐慌不安、特別痛苦。我們作為凡夫，人和人之間雖難免會有摩擦，但考慮到今生後世，還是應盡量與人和睦相處。

我常常在想：當今社會跟古代完全不同，現在人無論出家、在家，時時處處都離不開合作。假如一個人合作能力差，跟大家不配合，不管他到哪個集體，都無有

(77)《業報差別經》中列舉了十種能令眾生得阿修羅報之業因：1、身行微惡；2、口行微惡；3、意行微惡；4、起憍慢；5、起我慢；6、起增上慢；7、起大慢；8、起邪慢；9、起慢慢；10、迴諸善根向修羅趣。

容身之地。所以，人的性格很重要，如果待人接物時互相忍讓、包容，有種寬厚的心態，不但自己不會苦惱，給別人也提供了自由的空間。否則，一個人若性格不好、修行不好、脾氣不好，就會給周圍帶來種種不安和煩惱。我們平時也感受得到，有些人雖是人的模樣，但內在卻是阿修羅的心——也許他前世是阿修羅隊伍裡的一名士兵吧，暫時來到人間發心工作，等工作結束之後，還要回須彌山的阿修羅群體中，繼續「上班」。

當然，阿修羅也是很有福報的。《六趣輪迴經》中云：「常行於諂誑，樂忿恚鬥諍，由昔行施故，而作修羅主。」可見，往昔如果作過布施，今生才有機會生為阿修羅。因此，我們身為修行人，務必要把握好自己的心態，如果一邊積累福報，一邊嫉妒心很強，特別爭強好勝，學了佛還不能調伏相續，來世則很容易投生為阿修羅，經常與天人發生戰爭。

那阿修羅為什麼要跟天人打仗呢？原因是他們看見居於上方的天人財富受用盡善盡美，一切所需都是從如意樹而生，於是嫉妒得不得了。更令他們怒火中燒的是，如意樹的樹根竟然長在自己境內……在這種嫉妒心的驅使下，阿修羅忍無可忍，身披盔甲、手持兵刃，全副武裝前去與天人決一死戰(78)。

(78)阿修羅雖然好鬥，但這種爭鬥並不破戒，如《大智度論》云：「阿修羅惡心鬥諍，而不破戒，大修施福。」所以，他們的戒與人類的有所不同。

與此同時，平時溫順調柔的諸位天人，也來到粗惡苑(79)取出兵器，準備迎戰。（原本天人整日沉溺於玩樂歌舞，沒有什麼嗔恨心，但一到粗惡苑後，嗔恨心馬上就生起來了。就像我們有些道友，平時性格還不錯，但一談到某某人，臉色就變了，以致嗔心大發、面目醜陋。）天界有一頭護地神象，力大無窮，帝釋天只要想牠，牠馬上就知道，並幻變出三十三個頭，一一頭上有寶池、花、玉女、侍女等，來到帝釋天面前。其餘三十二個小王也是如此，只要帝釋天一憶念，他們就會立即感應到，然後前往帝釋天身邊，不用一個個打電話去通知(80)。此時，帝釋天騎在大象中間的頭上，三十二小王則騎在其餘三十二個頭上(81)，由不可思議的天兵天將圍繞，發出震耳欲聾之聲，威風凜凜，勢不可擋，前往與阿修羅決戰的地方。

在雙方浴血奮戰的過程中，天人的金剛、寶輪、短矛、鐵弩等，好似雨點般降下，打在阿修羅身上。尤其

(79)粗惡苑：帝釋天四大園林（眾車苑、粗惡苑、雜林苑、喜林苑）之一，又名粗澀園。帝釋天所居善見城南有一林苑，池塘、林木以為裝飾，行至其地，即生粗暴之心。《阿毘達磨順正理論》云：「粗惡苑，天欲戰時，隨其所須，甲仗等現。」

(80)《起世因本經》云：「其帝釋天王，若欲向於波婁沙迦園及雜色車歡喜園等澡浴歡樂遊戲行時，爾時心念伊羅婆那大龍象王。其伊羅婆那大龍象王亦生是念：帝釋天王心念於我。如是知已，從其宮出，即自變化，作三十三頭。其一一頭化作六牙，一一牙上化作七池，一一池中各有七華，一一華上各七玉女，一一玉女各復自有七女為侍。爾時伊羅婆那大龍象王，化作如是諸神變已，即便詣向帝釋王所，到已在彼帝釋前住。爾時帝釋天王心念諸小三十二天王，並三十二諸天眾等。時彼小王，及諸天眾，亦生是心：帝釋天王今念我等。如是知已，各以種種眾妙瓔珞莊嚴其身，俱乘種種車乘，詣向天帝釋邊。」

(81)《起世因本經》云：「即便升上伊羅婆那龍象王上。帝釋天王正當中央真頭上坐，左右兩邊各有十六諸小天王，悉同乘彼伊羅婆那龍象王化頭之上，各各而坐。」

是帝釋天的金剛威力無窮，只要一出手，必定令對方當場喪命。天人依靠自身的神變，能將大山抱在懷裡順手拋出。以往昔業力所感，他們身材偉岸魁梧，高度相當於筆直站立的七個人，相比之下，阿修羅就顯得又矮又小。而且，天人除了斷頭以外，其餘部位再怎麼受傷，只要用天界的甘露塗敷即會恢復，絕不會導致死亡。然而，阿修羅卻跟人一樣，只要擊中要害便會喪命，所以他們經常慘遭失敗。

尤其當天人在醉天象的鼻上繫上寶劍輪、派出天象時，頃刻間可使數十萬阿修羅死於非命。由於遊戲海[82]下面居住著許多阿修羅，所以天人故意將屍體從須彌山上滾下，落入遊戲海中，整個海水被染成一片血紅……非天就是這樣始終以戰爭虛度光陰的。

以上介紹了非天因如意樹與天人作戰的情形，很多佛經中對此都有描述。不過在《觀佛三昧海經》中，還講了另外一種因緣：阿修羅的始祖，娶了天界乾闥婆（樂神）的女兒後，乾達婆女不久就懷孕了，經八千年才生下一女（舍脂），容貌極為端正，天上天下無有過之者。帝釋天見後為之傾心並去求婚，阿修羅王很高興地把女兒嫁給了他。

帝釋天如願娶得阿修羅女後，便為她賜號「悅

---

[82]遊戲海：與須彌山外圍七重金山交相間隔的六重大海，充滿八功德水，為諸龍王嬉遊之處。

大圓滿前行廣釋（四）附大圓滿前行實修法

意」，對她百般寵愛。一天，帝釋天到歡喜園，和許多婇女在池中嬉樂。悅意見了醋意大發，妒火頓生，暗中派五位夜叉向父親告狀：「現在帝釋天不再寵愛女兒了，竟然丟下我，和婇女在池中遊戲。請父王替女兒做主！」阿修羅王聽了很生氣，立即率領大軍，向天界進攻。經過一場大戰後，他們打敗了帝釋天。

帝釋天東躲西藏，非常狼狽。此時有位天人提醒：「您是佛的在家弟子，佛曾說若遇大難，只要念般若波羅蜜咒，就能戰勝一切困難。」於是帝釋天持誦「揭諦揭諦，波羅揭諦………」，空中忽然飛出四隻大刀輪，阿修羅王的耳鼻、手足全被砍掉，落入海中，使海水都變得血紅。阿修羅王驚恐萬分，走投無路之下，只好鑽入蓮藕絲孔中藏身(83)。第一次戰爭就這樣結束了。

然而，天人與阿修羅的戰爭，並未自此劃下休止符。多年後，帝釋天又愛上阿修羅王的另一個女兒，便派樂神前去求婚。阿修羅王覺得他實在欺人太甚，立刻發兵攻打天人。就在阿修羅將要攻下天宮時，帝釋天又憶起上次的神咒，憑藉神咒的威力，阿修羅軍被殺得節節敗退，只好再次退入蓮藕孔中躲藏。（我們平時吃藕時，要仔細看看裡面啊！否則，一不小心就會躲著個阿修羅王。據有些

(83)《觀佛三昧海經》云：「釋提桓因驚怖惶懼，靡知所趣。時宮有神，白天王言：莫大驚怖，過去佛說般若波羅蜜，王當誦持，鬼兵自碎。是時帝釋坐善法堂，燒眾名香，發大誓願：般若波羅蜜是大明咒，是無上咒，無等等咒，審實不虛。我持此法當成佛道，令阿修羅自然退散。作是語時，於虛空中有四刀輪，帝釋功德故自然而下，當阿修羅上。時阿修羅耳鼻手足一時盡落，令大海水赤如絳汁。時阿修羅即便驚怖，遁走無處入藕絲孔。」

經典描述，阿修羅王比須彌山還高，但依靠他的神變力，有時也可以變得像螞蟻一樣小。）

帝釋天攻入阿修羅城後，不見阿修羅王，只見城中有許多阿修羅女，就把她們全部擄走了。之後，阿修羅王派出一位使者，前去和平談判，指出帝釋天身為佛弟子，不應犯戒偷盜。帝釋天想想也覺得理虧，於是答應歸還阿修羅女，並贈送天人的甘露作為回報；阿修羅王也將愛女獻給帝釋天，並自願受持三皈五戒，成為佛弟子。非天的「第二次世界大戰」就此平息，但「第三次世界大戰」，不知道什麼時候開始。

可見，阿修羅王的力量非同小可。在《正法念處經》中，就記述了阿修羅王兩次手障日月，造成日食月食的故事。他之所以有這麼大威力，是因為往昔生為婆羅門時，有一次見佛塔起火，他極力滅火而使塔不壞，以此功德，發願來世得到大身。但由於他仍不信正法，常愛鬥戰，故死後墮入阿修羅道，成了阿修羅王。

通過這個公案亦可了知，咒語的力量不可思議，能令天人轉敗為勝，打敗非天。說到咒語的力量，我想起青海的一個喇嘛。有一次，青海的堪布門色仁波切病得很嚴重，法王聽說後，就派我們幾個法師前去探望，並以學院和法王的名義，祈求仁波切長久住世。當時學院的條件不像現在，雖然有一輛吉普車，卻沒有人會開。

大圓滿前行廣釋（四）附大圓滿前行實修法

後來我們找來找去，找了個青海喇嘛，他基本上會開，然後帶著我和慈誠羅珠等幾位堪布出發了。

回來的路上，沒到色達那個地方，下了一場雪，路有點滑。那個喇嘛開車技術不太好，經常忘記刹車，路上遇到好多坑時，「咣」一下就開進坑裡了。不過他的信心還不錯，每當有狀況出現，我們讓他踩刹車，他不踩，就一個勁兒念蓮師心咒，祈禱蓮花生大士。最後車終於陷進坑裡了，儘管沒有完全翻，但車身都傾斜了。我們好不容易把車弄出來，跌跌撞撞總算是到了洛若。

當時學院上坡的路不好走，這回他不敢開了，說：「哎喲，車裡的這幾條命比較重要，我去找法王的司機吧。」我們勸他：「那麼遠的路都開過來了，還是直接上去吧。」「不行不行，這路非常陡，我一定要找人。」於是他走上去請司機，然後把車開上來了。這個喇嘛如今還在學院，他眼睛也不太好，有時在路上看見一些石頭，就「啊」一聲大叫，趕緊刹車停在那兒。所以，他開車時不用技術，虔誠祈禱就可以了。（眾笑）

話說回來，轉生為阿修羅的根本因，其實主要是嫉妒心。前面也講過，若對超過自己的人無法忍受、心生憂惱，這就是嫉妒。清朝雍正年間有個白太官，是當時八大武術家之一。一次他在回鄉途中，恰巧遇到個小孩正對著一塊大石頭練功，掌到之處，火光四濺，功夫非

同一般。白太官心想：「我家鄉竟有這樣的小孩，現在武功就如此了得，長大後肯定會超過我。」在強烈嫉妒心的驅使下，他竟生起殺心，一掌把小孩打死了。在斷氣之前，小孩怒目而視，咬牙切齒地說了一句：「你殺了我，我爹白太官定會找你報仇！」白太官一聽，如五雷轟頂，方知殺的是自己兒子，但悔之晚矣。

因此，以嫉妒心害別人，終究會害了自己。莎士比亞曾說：「你要留心嫉妒啊，那是一個綠眼的妖魔！」的確，人一旦有了嫉妒心，真像著了魔一樣，很多事情不會去考慮。所以，在同學、同事、同修之間，倘若出現競爭對手，我們一定要觀察自己的心。否則，今生嫉妒心太強，來世很容易轉生為阿修羅。

在天界中，如果阿修羅的力量大，天人的力量就會削弱，雙方一旦發生戰爭，天人若被打敗了，人間就會出現種種晦氣，產生四大不調、天災人禍等諸多苦難。當然，天人力量的強弱，也跟人間是否行善有關，假如世人行善的多，不但人間風調雨順、四時吉祥，天人的白法力量也會增上，從而戰勝阿修羅。如《正法念處經》云：「若世間人，順法修行，天眾則勝，阿修羅軍，退散破壞。」

我們作為修行人，若想不投生為阿修羅，一方面要多思維輪迴痛苦，另一方面，也不要有好戰的心態。有些人平時酷愛打仗、武器，喜歡看武俠小說和武打片，這種習

氣很不好。出家人應該不會這樣吧，否則，你剃光頭就沒有必要了；而作為在家居士，倘若天天如此，常看跟打仗有關的電影、電視或書籍，對自己也有害無利。

其實，轉生為阿修羅並不難。《雜譬喻經》中就講過(84)，阿修羅王的前世曾是個窮人，住在一條大河邊，經常過河砍柴。由於水深浪大，他曾數次被河水淹沒，幸而生還。有一天，他正好供養了一位獨覺。獨覺吃過齋飯，將缽扔到空中，騰空而去。他見後心生歡喜，默默發願：「願我以此功德，來世身形高大，一切深水無能過膝。」由於這個因緣，他後來轉生為四大阿修羅王(85)中的一位。

所以，我們不應隨便發願——記得以前在讀書時，老師讓大家寫作文，題目是《我的理想》。有個同學就寫他長大想當飛行員。但結果不要說飛行員，他連高中都沒考上，現在只好天天騎著犛牛，成了「地行員」。

總而言之，我們每個人要發自內心地觀想：非天也不離痛苦本性。

戊六、天人之苦：

跟人類相比，天人受用圓滿、應有盡有，不是人間

(84)《雜譬喻經》云：「阿修羅前世時曾為貧人，居近河邊，常渡河擔薪。時河水深流復駛疾，此人數數為水所漂，既亡所持身又沒溺，隨流宛轉急而得出。時有辟支佛作沙門形詣舍乞食，貧人歡喜即施。飯食訖已行澡水畢，置缽虛中飛行而去。貧人見之因以發願：願我後生身形長大，一切深水無過膝者。以是因緣得極大身，四大海水不能過膝，立大海中身過須彌，手據山頂下觀忉利天。」

(85)四大阿修羅王：羅侯阿修羅王、勇健阿修羅王、華鬘阿修羅王、毗摩質多羅阿修羅王。

富翁所能相比的。但儘管如此，他們整天在散亂中度日，從來沒有修持正法的念頭，如佛陀在《諸法集要經》中云：「諸天多放逸，著樂癡所迷，不知大苦惱，決定自當受。」就像現在的有些領導、富人，每天要麼在酒店裡醉生夢死，要麼遊山玩水、吃喝玩樂，所作所為對自他沒有絲毫利益，非常可憐。雖說天人的壽命長達數劫，但在他們自己感覺中，只是剎那顯現，稍縱即逝。於散亂迷茫中，壽命很快就到了盡頭，不知不覺已接近死亡的邊緣。（我們得了人身以後，在短暫的人生裡，不能像天人那樣，整天都散亂放逸。否則，一旦死亡臨頭，自己定會不知所措、後悔莫及。）

天人所享受的快樂，誠如《正法念處經》中云：「如蜜和毒藥，是所不應食，天樂亦如是，退沒時大苦。」猶如蜂蜜與毒藥混合在一起，雖然味道甜美，但卻不應食用。同樣，天人的快樂也是如此，一旦死亡降臨，必會感受極大痛苦。因此，跟人間的快樂相比，天人之樂雖說大得多，但從其本體、因緣等各方面看，其實也沒什麼可執著的。

下面具體分析這個道理：

六欲天(86)的天人，無論生在哪裡，都要感受死亡的痛苦。每個天人臨死時會有五種死相：

第一、以前身體的光芒可照射一由旬或一聞距，而

(86)六欲天：四大天王天、三十三天、離諍天、兜率天、化樂天、他化自在天。

當臨近死亡時，這些光芒全然消失。

第二、以前怎麼坐在寶座上，也不會覺得不樂，此時不願意坐上寶座，而且甚感不適，心裡也是老大不高興。（有些修行人總是坐不住，今天到這裡吃飯、明天到那裡吃飯，一直不願意待在家裡，也許這是人間的一種死相吧。）

第三、以前天人的花鬘多久也會不枯萎，但接近死亡時，這些花鬘全部凋謝。

第四、以前天衣穿多久也不會沾上污垢（不像有些人，新衣服穿一兩天就髒得要命），但臨死時，天衣陳舊、沾滿垢穢，變得髒兮兮的。

第五、以前天人身上不會流汗，此時也開始出現汗水。（這些天人五衰，不同經典也有不同說法[87]。）

當這五種死相現前時，天人知道自己的末日即將來臨，內心十分痛苦。其他天子、天女也得知他將要死亡，於是不願在他身邊陪伴，只是在遠處散花，祝福道：「但願你從此死後，轉生在人間，行持善業，再生天界。」這樣祝福之後就紛紛離開了，只留下他自己孤孤單單，淒淒慘慘。（這些天人也比較壞啊！就像現在有些不孝子，在父母臨死時，連個電話都不打，也不去醫院看一下。）

而且，大多數天人死時會產生邪見，或因一生放逸無度，後世會下墮三惡趣。這時天人通過天眼觀察，了

第
五
十
六
節
課

---

[87]如《增壹阿含經》云：「當天子欲命終時，有五未曾有瑞應而現在前。云何為五？一者華萎；二者衣裳垢坋；三者身體污臭；四者不樂本座；五者天女星散。」

知自己將轉生何處。看到來世的痛苦之後，本來死亡的痛苦還沒消除，現在又加上墮落的痛苦，實在是雪上加霜，無形中痛苦就增長了兩三倍，他們禁不住放聲哀嚎。這種悲慘的情形要延續七天，若是人間的七天倒不要緊，但天界時間非常漫長，僅是三十三天的七天，也相當於人間七百年，簡直可謂度日如年。

《諸法集要經》亦云：「諸天耽欲樂，迅速如瀑流，壽命剎那間，愚癡而不悟。」意思是說，天人們始終耽著欲樂，這種快樂如瀑流般瞬間即過，但他們卻執迷不悟。直到將要離開天界時，才幡然醒悟：「我太愚癡了！這麼多年來只知行樂，不知行持善法。」

當然，天界很難行持善法，也是一種自然規律。除了菩薩化現的天子以外，對大多數天人而言，恐怕連一句觀音心咒也不會念。所以《別解脫經》等中說，人身超勝於天身，原因即在於此。在我們人間，一個人再忙、再放逸，也可以作些布施、慈善或修行，為來世的安樂奠定基礎。而天界則完全不同，天人們一直放逸度日，根本沒有時間行善，最終只能被悔恨所摧毀。

因此，佛勸誡我們一定要感悟無常之理。如《諸法集要經》云：「一切諸有情，當悟無常法，生者死所吞，盛為衰所逼。」為什麼呢？因為每個眾生不管在天界或人間，凡有生者最後定會被死亡吞沒，富貴榮華、興旺發達也定會淪為一敗塗地，終究只是一場空而已。

就拿天人來說，臨終時憶起往日的快樂幸福，如今無有自主繼續住留，即將面臨死亡的痛苦；又看到後世生處的悲慘，感受墮落之苦。同時遭受這兩種痛苦的折磨，內心異常憂傷，這種苦已經超過了地獄的痛苦。在我們看來，天人畢竟住在天界，應該很快樂，但事實並非如此。他們行將墮落時，就像有些貪污分子被發現後，即使還沒入獄也格外悲傷，甚至會從二十幾層的高樓上跳樓自殺。之所以這麼做，是因為相較於以前的安逸生活，他們無法面對未來的痛苦。

不過，這些人之所以走上絕路，也是因為沒有從佛法中找到出路。如果他們學過大乘佛法，即使下場是鋃鐺入獄，也會明白一切都是無常；就算昔日如眾星捧月般被人尊敬，如今進了監獄又被人在背後撒灰，也知道這是正常現象。只要有了佛法的力量，無論遇到什麼狀況，自己都有面對的勇氣。但遺憾的是，一般世間人在這方面，通常都很欠缺。

以上講述了欲界天的痛苦。而欲界天之上的兩天界——色界⑧⑧、無色界⑧⑨，雖然沒有剛才所講的現行的死亡痛苦，可是一旦引業⑨⑩窮盡，也會如夢初醒般墮入下趣。

如龍猛菩薩在《親友書》中云：「梵天離貪獲安樂，後成無間燒火薪，不斷感受痛苦也。」梵天等色界天人儘管暫時離開了貪欲煩惱，享受禪定的安樂，但引業滅盡之後，還是要墮入無間地獄，成為獄火的薪柴，不斷感受各種痛苦。《摩訶僧祇律》亦云：「諸天及世人，一切眾生類，莫不為結縛，命終墮惡道。」因此，眾生只要被煩惱所縛，命終一定會墮入惡道。

當然，講起天界、非天的痛苦，有些人可能很難理解，但若用人間的痛苦作對比，就應該很好體會了。比如，現在人追求房子、車子等各種資具，表面上似乎很享受，但實際上一點都不快樂。前不久我也講過，20世紀是國與國、人與人之間流血衝突的世紀，而如今21世紀，是煩惱極為猖狂的世紀。在這樣一個時代裡，物質文明雖有長足發展，但精神文明卻荒蕪到了極點。不說其他的，光是大城市裡今年修「二環」、明年修「三環」、後年修「四環」……就是人類貪欲不斷膨脹的體現。

大圓滿前行廣釋（四）附大圓滿前行實修法

在這些物質發展的背後，人們所感受到的，往往是壓力和痛苦，並不是快樂。對許多人來說，天天需要養人、養車、養手機、養房子……而這些，沒有工作、沒有錢是養不起的。拿買車養車來說，這並不是人人都能負擔的。廣州一項調查表明：月薪2000元人士，應列入「買不起車」行列；月薪3000元人士，可列入「買得起

車，養不起車」行列；月薪4000元人士，基本上「買得起車，也養得起車」，但這車僅限於10萬元左右；月薪6000元人士，車的檔次在15萬元左右；月薪上萬元人士，擁有的車可以在20萬元左右。由此，養車的難度可見一斑。

據了解，一輛車從購買到報廢期間的所有費用，約為買車費用的兩倍。打個比方說，你花20萬元買了一輛車，以後在使用的過程中，加上保險費、養車費、過路費、過橋費等，可能要花掉近40萬元。甚至有時單單買個停車位，也比買車的費用還要高。

而且退一步說，就算你買得起、養得起車，在城市裡開車時，也常遇到堵車現象，特別煩惱。所以，2009年美國研製出一種「飛行汽車」，它能在空中飛行，以此可避免堵車的困擾。聽說全世

界都對它很感興趣，訂單多得不得了。該公司還對外宣稱，兩年後它將投入市場，開始進行批量生產。如果真是這樣，到時「飛車」就像蜜蜂一樣飛來飛去，估計撞車的現象會更多，人們也會更加痛苦。

因此，大城市裡的人，各方面的苦惱數不勝數。在

古代，人們只要住在山裡，有吃有穿就可以了。但現在卻不是這樣，「有生命的」要養，「沒生命的」也要養，這樣一來，人類最終會被逼迫成什麼樣？大家可想而知。

上述人類的這些痛苦，我們觸目可及、不難想像。而天界、非天、地獄的痛苦，儘管肉眼暫時看不見，但通過教證也能了知。所以，學習這些道理之後，大家應當明白：在三界輪迴中，無論轉生於何處，都不會有絲毫快樂，千萬不要對輪迴有任何指望。就像一個監獄裡的人，生活條件再好，也畢竟是監獄，不如回家自由。同樣，我們輪迴中的眾生，縱然生活富足，有房子、有地位、有權力、有家庭、有快樂，這些也遲早會離開自己，沒有必要去執著，而應想方設法脫離三界輪迴，獲得佛菩薩果位。若能生起這樣真實的出離心，你的修法才會圓滿成功！

大圓滿前行廣釋（四）附大圓滿前行實修法

第五十六節課

第五十七節課

《前行》的「輪迴過患」中，已分別宣說了六道的痛苦。昨天講的是最後一個——天人之苦，其中引用了龍猛菩薩的教證，說明天人雖有暫時的快樂，但最終也要感受下墮之苦。

記得《雜譬喻經》中就有一則天人淪為旁生的公案：一次，佛陀與諸弟子外出乞食。途中道邊有一頭老母豬，帶著一群小豬崽，共臥在充滿穢物的髒坑裡。佛陀見後不禁微笑，然後齒間放光，光繞佛三匝後，融入佛的胸間。阿難見佛陀突然微笑，忙上前請問其意。（佛陀不像我們，無緣無故傻笑，又無緣無故痛哭。佛陀悲傷也好、歡喜也好，都是有原因的。）

佛陀告訴阿難及諸比丘：過去無量劫前有一個富翁，膝下無子，只有一女，此女生得莊嚴秀麗，且聰穎明慧，父母甚為疼愛。她長大後，不像世間的女人，只耽著吃喝玩樂、感情地位，而是一直觀察生活的本相，沉思輪迴之事。後來她向父母提出一個問題：「一切駛水流，世間苦樂事，本從何處出？何時當休息？」意思是，世間萬法如水流般瞬間即逝、無常變遷，那痛苦和快樂最初從什麼地方產生？最後什麼時候才能止息？父母聽了這樣的偈語，很佩服女兒的聰明才智，但對她的問題，卻無法回答。

大圓滿前行廣釋（四）附大圓滿前行實修法

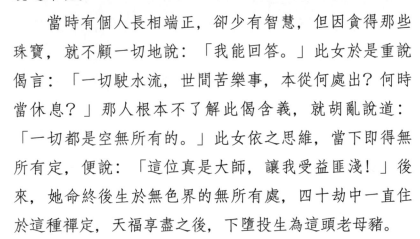

由於疑問沒有解決，此女整天悶悶不樂，愁眉不展。父母見女兒如此憂愁，便為她廣設供養，請來各地的婆羅門及智者長老，並盛滿一盤七寶，宣布誰能回答就送給他。

當時有個人長相端正，卻少有智慧，但因貪得那些珠寶，就不顧一切地說：「我能回答。」此女於是重說偈言：「一切馳水流，世間苦樂事，本從何處出？何時當休息？」那人根本不了解此偈含義，就胡亂說道：「一切都是空無所有的。」此女依之思維，當下即得無所有定，便說：「這位真是大師，讓我受益匪淺！」後來，她命終後生於無色界的無所有處，四十劫中一直住於這種禪定，天福享盡之後，下墮投生為這頭老母豬。

當時也是她福報不夠，沒有遇到真正的善知識，假如有明師指點，當下即可證道，獲得解脫。然而，雖然她修習禪定，卻缺乏智慧，禪定的果報終了以後，還是墮入了惡趣[91]。

可見，遇到善知識真的特別重要。否則，只是遇到一位普通智者，給你講些世間的空性及禪修方法，即使當時感覺不錯，以為這是真正的解脫道，但結果仍會變成旁生之因，沒有多大意義。

因此，通過這個道理，大家應該明白：若想獲得解

第五十七節課

<hr />

[91]《雜譬喻經》云：「此女本說偈問時，若遇明師，即可得道。此女雖行禪定，無有智慧，定報既終，還墮惡道也。」

脫，一定要聽聞空性、證達空性。現在有些法師給別人講法時，要麼只講《弟子規》、《千字文》等國學內容，要麼只宣揚簡單的人天福報，讓人多放生、吃素、拜佛、念經，對空性法門卻隻字不提，這樣的話，不可能令眾生超離三界輪迴。甚至還有人修持世間的瑜伽、禪定，雖說這可暫時止息一些分別念，但能不能讓你永遠從輪迴中得到解脫呢？特別困難。因為你即使轉生天界，終究還是在流轉。馬鳴菩薩在《佛所行讚》中也說：「生死五道輪，猶眾星旋轉，諸天亦遷變，人中豈得常？」意即五道⑨眾生的生死輪迴，猶如群星在虛空中旋轉，就算是福報再大的天人也會墮落，那麼人間眾生豈能長存？

　　所以，對包括天界在內的輪迴，我們應從內心中生起出離心。世間上有些宗教引導人們往生天界，認為天界是最高的境界。儘管暫時這樣發願也未嘗不可，但不能把它當成究竟的解脫。如今許多人只提倡十善，這不過是在修人天乘，即使你來世轉生欲界天、色界天乃至無色界天，終究也還是要下墮。就像山上滾落的大石頭，最後必定會落到地上，中間不可能停下來的。同樣，只要你是凡夫人，煩惱障、所知障沒以空性的智慧火燒毀，那麼一旦因緣具足，就像種子在水土、陽光等滋潤下會發芽一樣，業力種子被我執、煩惱之水灌溉

大圓滿前行廣釋（四）附大圓滿前行實修法

⑨五道：天人、非天合為一道，再加上三惡道和人類。

後，也會自然生長，讓我們在輪迴中不斷流轉，永不得超離。

因此，在座的道友要時時刻刻希求解脫。而解脫的唯一辦法，就是要先生起出離心，放下對輪迴的貪執和嚮往，發誓今生捨棄「頭蓋」以後，再也不來世間了。就好像一個人掉在不淨糞坑裡，出來後再也不願意進去一樣，我們對輪迴也要有這種厭離心。

當然，這方面的最好典範，即是華智仁波切的上師如來芽尊者。他對輪迴中的名聲、財產、富貴，從未產生過一剎那的羨慕。如果我們也能有這樣的智慧，解脫就有希望了。不然，很多人學習佛法只是一種形象，行為也只停留在表面上，如此不可能斬斷輪迴的根本。

下面開始講今天的內容：

通過上述道理不難看出，三善趣也好、三惡趣也好，不管是投生在六道中哪一處，都離不開痛苦的本性，超不出痛苦的範圍，自始至終被痛苦縈繞著，就像處於時時焚燒的火坑、被羅剎女啖食的羅剎洲、令人窒息的漩渦、銳利武器的刃鋒、充滿骯髒物的不淨室中一樣，根本不會有絲毫安樂的機會。

《佛所行讚》亦云：「猶毒蛇同居，何有須臾歡？明人見世間，如盛火圍繞。」身處輪迴中的眾生，如同跟毒蛇同居般，不會有一剎那的快樂。明眼人看這個世

間，好似被熊熊烈火所圍繞，絕不可能有安樂可言，完全處於痛苦、恐怖之中。所以，有智慧的人誰不想早日擺脫生老病死，遠離這個輪迴？

關於輪迴的痛苦，《念處經》總結道：「地獄有情受獄火，餓鬼感受飢餓苦，旁生感受互食苦，人間感受短命苦，非天感受爭鬥苦，天境感受放逸苦。輪迴猶如針之尖，何時何地皆無樂。」地獄眾生感受寒熱之苦，餓鬼遭受飢渴之苦，旁生感受愚昧無知、被人役用、互相啖食之苦，人類不能避免生老病死及三大根本苦，非天飽受爭鬥之苦，天界感受放逸懈怠之苦。總之，整個輪迴猶如住於針尖上一樣，不可能有瞬間的安樂，恆時被痛苦的波濤所淹沒。

彌勒菩薩也說過：「五趣之中無安樂，不淨室中無妙香。」五趣中毫無安樂，就像不淨室中沒有絲毫妙香一樣。蓮花生大士亦云：「佛說輪迴如針尖，永遠無有安樂時，稍許安樂亦變苦。」佛陀在有關經典中說，輪迴就像針尖一樣，永遠沒有安樂之時，即使偶爾顯現一點點安樂，也是變苦或行苦的本性，很快就會變成痛苦。所以，《賢愚經》中言：「一切無常，生者皆終，三界皆苦，誰得安者？」

且不論看不見的天人之苦，僅僅是我們正在生活的人間，有時看到發生各種災難，對輪迴也不得不產生厭離心。不說多年前的災難，僅僅是最近幾個月，天災人

禍也層出不窮。比如前不久西南出現大旱，遍及雲南、貴州、四川等五省，導致超過5000萬人——也就是半億人受災。許多人沒有水喝，無數動物缺水而亡，大家想盡辦法緩解災情，但聽說挖了1000口井，最多只有20口井裡有點水，可以說是杯水車薪。而且乾旱的面積越來越廣，旱情逐漸蔓延至其他省市。此外，3月28日的江西礦難中，有153人被困井下。如今部分人已安全脫險，部分遇難者的屍體已被發現，但還有一部分人仍下落不明，正在搜尋當中。

從全世界來看，現如今也是災難頻頻。最近震驚中外的一則報道是：4月10日波蘭總統專機墜毀，致使總統夫婦、央行行長、外交部副部長、武裝力量總參謀長、陸軍司令、空軍司令、特種部隊司令、海軍副司令等96人遇難。事後人們評論時說，失事的這架飛機已使用26年了，波蘭政府先前多次討論更換新飛機，但因受限於《波蘭公共基金法》，總統也無權更換。雖說前年、去年討論過此事，但始終沒有通過，只是前幾個月對該飛機進行過大修。發生這起事件後，據說波蘭政府決定立法：今後不能有許多重要官員一起乘機，否則，一旦遭遇不測，整個國家將處於癱瘓。

還有，今天早上7點49分，青海玉樹州結古鎮發生了7.1級地震，到目前為止，已造成400多人死亡，上萬人受傷。而且受地震影響，當地通訊大部分中斷，很難

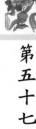

第五十七節課

與那邊取得聯繫。如今搜救工作正在展開，預計遇難人數將日益增多。今天下課後，我們僧眾要為那些遇難者念觀音心咒和阿彌陀佛名號。希望以後聽到這節課的道友，也能為他們念這些心咒、佛號，祈禱依靠觀世音菩薩和阿彌陀佛的加持，令其早日離苦得樂——這些人真的很可憐，突然就遭受滅頂之災，完全出乎意料之外！

網上很多人傳言，現在各種災難此起彼伏，可能是世界末日的「前兆」。但我覺得，這也有點言過其實了。實際上這些災難的出現，應該是有原因的。人類到了21世紀，外在物質發展日新月異，比以往任何時代都好，但人的欲望貪婪無有止境，殺害眾生的量也觸目驚心。我去青海那邊放生時，當地人殺牛宰羊不像以前那樣，只用手工的方式殺一兩頭，而是完全使用先進機器，幾百頭動物瞬間就離開了人間。所以，當人們的欲望越來越強盛時，種種災難不斷發生在所難免。

因此，從各方面來想，不說肉眼看不見的天界和非天，僅僅是我們耳聞目睹的很多事例，從中也可以發現：這個輪迴沒有真正的快樂，就算偶爾有一點，也像綠葉上的露珠般，瞬間即會破滅。明白這個道理後，大家應生起真實的出離心，好好思索諸如此類的教言，心裡默默地想：在這個生死流轉的輪迴中，上至三有之頂非非想天⑱，下到無間地獄，不管是轉生在任何地方，既

大圓滿前行廣釋（四）附大圓滿前行實修法

---

⑱非非想天：非想非非想天的簡稱。無色界的最高處。

沒有少許安樂，也沒有絲毫實義。（如果沒有得到解脫，整天為了生活而忙碌，那有什麼意義呢？）我們務必要徹底斷除對輪迴的貪執，就像有膽病的人見到油膩食物一樣，不生嚮往希求之心。

當然，對於輪迴的這些痛苦，絕不能只限於表面聽聽。現在許多法師和居士都會說「輪迴是苦海」，一般世間人也常講「人生皆苦、五蘊皆空」，但他們對輪迴到底有沒有厭離心呢？這一點非常關鍵！我們作為修行人，務必要從內心深處去體會這些痛苦，明白輪迴沒有實義，對此要達到堅信不移的程度，並發願來世千萬不要再墮入輪迴。

否則，如果再來輪迴的話，不要說凡夫人，即便是聖者菩薩，也會染上一分痛苦。昔日很多菩薩都說：只要來到這個世間，不管怎麼樣，都會感受痛苦。例如噶陀派的帕丹巴德夏，在圓寂時坦言自己是八地菩薩，但從傳記中看，他顯現上在世間也受了不少苦。聖者尚且如此，我們凡夫人更不用說了。這就好比一個人入了監獄，別人再怎麼說情，都會被獄警打的。前段時間，我家鄉有些年輕小夥子打架，被抓時搞關係來找我，我就跟有關領導說了一下，他們答應只拘留15天，期間絕對不會打。前兩天他們剛剛出來了，我問：「你們被打沒有？」「哎喲，進了那裡面，哪個會不挨打呀！打了打了，那些人壞得很！」同樣，我們只要沉溺在輪迴中，

也定會感受無盡的痛苦，上至天界、下至地獄，都沒有真正的快樂可言。即使有些人表面上很開心、很快樂，那也只是不顯露而已，實際上在他內心深處，還是有訴不盡、道不完的煩惱和苦楚。

所以，我們生起出離心非常重要，若能對輪迴痛苦深信不疑，沒有必要刻意提防惡業、歡喜善法，自然就會斷惡行善。有些人喜歡在人前裝模作樣，假裝禪修、念經、行持善法，但在人後肆意妄為，所作所為耽著今生，這就是沒有出離心的表現。如果真有了出離心，你肯定每天都會精進，不會睡懶覺。尤其是一些佛教徒，行善力量極其薄弱，磕幾個頭就累得不得了，這是為什麼呢？就是自己出離心不夠。假如出離心夠了，行持善法對他來講是不得不做的一件大事，自然而然就會去做的！

舉個例子來說，《大寶積經》、《佛本行集經》中都有難陀出家的公案，故事情節雖略有不同，但都告訴我們一個問題：若對輪迴沒有出離心，縱然是出家修行、持戒，也只是一種形象而已。

故事內容是這樣的：在很久以前，世尊的弟弟難陀，娶班扎日嘎㊾為妻，兩人感情非常好，發誓終生廝守，不願意出家。有一次，佛陀知道度化他的因緣已成

㊾班扎日嘎：又名白蓮花、孫陀羅。

熟，就帶著阿難到城中化緣，順便去了難陀家，正好遇到他在給妻子化妝。難陀遠遠看到佛陀走來，趕緊起座下樓，接過佛陀的缽盂，盛上蜂蜜供養佛陀。但佛陀不接缽盂，轉身走了。難陀又把缽盂給阿難，阿難也不接，說：「你從誰那兒拿來的，就還給誰。」難陀無奈，只好端著缽盂，準備跟佛陀去。班扎日嘎看到後，大聲問：「難陀，你要去哪兒？」難陀說：「我把這個缽盂還給佛陀，送了就回來。」「快去快回，我的妝還沒有乾之前，你必須給我回來。」

到了精舍，難陀把缽盂交給一位比丘，就準備告辭回去。佛陀叫住他，宣說了五欲的過患，勸他出家。難陀雖然很不樂意，但由於佛陀因地行菩薩道時，對父母師長的話從無違逆，故感得難陀無法拒絕，只好不情願地答應了。

佛陀讓一個理髮師來為他剃度。難陀不肯，揮舞拳頭要打人，說：「誰敢剃我的頭髮，我就跟他拼命！」這時，佛陀對他說了一聲「善來」，難陀鬚髮自落，就現出比丘相了。也有經中說，佛陀親自來到他身邊，他因害怕佛陀，不敢反抗，不得不讓理髮師剃髮。但不管怎麼樣，難陀總算出家了。

難陀天生福報很大，具有三十種大丈夫相，跟佛陀只差兩相。他出家以後，覺得佛陀非常莊嚴，就把自己的袈裟做得和佛陀的一模一樣。當他穿上袈裟，好多比

丘從遠處看，都把他當成佛陀，走近一看才發現不是。於是比丘們都有意見，就去告訴佛陀。佛陀制定：從今以後，不可以和佛陀穿一樣的袈裟。

此後有一天，難陀穿上光鮮的衣服，塗上眼霜，腳穿皮鞋，左手撐傘，右手持鉢，準備外出乞食。比丘們見了，又告訴佛陀：「像難陀那樣的出家人不莊嚴。」於是佛陀規定：出家人要穿糞掃衣，行乞時不能撐傘、穿皮鞋、塗眼霜等。

雖說佛陀不允許再穿光鮮的衣服等，但難陀仍忘不了王宮裡的享樂，還想著家中的美麗妻子。他一有空，就用瓦片和木板畫妻子的形象，整天盯著畫像度日。比丘們見後很不高興，又向佛陀報告。佛陀召集難陀和比丘們，說：從今以後，不得繪畫、觀看女人的形象。

後來有一天，輪到難陀守護寺舍，他暗自高興：「今天終於可以回家了。等佛陀外出化緣以後，我就立即回家看妻子！」佛陀知道他的想法，就跟他說：「你如果要出門，就先把所有的房門關好。」

佛陀和眷屬離開之後，難陀想：「我還是為佛陀和僧眾掃好地、打好洗澡水，然後再回家。」於是他立時動手打掃。誰知這邊剛掃完，那邊就出現灰塵了，一直耽誤很長時間。澡瓶也是剛把一瓶盛好，另一瓶又打翻了，總不能把水盛滿。難陀想：「算了，讓他們回來後，自己弄吧。但我離開之前，要把僧房的門窗關

上。」可他剛關好這一扇窗，那一扇窗又開了；剛關好這一間的門，那一間的門又開了……後來他想：「既然關不了，就不關了。即使僧眾的東西丟了，我也有很多錢，我來賠吧！」

難陀想好後，立即走出僧房，準備回家。但他轉念一想：「佛陀必定從大路來，那我就走小路吧。」佛陀知道他的心意，故意從小路回來。難陀從遠處看到佛陀，急忙躲在一棵大樹後面。哪知佛陀以神通讓大樹慢慢飛到空中，難陀一下子就露出來了。佛陀見到難陀後，把他帶回了精舍。

還有一次，他又想溜之大吉，迎面見到佛陀，趕緊躲到山上的岩石後面。佛陀以神通將山石化為平地，他又露出來了，佛陀又把他帶了回去。

經過這兩次折騰，難陀對妻子的貪心還沒有退減，儘管身已出家，可仍不學律儀，對佛法也不起欣樂之心，天天想著捨戒回家。佛陀知道他的想法後，依靠神變把他帶到雪山（香醉山）上，指著那裡的一隻盲眼母猿，問他：「這隻盲猿與你妻子班扎日嘎比起來，誰更美？」難陀回答：「當然是我妻子美，這盲猿不及她百千分之一，二者怎可相提並論？」佛陀又問：「你願不願意去天界看看？」難陀高興地說：「願意。」佛陀就讓他拉著自己的法衣，一下子騰空到三十三天。

到了那裡，佛陀悠然坐於一處，讓難陀自己隨便走

走。於是難陀四處遊覽，觀看一個個天宮。他發現所有天子都在各自的無量殿中，被成群天女圍繞，享受著不可思議的安樂受用。只有一座無量宮殿有五百天女，卻沒有一個天子。難陀感到奇怪，前去詢問原因。天女們回答：「在人間，世尊的弟弟難陀守持戒律，他將來會從人間轉生天界，這是為他預備的無量宮殿。」

難陀一聽，高興壞了，忙說：「我就是難陀啊！既然已經來了，我就不走了。」說完想進入天宮。天女們說：「你的戒律還沒圓滿，不能待在這裡。你先回人間，命終後才可以來。」（要想轉生天界，必須有長期持戒等功夫，這次他是依靠佛陀神變力來的，不可能長久待在那裡。就像有些旅遊的人，進了寺院就想出家，但這是不現實的，還是要回去辦理有關手續。）

難陀雖被拒絕，但仍滿心歡喜，回到了佛陀身邊。佛陀問：「你看到天境了吧？」他回答：「看到了。」佛陀又問：「天女與你妻子相比，誰更美？」他答道：「眾天女美。相比之下，班扎日嘎簡直就成了盲眼母猿，實在有天壤之別。」

返回人間以後，難陀就對妻子生起了厭離心，開始自覺守持清淨戒律。佛陀告訴眾比丘：「難陀出家只為得到善趣果報，你們是為了獲得涅槃安樂，你們走的路完全不同，所以不要和難陀講話，不要與他暢所欲言，不要與他同座而坐，不要與他同竿晾衣，不要與他一起

誦經，不要將水瓶、缽盂與他的同置一處。」所有的比丘聽後，都依教奉行。

難陀見僧眾們不理他，非常苦惱。他想：「其他比丘捨棄了我，但阿難是我弟弟，應該慈愛我吧。」於是他到阿難跟前。阿難正在縫衣服，一見到他，也像其他比丘一樣，從座位上起身便走。難陀追著問：「你們為什麼這樣對我？我到底做錯了什麼？」阿難一五一十地告訴他，說這是佛陀的教導。他才知道原來是佛陀教他們不要理睬自己，心裡十分悲傷。

（僧眾不理他，也是因他發心不清淨。他以前貪著人間的美女，現在又貪天上的美女，貪心一直特別大。就像有些律典所說，在佛陀的弟子中，嗔心最大的是指鬘王，貪心最大的是難陀，但他們最終都證得阿羅漢果。其實對凡夫人來說，貪心確實是個大問題。有個居士就跟我說：「我其他方面都很好，就是感情放不下，感情始終在毀壞我，我特別恨這個感情！」）

這時，佛陀來問他：「難陀，你想不想去地獄看看？」他百無聊賴之下，回答說：「想。」佛陀又讓他拉著自己的法衣，依靠神變把他帶到了地獄，並讓他自己去看。難陀見到地獄眾生被砍殺、煎煮、扔進器皿中搗碎，特別害怕。最後他在一處看見一口空鍋，下面燃燒著熊熊烈火，許多獄卒圍繞在旁，他禁不住地問：「鍋裡為什麼沒有眾生？」獄卒告訴他：「我們在等一個人。」他問：「等誰啊？」答言：「世尊的弟弟難

第五十七節課

206

陀。他為獲得天人的安樂而守持戒律，將來轉生天界享受安樂，但當善果窮盡以後，就會墮落到這裡。」

難陀聽後，驚恐萬分，拔腿就往回跑。但獄卒認出了他，把他攔下：「你現在已經來了，就留下吧。」他忙說：「不行不行，我還要返回人間。」然後拼命跑到佛陀身邊。（在天界，他很想直接待，但待不住。在地獄，獄卒們歡迎他提前來，他又嚇跑了。）

佛陀問他：「你看見地獄的情況了？」他心有餘悸地說：「看見了。」佛陀說：「你覺得怎麼樣？」「太恐怖了，我回去以後，再也不為人天福報而守戒了。」

從此，難陀深刻意識到即便上升天堂，最終也會墮入惡趣，善趣果報同樣無有實義，不管在三界輪迴哪一處，都沒有真實的快樂，因而生起了真實無偽的出離心。

其實這個公案內容很深，每個人一定要懂得這樣的道理。很多人剛出家受戒時，不一定有出離心，尤其是以前沒聞思過的，出家也許只為了獲得快樂。包括我最初出家時，只覺得出家人很清淨莊嚴，根本沒想過什麼三界輪迴，甚至還有人出家是為了轉生天界。那麼，出家人若沒有出離心，受戒時能不能得到戒體呢？按有些律師的說法，應該能。為什麼呢？因為難陀最初出家也沒有出離心，只是迫於佛陀的威嚴，即使到了中間，持戒也是為求生天界，直到最後才生起堅固的出離心，但

儘管如此，也沒人不承認他的戒體。正因為他親眼目睹了地獄，所以清規戒律一塵不染，細微的學處也從未違犯過。因此，佛陀說：「在我的教法中，難陀護持根門第一[95]。」

原來他是貪心第一，但看到地獄的狀況之後，從根本上改變過來了。很多道友也是如此，以前在家時煩惱熾盛，但出了家以後，不管心態還是行為，都有翻天覆地的變化，很多煩惱也自然息滅，這就是佛法的威力。儘管這個誰都可以得到，但若不知三界皆苦之理，恐怕也沒有這種能力。

不過，作為聖者來說，了解這一點很容易。正如佛陀在《過去現在因果經》中說：「菩薩以天眼力，觀察五道，起大悲心，而自思維：三界之中，無有一樂。」然而，許多人對此並不了知，就像酒醉的人一樣，反而把瘋狂當作快樂。如《大般若經》云：「愚夫貪著，處在六趣，生死火宅，不知出離。」在智者眼裡，輪迴就像火宅、漩渦、兵器林，見了就不願待下去，但凡夫人因為貪著一切，雖身處輪迴的火宅中，卻把它當作花園，認為這是快樂之所，一味耽著、不想捨離。

所以，通過這次學習《前行》，希望大家能發自內心地看破世間，真正做到看破、放下、自在。看破什麼呢？就是看破今生和來世。如果你把今世看破了，卻希

---

⑨⑤護持根門第一：即持戒第一。

第五十七節課

求來世轉生天界，或成為更漂亮、更富貴的人，那還是沒有意義。因此，我們要像《三主要道論》中所說：修人身難得、壽命無常，以看破今生；修輪迴痛苦、因果不虛，以看破來世。只有看破了今生和來世，才有機會生起出離心。有了出離心，修什麼法都很容易。

然而，現在城市裡的很多人，學佛不是想出離，而是求保佑。聽說有個領導在佛前放一百塊錢，就不停地念叨：「佛陀您一定要保佑我，我今天供養一百塊，您要記住啊！無論我到哪裡去，您都要時時看著我，如果我路上有些不平安的東西，您一定要給我掃除啊！」這樣的人有沒有出離心呢？肯定沒有。他拜佛只求升官發財、平安快樂，甚至保佑自己貪污成功，不被發現——敢不敢這樣說呢？應該是啊，現在腐敗現象比較嚴重。

所以，發心出離輪迴非常重要，但大多數世間人，對此麻木不仁、毫無感覺。甚至一些佛教徒，學佛也只流於表面，從來沒有深入過，不說大圓滿、大中觀，就算是共同加行中的輪迴痛苦，他們也一點感覺都沒有。然而，這種人卻常喜歡誇誇其談，甚至把自己當成佛陀，做一朵蓮花坐在上面，就覺得已經成佛了。在他們眼裡，佛菩薩相當於成功的企業家或富翁，除此之外，也沒什麼功德可言。但我們作為深入佛法的人，一定要

大圓滿前行廣釋（四）附大圓滿前行實修法

⑯《三主要道論》云：「人身難得壽無常，修此可斷今生執，無欺業果輪迴苦，修此可斷後世執。」

對佛陀有信心、對輪迴有出離心、對眾生有大悲心，在這樣的框架內，修行才會有希望。否則，只是理論上了解一下，離真正的佛道還比較遙遠。

　　總之，這些重要問題，口頭上再會說也沒用，關鍵是要捫心自問：看自己到底想不想解脫？如果你通過難陀的公案，最終定下修學的目標，那無論出家還是在家，都會明白只有超離三界才是永恆的安樂。《釋門歸敬儀》中也說：「天上天下，唯我獨尊，三界皆苦，無可樂者。」在這個世界上，唯一的聖尊就是佛陀，「輪迴皆苦、毫無安樂」的真理，也只有佛陀才宣說了，除此之外，其他任何宗教的教主，或者梵天、婆羅門都沒有指出。因此，這個道理極為甚深，除了有緣者以外，其他人一般很難接受。

第五十七節課

第五十八節課

今天是「輪迴過患」最後一節課。

前面已敘述了地獄、餓鬼、旁生的痛苦，又講了人類、非天、天人之苦，總之，六道都是痛苦的本性。對於這種痛苦的認識，我們不能只是口頭上說「啊！輪迴太苦了，猶如火宅」，而要從內心中認識到：無論轉生於何處，真的都不離痛苦。

現在學佛的團體中，表面上皈依、出家的形象修行人相當多，但實際上，從心坎深處看破世間的卻寥寥無幾。所謂「看破」，是指對世間一切美好毫不希求，而並不是因受精神挫折，見到外境許多醜陋，進而開始厭棄世間。只有真正看清了六道皆苦的本性，並對此生起穩固定解，修行的基礎才算打好了。

不過遺憾的是，如今不管是剛入佛門的人，還是所謂的高僧大德，最缺乏的就是這種定解。好多人說輪迴皆苦，只是一種人云亦云，並沒有以修行來建立。所以，大家對這些一定要經常串習，每天盡量打打坐，反覆思維所聽聞之理。其實修行有兩種，一是直接安住而修，一是觀察法義而修。我們這裡所說的思維佛教道理，以令自心與此境界相應，就是一種觀察修，這樣的方法也叫修行。否則，光聞思而不修行，算不上是個佛教徒。

大圓滿前行廣釋（四）附大圓滿前行實修法

當然，最關鍵的還是要先聞思。現在很多佛教徒缺乏佛教基礎知識，連基本的道理都不懂，這是相當遺憾的。就像一個人不懂理論而要去實踐，做任何事都非常困難。目前，藏傳佛教可能稍微好一點，各個寺院都有聞思傳統，但漢傳佛教中，雖說也有個別的聞思道場，但這種習慣並未得到普及，不學佛法的人還是相當多。比如，在四月初八等佛教節日，寺院人山人海、頭出頭沒，但這些人當中，真正學過佛法的屈指可數。不要說無我空性義，就連業因果、前後世等世間正見，有多少人能明白，大家也非常清楚。因此，我們作為佛教徒，一邊聞思一邊修行非常重要，這也是應當長期堅持的行為。

下面緊接著昨天的內容講：

不要說真正轉生地獄親眼見到那些景象，哪怕是僅僅看到地獄的圖畫，也會令人恐怖、畏懼，萌發出離之心。因此，佛陀曾規定，在寺院門上應繪畫「五分輪迴圖」。

關於五分輪迴圖的由來，《毗奈耶經》中記載[97]：給

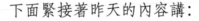

---

[97]《根本說一切有部毘奈耶雜事》卷17云：「給孤長者，施園之後作如是念：若不彩畫，便不端嚴，佛若許者，我欲莊飾。即往白佛。佛言：隨意當畫。聞佛聽已，集諸彩色，並喚畫工。報言：此是彩色，可畫寺中。答曰：從何處作，欲畫何物？報言：我亦未知，當往問佛。佛言：長者，於門兩頰，應作執杖藥叉。次傍一面，作大神通變。又於一面，畫作五趣生死之輪。簷下畫作本生事。佛殿門傍畫持鬘藥叉。於講堂處畫老宿苾芻宣揚法要。於食堂處畫持餅藥叉。於庫門傍畫執寶藥叉。安水堂處畫龍持水瓶著妙瓔珞。浴室火堂依天使經法式畫之。並畫少多地獄變。於瞻病堂畫如來像躬自看病。大小行處畫作死屍形容可畏。若於房內應畫白骨髑髏。是時長者從佛聞已，禮足而去。」

孤獨長者供養佛陀精舍之後，覺得沒有彩繪不太莊嚴，於是就去問佛是否該畫些什麼。佛陀告訴他，寺院門上畫五分輪迴圖⑱；醫院裡畫佛陀親自照料病人的像（慈濟醫院就是這樣，應該是按這個戒律來的）；自己臥室中畫白骨骷髏，以斷除對身體的貪執（泰國就有這種傳統）；……

　　還有，《毗奈耶經》另一卷中說⑲，目犍連遊歷五道時，見眾生感受各種痛苦，回來為大眾廣為宣說。佛陀得知之後，告訴大家：「不是一切時處常有目犍連的，今後應在寺門上畫輪迴圖，以令眾生對輪迴厭離。同時，比丘要坐在寺院門口，若見有人來朝拜，應為他們解說生死輪轉的因緣。」

　　在我們藏地，幾乎每座寺院的經堂門口，都有五分輪迴圖。而在漢地，大多數寺院沒有畫這個，只有九華山和普陀山的一些寺院，塑有令人毛骨悚然的地獄造型。你們以後住持寺院時，在門口畫上好不好？這個真的很重要。至於怎麼畫，《毗奈耶經》裡講得很清楚。

　　龍猛菩薩在《親友書》中也說：「即便見聞地獄圖，憶念讀誦或造形，亦能生起怖畏心，何況真受異熟果？」即便是耳聞地獄的故事，眼見地獄的圖畫、塑

大圓滿前行廣釋（四）附大圓滿前行實修法

⑱五分輪迴圖：又名六道輪迴圖。圖下方是地獄、餓鬼、旁生，中間是人與非人，上方是天界。

⑲《根本說一切有部毗奈耶》卷34云：「爾時，薄伽梵在王舍城羯蘭鐸迦池竹林園中。時具壽大目乾連於時時中，常往捺落迦傍生餓鬼人天諸趣，慈愍觀察。於四眾中，具說其事……爾時世尊告阿難陀：非一切時處常有大目乾連，如是之輩頗亦難得，是故我今敕諸苾芻，於寺門屋下畫生死輪……應差苾芻於門屋下坐，為來往諸人婆羅門等，指示生死輪轉因緣。」

像，或者憶念地獄的痛苦，尚且都會心生怖畏，何況是墮入地獄親身感受痛苦了？大家也知道，人間的監獄已經夠恐怖了，但地獄遠遠超過這個。所以，有正知正念的人在了知地獄的痛苦後，一定要避免造惡業。

當然，也有人因為邪見深重，再加上前世善根薄弱、今生教育環境的影響，聽了這些後不以為然，只是把它當成神話故事。但你相信也好、不信也罷，因果絕對是無欺的，只要自己造了惡業，必定會感受相應的苦報。因此，在座的道友應對地獄生起恐懼心，有了這種心，今後才會謹慎取捨。

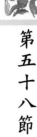

對於上至天界、下至地獄的眾多痛苦，我們一一思維之後，要發自內心放下今生的瑣事，覺得世間八法、名聞利養沒有多大意義，再怎麼做也不過是輪迴之因。漢地很多高僧大德，喜歡說看破、放下、自在，這在修行中確實重要。《開啟修心門扉》的第一章，也是先講了「捨棄今世」。這並不是我們特別消極，好像連基本生活都不會享受，而是以佛教更高深的智慧剖析時，這些享受都沒有真正價值，所以才應該看破一切。否則，倘若死執不放今生的瑣事，一直貪執各種世間法，那麼即使表面上學佛、出家，裝出一副修法的模樣，也不可能踏上正法之路。

只有看破了今世，才明白世間所有事情的真相，此時哪怕懂一個偈頌的道理，即生也有解脫的機會。如

《大集經》云：「眾生若離五欲樂，親近如來聽正法，至心受持一偈義，是人解脫如先佛。」眾生若遠離了七情六欲的貪執，如理親近佛陀般的上師並聽受正法，那麼即使至心受持一個偈頌，也會像迦葉佛、拘留孫佛等先佛那樣得到解脫。因此，大家有緣分時，縱然聽一堂課或一個偈頌的道理，對此反反覆覆去思維，也能改變你的人生，並逐漸趨入解脫之道。

以上宣講的內容，其實就是出離心，這在佛教中很關鍵。有人認為：「出離心、菩提心太簡單，我要希求最高的大圓滿。」但你若沒有出離心和菩提心的基礎，大圓滿法再殊勝，修起來也有一定困難。其實，出離心的要求還是很高的，你無論在家還是出家，可以想一想：自己修行是為了解脫，還是獲得人天福報，或者只顧眼前利益？有些宗教追求死後升天，但你如果連這個都沒有，僅僅是希求今生的生活平平安安、工作順順利利、家庭和睦相處……那連一個人天乘都趕不上。故而出離心相當深奧，每個人都不能小覷。

阿底峽尊者接近圓寂時，瑜伽士恰徹卻曾問：「上師您圓寂之後，我去好好修行可以嗎？」尊者不太滿意，回答說：「你去修行固然好，但修行就能趨入正法嗎？」

恰徹卻見上師不讚歎，於是改變主意道：「那我給眾

生天天講經說法，代表您轉法輪可以嗎？」尊者仍是態度如前，依然說：「講經說法難道就能趨入正法嗎？」

恰徹卻實在大惑不解，問：「那麼我該做什麼呢？」尊者告訴他：「雖然講經說法很好，修行也很好，但若沒有看破今世，表面上你講經說法，或者暫時在山裡修行，但過段時間，可能就跟世人混在一起了，最終自己也無法解脫。所以，這兩個都不是很關鍵，最關鍵的就是要捨棄今世，一切修行應當依止仲敦巴！」⑩

阿底峽尊者的傳記中說，就像宗喀巴大師來人間有兩個目的一樣⑩，尊者來藏地也有一個目的，那就是度化一位居士——仲敦巴⑩。所以，尊者在圓寂之後，要求弟子還是要依止仲敦巴，不能馬上就離開，否則禁不起外在的風雨，會讓自己再落入塵世。

仲敦巴尊者，其實就是從內心捨棄了今生瑣事的典範。一次，色頓山谷的信眾迎請尊者去傳法。他對弟子吉祥自在說：「你代我去吧！我正在修持捨棄世間之法，故不允許我作出心行相違的舉動。」之後，他終年穿著綴滿補丁的舊衣服，在熱振寺⑩的森林中修行，常常口裡念著

第五十八節課

---

⑩恰徹卻將上師教言牢牢記在心間，拋棄一切，前往熱振的休色寺，像野獸一樣地精進修持，未與任何人交往，如此窮其一生，直至圓寂。《果倉巴尊者傳記》云：其為米拉日巴尊者前世。

⑩一是為度化甲曹傑和克珠傑；二是撰著兩部論典：《辨了不了義論》、《入中論·善解密意疏》。

⑩仲敦巴：全稱仲敦巴·嘉瓦郡乃，阿底峽的及門弟子，宋代西藏佛學家。

⑩熱振寺：噶當派第一座寺廟，離拉薩不遠，為開創教派者仲敦巴所倡建。噶當派的教言中，描述過它的很多功德，據說比布達拉宮和覺沃佛的功德還大。1738年，七世達賴將其贈給自己的老師甘丹池巴阿旺喬登。從此，阿旺之歷代轉世皆稱「熱振活佛」。

「我是希求解脫者，莫為名聞利養縛」……可見，一心希求解脫的人，絕不會貪著名聲、地位、財富，正因為他把這些看得很淡，故根本不會被此所轉。然在末法時代，真正能拋棄世間八法的人，實在少之又少。

以前薩迦班智達面前，來了個叫甯莫的修行人，他問：「捨棄今世的因是什麼？」班智達答言：「懂得輪迴一切瑣事無有實義。」

又問：「捨棄今世的緣是什麼？」答言：「了知輪迴的諸多過患。」

再問：「捨棄今世的量是什麼？」答言：「對世間八法興趣索然。」

最後問：「捨棄今世的驗相是什麼？」「不被世間八法所染。」

這四個問題，我在講《開啟修心門扉》時也提到過。所以對修行人而言，最關鍵的就是不被世間八法所轉。

還有一則故事：一位僧人轉繞熱振寺時，遇到了仲敦巴尊者。尊者說：「你轉繞寺院固然值得歡喜，但若修持一個卓有成效的法門不是更好嗎？」

那位僧人想：讀誦大乘經典，比轉繞的功德更廣大吧。於是他就到經堂的走廊，開始朗朗誦經。仲敦巴尊者又說：「誦經固然值得歡喜，如果能修持行之有效的一個法門不是更好嗎？」

大圓滿前行廣釋（四）附大圓滿前行實修法

那僧人又想：可能誦經的功德也不大，修持禪定的功德應該更廣大吧。於是放下經書，在床上閉目禪修。仲敦巴尊者又照樣說：「參禪也是值得歡喜的，如果能修持一個行之有效的法門豈不是更好嗎？」（「身」轉繞、「語」誦經、「心」參禪，不管是漢傳佛教、藏傳佛教，都認為功德特別大，但尊者仍不是很讚歎。）

　　這時，那位僧人實在想不出別的修法了，只好問：「尊者啊，那我該修什麼法呢？」仲敦巴尊者回答：「捨棄今世！捨棄今世！！捨棄今世！！！」

　　因此，在所有的修法中，這個法最為關鍵。《開啟修心門扉》、《山法寶鬘論》中也講過，如果沒有看破今世，修什麼法都不會成功。有些人只喜歡表面形象，剃個光頭、穿個袈裟，就到處問：「我好看嗎？」還有些人特別心急，一來學院就非要出家，我讓他先觀察四個月，但他死活不肯：「不行不行！不要說四個月，連四天我都等不了。可不可以今天剃呢？您看我僧衣都買好了，穿出家衣服太好看了，我一定要穿！」但你若沒有看破今世，不要說剃光頭，就算把耳朵剃了也沒用。

　　前輩大德講過，修行人無論出家、在家，對今生的名聞利養等沒有興趣，修行才會圓滿成功。否則，一味貪著塵世間的瑣事，永遠無法從輪迴的痛苦中解脫出來。所以，大家要徹底斬斷此生的牽連，學修後世菩提，尤其是若想出家修行，一定要背離世間五欲。《本

事經》云：「為厭背離欲，速證最上義，是真修梵行，非虛妄出家。」只有看破了今生欲塵，才會迅速證得最上義，這樣才是真正的出家人，而外在的穿著、形象等，並不是出家人的追求。

我經常想：一個人傳法若為了今生的錢財、名聲，時時以自我利益為中心，那即使暫時有些出路，終究也會一無所成。所以，做任何一件事情，應當要麼為了眾生，要麼為希求菩提，這是菩提心的兩個條件。而要想獲得這樣的菩提心，首先一定要有出離心；要想擁有出離心，唯有依止具足法相的上師。只有上師，才能為我們巧妙開示了脫生死、證得聖果的出世間道理，除此之外，再沒有任何人能做到這一點。就像學習世間知識，唯有老師才對自己有幫助，親朋好友不一定有利。同樣，在解脫的這條路上，依止上師至關重要，我們永遠不能離開上師。明白這一點後，大家應斷除對父母親友、財物受用的貪著，將這一切棄如唾液，衣食住行也隨遇而安[104]，為了解脫而付出一切，全心全意地修行正法。

關於看破今世，印度單巴桑吉尊者有這樣一段教言：「此事此物好似過往雲煙，千萬不要執著為常有！」世間的一切猶如夢幻泡影，一會兒就消失了，沒

---

[104]因緣具足時，吃好穿好也可以；但如果因緣不具足，也不能為了衣食而天天奔波。

大圓滿前行廣釋（四）附大圓滿前行實修法

有什麼實在意義。當年特別執著的財物、衣服等，現在一看，已經沒了絲毫感覺；而今天自己貪著的對境，過幾年也會是如此。所以，萬法無有任何實質，不要把這些一直耽著為常有。

「一切名譽猶如空谷回音，千萬不要逐名求利，應當修行法性！」有些人特別愛重名聲，為了美名遠揚，付出自己的一切都願意。其實這是修行不好的標誌。出了名又有什麼用？即使你在全世界無人不知，但當死亡來臨時，名聲又能帶給你什麼？誠如《不退轉法輪經》所云：「若有重名譽，是名遠菩提，是聲猶如響，分別故多種。」假如特別重視名譽，此人則已遠離了菩提，因為名聲如空谷聲一樣，沒有任何實義，只不過是人們以分別心擴大了它的價值而已。因此，作為一個修行人，不管出家還是在家，若要看破今世、希求解脫，最好不要特別耽著名聲。

蓮池大師在《緇門崇行錄》中，就講過一則非常好的公案：五代後漢有位恆超法師，他講演經論二十多年，一直過著知足少欲的生活。郡守李公素來敬佩大師，想上章表奏皇帝，頒賜紫袈裟給大師。大師寫了一首詩制止他，詩中有「虛著褐衣老，浮杯道不成，誓傳經論死，不染利名生」的句子，表達了他誓願講經傳法而終老，不想沾染世俗名利而苟活的志向。

各位也看看自己能不能這樣——終生講經說法，為

眾生做有利益的事，並且不被名聲、財利所染？可是在五欲面前，一般人很難抵擋它的誘惑，假如最高領導賜給你很高的榮譽，可能你就動搖了，從此不再傳法，整天跟別人到處跑，這可不是修行人的行為。所以，我們一定要效仿前輩大德，終生講經說法，不染世間名利。

「漂亮衣裳宛若絢麗彩虹，應當身著破舊衣衫而修行！」衣服再好，臨死的時候也帶不走，所以，穿普通衣服修行也是一樣的，幾千幾萬塊的高檔名牌，跟一般衣服的價值沒有多大差別。

「自己的這個身體是膿血、黃水的臭皮囊，千萬不要執著珍愛！美味佳餚也是糞便的因，千萬不要整日都是為了充飢果腹而奔波忙碌！」真正的修行人，對身體不會特別執著，以野草為食、樹葉為衣即可過活。蓮池大師在《座右詩》中亦云：「草食勝空腹，茅堂過露居，人生解知足，煩惱一時除。」吃野草已勝過空腹，住茅棚已勝過露宿，人生若能知足少欲，煩惱當下即可擯除。

許多人常愛與人攀比衣食，尤其在大城市裡，每個人都有各種追求。但欲望的無限與物質的有限之間差距太大，故這些追求往往無功而返，給自己平添了許多苦惱。因此，我們不應特別追求外在的名聲、財富，有了這些去享用也可以，沒有的話，則不必刻意去乞求。

「感覺外界會招致怨敵四起，應當安住在深山等寂

大圓滿前行廣釋（四）附大圓滿前行實修法

靜的地方！」倘若陷入混亂的人群中，種種分別念、違緣就會紛然而至。所以，我們應安住在寂靜的地方，真正做個修行人。

「迷亂的荊棘會刺入內心，所以應當修持平等性！」《如來智印經》云：「不惜身及命，於親不染愛，勤修空無我，是能成菩提。」若能不惜身體和生命，不貪愛親朋好友，長期勤修佛陀的最高法要——無我空性義，那麼必定能成就菩提。不過，就像財富並非人人都有份一樣，有緣修持無我空性的人也極少，此甘露美味，只有個別人才可以享用。

「一切需求都來源於自己的心，務必嚴加守護自己的這顆心！」一切希求皆源自於內心，內心不滿足的話，自己的需求會永遠沒完沒了。正如薩

哈尊者所說「心是如意寶」，所以我們要好好守護自己的心，依靠上師的竅訣來調伏它。

「如意寶自身固有，萬萬不要一味貪著飲食財物！」我們的心是如意寶，若依靠上師竅訣認識它的本性，一切智慧和悲心會自然流露，故萬萬不能讓它迷失，去耽著一些無義瑣事。現在人天天都吃喝玩樂，早上想著中午吃什麼，中午想晚上吃什麼，晚飯又想明天早上吃什麼，似乎人只為了一日三餐而活。穿衣服方面也是如此。假如目光整天只盯著自己的衣食，那實在沒有意義。

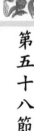

第五十八節課

222

「閒言碎語過多只能成為諍訟的根源，應當像啞巴一樣默默不語！」閒言碎語說太多了，對解脫等一切都有障礙。因此，要經常禁語為佳。

「心本身顯現種種業，千萬不要圍著飲食團團轉！」心可以顯現各種各樣的業，所以不要把心整天放在飲食上，除了飲食什麼都不想。北宋的王安石，吃飯不辨味道是出了名的，飯菜對他來說根本沒區別，只要能果腹就行，什麼最便於下筷，他就吃什麼。蘇東坡的父親蘇洵，對王安石的這種行為很看不慣，為此還專門寫了一篇《辨奸論》，「揭露」王安石的虛偽矯情。但也有人認為這是一種境界。不管怎麼樣，世間人對飲食不執著是個好事，否則，整天挑剔食物，隨著飲食而轉，確實沒有多大必要。

現在許多人在吃飯上，要花很多時間和精力。為了中午吃頓飯，頂著堵車的壓力，要坐三四個小時的車。吃了午飯又考慮：「晚上誰請客？是不是我來請？」然後下午又要坐車，晚飯開始後，飯桌上還要耗去兩三個小時……其實人吃一頓飯很簡單，沒必要花這麼長時間。但現在也沒辦法，因為人們已經習慣了。

「加持原本是從內心生起，應當祈禱上師本尊！」這一點很重要！一個人的修行要成功，心必須獲得上師、諸佛的加持，否則，修什麼法都難如登天。就像在春天時大地變暖，萬物就可以生長一樣，我們的心若得

大圓滿前行廣釋（四）附大圓滿前行實修法

到本尊、上師、諸佛菩薩的加持，種種功德自然而然會生起。當然，如果想得到加持，就一定要依靠祈禱。有些佛教徒認為祈禱只是種形式，沒有多大必要，這種說法很不對。只有對上師本尊經常祈禱，才會時時刻刻得到無形的指點，成為最後開悟的順緣，因此祈禱相當重要。

「長期住在一個地方，甚至對佛陀也會看出過失，不要長年累月地住在一個地方！」長時間待在一個人身邊，就算他是佛陀，也會對他產生邪見。所以還是要經常換換上師、換換道場，到處走一走，這樣會有新鮮感，否則，到時候就沒什麼感覺了。（眾笑）(105)

「時時刻刻謙虛謹慎，萬萬不要驕傲自滿！」古代有一種攲器，是種汲水的罐器。它不能裝得太滿，灌入少量水時，罐身是豎著的，而一旦灌滿水，罐子就傾覆過來，水一下都倒出來了。所以，孔子見到攲器後，頗有感觸地說：「物滿則覆。為人處世也是如此，要謙虛，不可自滿！」

「歲月飛逝，時不待我，一定要當機立斷修行正法！」時光不會等待我們，人生歲月也是有限的，因此，有機緣時一定要立即修行，不能一拖再拖：「我

(105)上師仁波切2004年講《前行》這一段時說：「法王如意寶講過，你見解穩固時可以到處跑，但如果見解一點都不穩，卻說『安住一個地方是不對的』，然後這裡斷傳承、那裡斷傳承，整天跑的話，可能更糟糕、更可怕！」

四五年或十年後，再來出家……」否則，到時即使你有這種發心，也不一定有這個機緣。所以，遇到這麼好的正法時，理應抓緊時間修行。

「今生的我們就像旅客一樣，千萬不要費盡心機苦苦營造作為暫時棲身之處的房屋！」不要天天為了房子而辛苦，我們來這裡不是搞房地產，而是來修心的，修心和修房不一樣，這一點千萬不能搞錯！以前有個出家人，在學院修了好多年房子，但房子剛修完，人就離開了。他的法沒修好，房子倒是修好了，但結果也沒用上。

現在城市裡的人，好多也是為房子而活。本來房子應該是為人服務，但分期付款買房以後，自己卻成了房子的奴隸，一輩子都要為它忙碌。他們覺得「別人這麼做，我也要這麼做，不然好像趕不上時代」，但以佛教的觀點來看，這樣活確實太累了。所以作為修行人，雖說沒有住處也不行，但還是應以修行為主，輕重務必要分清楚！

「任何瑣事都沒有點滴的利益，應當腳踏實地修行正法！自己的身體總有一天要被小蟲所食而消失無影，而且這一天什麼時候來臨也無法確定，萬萬不能一直庸庸碌碌散亂在此生的景象中！親朋好友就像林中的小鳥，不要總是對他們牽腸掛肚！」人們常執著「這是我的家人，那是我的好友」，其實親友就像林中的小鳥，

暫時聚集在一起，因緣分散時也就各奔東西了。因此，整天為了家庭、親人擔憂，實在沒有意義。

「虔誠的信心好似良田，切切不可置之不理讓它變成煩惱的貧瘠荒地！」信心特別重要，它是生長功德的良田。以前有一個人，專門負責打水給樹灌溉，他對佛陀沒有信心，但對舍利子有微小的信心。有一次，舍利子在化緣時天氣燥熱，那個人見後說：「比丘，您來樹下坐坐，我澆樹時也給您順便灑點水，這樣可以一舉兩得。」他命終之後，以此功德轉生於天界，然後用神通一觀察，知道了自己升天的原因，於是下來供養舍利子，最後獲得了初果。所以，我們遇到非常殊勝良田時，小小的一個信心，也會起很大的作用。(106)

「暇滿人身恰似如意寶，千萬不能送給貪嗔的怨敵！誓言猶如瞭望樓，千萬不能被罪業的過患染污！（瞭望樓一壞，自他都會被毀壞。）**金剛阿闍黎住世時，萬萬不要懈怠修持正法！」**上師阿闍黎住世時，修行的因緣十分殊勝，此時千萬不可隨便放棄，不求正法，否則會非常可惜。

第五十八節課

(106)《佛說雜藏經》云：「舍利弗夏盛熱時，遊行至庵羅園中。有一客作人，汲井水溉灌於樹。此人於佛，無有大信，見舍利弗，發小信心。喚舍利弗言：大德來脫衣樹下坐，我當以水澆之，不失溉灌，兼相利益。於是舍利弗，脫衣受洗，身得涼樂，隨意遊行。此客作人，其夜命終，即生忉利天上，有大威力，次釋提桓因，便自念言：我何因生此？自觀宿命，信心微薄，因客作溉灌計水，洗浴舍利弗。我若信心純厚，知必有報。故設浴具，以為供養，自惟為功雖少，以遇良田，獲報甚多。即詣舍利弗所，散花供養。舍利弗因其淨信之心，即為說法，得須陀洹道。」

綜上所述，看破今世十分重要。這一點，無論出家人或在家人、漢傳佛教或藏傳佛教，都可以修。若能明白這個道理，對身外之物根本不會去執著。譬如唐朝的龐蘊居士，他雖然是在家人，但對財物、名聲看得很淡。後來，他通過參訪道一等禪師，認識了心的本來面目。開悟以後，他把金銀財寶、巨萬家產裝進箱子，用船運到湘江扔掉了。有人勸阻：「你不要錢，可以用它做功德、布施給別人，總比倒入江裡強啊！」他就回了一首偈頌：「世人多重金，我愛剎那靜，金多亂人心，靜見真如性。」(107)意思是說，世人多愛重金錢，而我唯獨喜歡剎那的寂靜，金錢多了會擾亂人心，入於寂靜才能見到真如本性。到了最後，不僅僅是龐蘊自己，包括他的妻子、兒女也都成就了。

從傳記中看，他就像傅大士一樣，身分雖是在家人，卻能看破今世，視金錢如糞土，對一切毫無執著。不像現在城市裡有些人，將金耳環、金項鏈都鎖進保險櫃，以為從此就高枕無憂了，而一旦保險櫃也被搬走，那簡直是痛不欲生。其實，這些痛苦完全源自於金錢，大成就者們之所以能成就，也是因為他們對這些根本不執著，並依靠我們想像不到的另一種生活方式，獲得了究竟自在。

因此，若想紮紮實實地修行正法，就必須認識到輪

(107)此偈在《宗鏡錄》中有記載。

迴萬法沒有任何實質。而若想生起這種觀念，首先要觀修輪迴的過患。在沒有深深生起這樣的理念之前，我們一定要努力修行。

那麼，觀修輪迴過患在相續中生起的標準是怎樣的呢？

要像朗日塘巴(108)尊者那樣。一次，侍者對上師說：「別人都管您叫黑臉朗日塘巴，您還是高興一點吧。」尊者回答：「想到三界輪迴的痛苦、眾生的痛苦，我怎麼會有笑容呢？」據說，有一天，一隻老鼠來偷尊者曼茶盤上的松耳石，可牠怎麼也搬不動，於是就「吱吱」喚來另一隻老鼠，然後這兩隻老鼠一推一拉將「成果」搬走了。看到這副情景，尊者情不自禁露出了笑容。除此之外，他天天都愁眉苦臉，任何時候也沒有現過笑臉。

這樣觀修輪迴的痛苦，是心趣入法、誠信因果、捨棄今世、慈悲眾生等一切功德的根本。釋迦牟尼佛次第轉了三次法輪，初轉法輪時就先對眾比丘說：「此乃苦，當知苦。」所以，沒生起這樣的定解之前，必須要踏踏實實地觀修。不然的話，成天醉生夢死、抽煙喝酒，沉溺於此還覺得好開心，那真是迷失了本性。因此，對於輪迴的痛苦，每個人務必要觀修，如果沒有這方面概念，修行不一定會成功。

---

(108)朗日塘巴（1054-1123）：阿底峽尊者六大弟子之一，博朵瓦格西二大高足之一。

最後，用一個偈頌來結尾：

雖見輪迴痛苦仍貪執，雖畏惡趣險地仍作惡，

我與如我邪道眾有情，看破放下今世祈加持。

華智仁波切謙虛地說：雖然我見到了輪迴的痛苦，卻仍不斷地貪執它；雖然怖畏地獄、餓鬼、旁生等險地，卻仍天天造惡業，不能制止自己的惡行。對於我和像我這般愚昧無知的眾生，祈願上師三寶加持，一定要看破今世，不要執迷不悟。否則，死時什麼善法都沒成就，唯有帶著一大堆罪業離去，那實在「太划不著」了。

大家學了大乘佛法後，一定要知道輪迴上上下下都不離痛苦。《六度集經》中有一則公案(109)，很能說明這個問題：往昔有個國王叫察微，有一天他獨自出行，遇到個補鞋的老人。他問：「你覺得這個國家誰最快樂？」老人說：「當然是國王。」察微為了讓他認清真相，就把他灌醉，給他換上國王的衣服，送進王宮，並囑咐嬪妃把他當國王侍奉。於是大家都恭敬承事他，大臣們也天天找他商量政事。但他什麼都不懂，每天這事要處理、那事要處理，不但不快樂，反而特別痛苦。這時國王又把他灌醉，送回到以前的家中。他酒醒之後，以為自己只是做了一場夢，夢裡當了回國王，可是當國王實在太痛苦了……（也有論師從前後世的角度解釋說：他一個身體更換了見聞，如今尚不能自知，何況是隔世，捨去了亡故的身體，

---

(109)詳見《六度集經》之《（九〇）察微王經》。

又受生新的軀體呢？）

可見，輪迴中不存在真實的快樂。不過這樣一說，沒有佛法基礎的人或許不接受：「生活如此美好，你卻說它很痛苦，這不是故意歪曲事實嗎？」所以，只有等他了解萬法的本性後，才能漸漸領悟這些道理。

【輪迴過患之引導終】

共同加行中的「人身難得」、「壽命無常」、「輪迴過患」，這三個關鍵問題已講完了，下面還要講「因果不虛」。倘若懂了這四個加行的理論，修行佛法的基礎就打好了。

我非常希望每個人都能修持《大圓滿前行》，如果你想當個真正的佛教徒，有這部《前行》就足夠了。在末法時代，用短暫的一生去翻閱千經萬論不太現實，但你若能不管去哪兒，都隨身帶著一本《前行》，每天看十分鐘或半個小時，對其內容反反覆覆思維，逐漸就會變成一個修行人。此時，別人對你讚歎也好，挖苦誹謗也罷，這些都不重要，最重要的是你心已融入正法了。就像無垢光尊者在《四法寶鬘論》中所言，對一個修行人來說，心入於法、法入於道、道遣除迷亂、迷亂轉為智慧，這才是最關鍵的，這也是噶當派的修心竅訣！

第五十八節課

第五十九節課

四、因果不虛

首先，作者頂禮如來芽尊者為主的根本上師：

取捨善惡因果依教行，行為依照九乘次第上，

真知灼見於何皆不貪，無等上師足下我敬禮。

他上師是怎樣的成就者呢？「取捨善惡因果依教行」：在取捨善惡因果方面，非常小心謹慎，連一點一滴違背因果之事也不會做，全部按照諸佛菩薩、印藏大德的教言去如理行持。

「行為依照九乘次第上」：行為從聲聞乘開始，依照九乘次第⑩一步一步而上。不像現在有些人，自己在見解上一無所知，行為上卻不知取捨、無惡不作。

「真知灼見於何皆不貪」：見解上，已照見了萬法在勝義中遠離一切戲論，世俗中如夢如幻、無有實質的真理。

「無等上師足下我敬禮」：在如此見修行不脫離、無與倫比、超凡入聖的無等上師足下，作者以感恩戴德之心，三門恭敬地頂禮。

大家也應該想到，我們今生遇到了法王如意寶為主

(110)九乘次第：聲聞、緣覺、菩薩；事部、行部、瑜伽部；瑪哈約嘎、阿努約嘎、阿底約嘎。

的很多大德，他們雖然見解猶如虛空，但行為卻細緻取捨，在這些如佛般的上師面前，我們得到了許多取捨因果的正見，所以一定要憶念傳承上師的恩德。若沒有他們的言教開示，我們相續會跟普通人一模一樣，甚至還會造下彌天大罪，前途是無邊的黑暗和痛苦。而如今在善知識的指引下，我們懂得了取捨因果的基本道理，這是值得欣喜的事情。想起這些恩德，大家也應發自內心向傳承上師恭敬頂禮。

丙四（因果不虛）分三：一、所斷之不善業；二、應行之善業；三、一切為業之自性。

總的來講，學習此引導文，可讓我們了解一切法均不離善惡業。

前面講「人身難得」時，闡述了學佛的人身得來不易，若沒有這個正見，就不會去修行；「壽命無常」則教誡我們，如珍寶般的人身不可能長期存留，它將因無常而毀壞，所以修法要有緊迫感；「輪迴過患」揭示了三界輪迴猶如火宅，修行當以出離心攝持，不能只求人天福報等暫時利益，必須要超出三界輪迴；而這個引導文「因果不虛」，則要說明的是，眾生隨善惡業而流轉輪迴，不可能不受因果束縛，想什麼就做什麼，只有遵循善知識言教行持善法，將來才會得到快樂，否則，前方永遠是一片黑暗和痛苦，所以要謹慎取捨因果。

以上這幾個引導文的重要性，大家一定要清楚。尤

其是「因果不虛」，對修行人來講非常關鍵。末法時代，很多人自認為是佛教徒，皈依了，也穿上袈裟了，但實際上他的所作所為、所言所行，足以暴露其內心的醜惡。這種人連「善有善報、惡有惡報」的基本道理都不承認，即使口頭上承認，行為上也表裡不一，只是形象上扮演個角色而已。這樣到底有沒有必要？你們理應值得深思。

　　在這個世間上，任何眾生都不願受苦，而渴望快樂，這是一種與生俱來的追求。不管動物還是人類，來到這個世間，從有感知的那天起，都在嚮往美好與快樂。既然百分之百的眾生都希求快樂，就應尋找快樂的因緣。這種因緣，完全要靠自己創造，並非依賴國王大臣、世間尊主施捨，否則，自己再勤奮努力也沒有意義。那什麼是快樂的因緣呢？就是做善事，如果不行善而去造惡，自然而然會招來痛苦。《正法念處經》云：「汝自作惡業，汝如是自食，非此人作業，餘人受果報。」意思是說，你造了惡業，就要自食其果，並不是這人造了業，而讓另一個人承受果報。因此，我們務必要深信因果。其實修行人的唯一標誌，就是相不相信因果。如果你不信，表面上再裝成什麼樣子，也不過是在虛假的骷髏上套個面具而已，內在並沒有真正的實質。

　　所以，眾生轉生到輪迴的善趣、惡趣，皆以各自的善惡業為因。輪迴是由業力所生、業果所成，上升善趣

大圓滿前行廣釋（四）附大圓滿前行實修法

或下墮惡趣，並不像外道所講的那樣，由造物主上帝（帝釋天）、自在天、遍入天主宰；也不像順世外道和無神論所言，痛苦和快樂皆由偶爾的因緣所生。《心地觀經》云：「諸法無不因緣成，若無因緣無諸法……無因無果大邪見，不知罪福生妄計。」諸法無一不是因緣而生，如果沒有因緣，就不會有外在的形形色色，以及內心的喜怒哀樂。假如認為一切均從偶爾的因緣中出生，無善無惡、無因無果，連福德和罪業都不承認，這是非常可怕的大邪見。

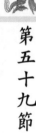

要知道，因果是不虛存在的，只要播了種子，因緣聚合時，果實一定會成熟。同樣，只要造了惡業，你承認也好、不承認也罷，將來終有一天，必定要感受無邊痛苦，這是毫無疑問的。然而，真正懂得這一點的人，如今可謂寥若晨星。尤其是善知識若不作引導，甚至他自己都沒有任何正見，弟子們又如何明白這些道理？就像一個大瓶子裡沒什麼東西，倒給小瓶子的話，小瓶子也照樣是空的。所以，傳法者倘若自欺欺人，對自他不可能有真實利益。現在許多人互相傳法、學法，成了一種表面形象，不重視因果的很多言行，常在眾人面前表露無遺。我們作為修行人，若想真正得到解脫，務必要隨時觀察善惡因果規律，悉心畢力止惡行善。

當然，取捨因果雖說相當重要，但對有邪見的人來說，我磨破嘴皮講了多少次，對他們也不一定有利，甚

至還會成為增長煩惱的因。只有善根比較深厚的有緣者，稍微提醒他一下，才有可能明白其中的道理。

丁一（所斷之不善業）分三：一、身惡業；二、語惡業；三、意惡業；四、十不善業之果。

戊一（身惡業）分三：一、殺生；二、不與取；三、邪淫。

關於十不善業，前不久在《藏傳淨土法》中講過，此處又作再次介紹。這個問題很關鍵，並不是聽過一次、學過一次就可以了，只有反覆學習這些甚深竅訣，稍有善根的人才會切實為自己考慮。

我們且不說饒益眾生，單單是為自己的利益，也要注意取捨因果。有些人常口出狂言：「下地獄就下吧！反正是我下地獄，跟你們又沒關係。」這種持有邪見的人，內心剛強難化，對一切都無所謂。他們即使學了佛，也只是懂些口頭禪而已，一旦造了罪業，根本沒有慚愧心，見別人造功德，也從未有一念隨喜。在當今時代，這樣的惡劣眾生比比皆是。

己一、殺生：

十不善業中，殺生最重，故首先講殺生。

所謂殺生，就是針對某某人或某某旁生等，懷著想殺的動機而斷其命根。這其中包含了四個支分：一、基：無誤了知所殺的對境——人或動物；二、意樂：認清對境之後，懷著嗔心等煩惱想殺他（牠）；三、加

大圓滿前行廣釋（四）附大圓滿前行實修法

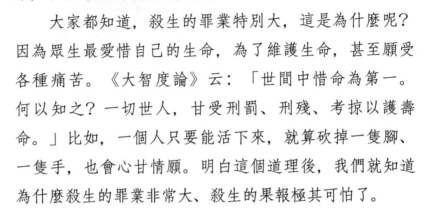

行：通過一定的手段加以殺害；四、究竟：最後斷絕了對方命根。此時，殺生的所有支分才算圓滿。由此也可推知，如果你想殺甲，結果卻誤殺了乙，雖然這是有罪業，但並未圓滿殺生的支分。

大家都知道，殺生的罪業特別大，這是為什麼呢？因為眾生最愛惜自己的生命，為了維護生命，甚至願受各種痛苦。《大智度論》云：「世間中惜命為第一。何以知之？一切世人，甘受刑罰、刑殘、考掠以護壽命。」比如，一個人只要能活下來，就算砍掉一隻腳、一隻手，也會心甘情願。明白這個道理後，我們就知道為什麼殺生的罪業非常大、殺生的果報極其可怕了。

《佛說分別善惡所起經》講過(111)，不管是殺任何眾生，都會感得五種苦果：一、生生世世短命；二、常遭受恐怖之事；三、仇敵比較多；四、死後墮地獄受苦；五、從地獄中出來，得人身也是短命多病。所以，現在很多人時常感受怖畏，怨敵特別多，自己也有種種不順，這都跟前世殺生有一定關係。

在我們藏地，常聽人說：「雖然我修行不好，但這一輩子從未故意殺過生，這就是我獲得人身最有意義的事情。」有些道友也是如此，皈依佛門或出家後，不可

(111)《佛說分別善惡所起經》云：「佛言：人於世間，喜殺生，無慈之心，從是得五惡。何等五？一者壽命短；二者多驚怖；三者多仇怨；四者萬分已後，魂魄入太山地獄中，太山地獄中，毒痛考治，燒炙烝煮，斫刺屠剝，押腸破骨，欲生不得，犯殺罪大，久久乃出；五者從獄中來，出生為人，常當短命。」

能去親自殺生，就算你平時修行不精進、很懈怠，偶爾還造了一些業，但最重要的是，下半生不會再殺生了。僅僅是這一個功德，你獲得人身也有意義了。

因此，了知殺生的嚴重性極為重要。當今時代的許多人，根本不把殺生當一回事，他們覺得人吃老虎理所當然，但老虎吃人就不應該，一旦聽說某某動物園的猛獸吃了人，各大新聞媒體就會紛紛報道，把這當作天下奇談。其實，我們每天都在吃眾生，眾生吃我們也很正常，每個有情的生命都同等珍貴，只不過我們會說話，牠們不會說人話而已。

關於殺生，實際上有許多種類。諸如：

一、將士們奔赴沙場，奮勇殺敵，是在嗔心的推動下殺生。

二、貪圖享用野獸肉、穿戴野獸皮而令其喪命，是由貪心的驅使殺生。

現在，這樣的殺生占大多數。很多人天天離不開肉，為了滿足他們的需求，菜市場、肉聯廠等日日殺生。這樣的殺業，令世界變得越來越可怕了，天災人禍層出不窮、頻頻發生，今天地震、明天海嘯、後天火災，究其原因，就是因為人類的行為太過分了。尤其在科技發達的今天，人們用機器來殺害眾生，其數量之多、範圍之廣，以往任何時代都無法相比。這種血腥的惡行，已經讓這個世界無法承受了，因此，我們的生存

大圓滿前行廣釋（四）附大圓滿前行實修法

空間遭受各種災難，勢必在所難免。人們若再不杜絕自己的惡行，恐怕今後日子更不好過了——這並不是誰在授記，也不是誰在預言，而是一種因果規律。

三、由於不明善惡因果，為亡人殺雞宰豬祭祀，或者像外道一樣認為殺生是善業等，是受癡心的牽引殺生。

這些以貪嗔癡引發的殺生，《正法念處經》中也有描述(112)。但不管是哪一種煩惱牽引，只要殺害了眾生，就一定會遭受痛苦。《諸經要集》云：「戲笑殺他命，悲號入地獄……億載苦萬端，傷心不可錄。」歡歡喜喜地殺害眾生，最後定會痛苦哀號地墮入地獄，千百萬年中所受的痛苦，實在無法用筆墨來描述。

現在很多人邪見深重，有了邪見以後，什麼罪業都敢造。尤其是殺生方面，根本不懼來世的果報。記得《灌頂經》中說過：「邪見殺眾生，百魅皆得祠，墮罪入地獄，億劫無出時。」以邪見殺害眾生的話，千百萬魔眾可趁機害你，將來必定墮入地獄，億萬劫無有解脫之時。可現在人對此沒什麼感覺，一說地獄的話，他們的第一反應就是：「不可能吧！」這也與其教育環境、父母家庭等有關。這樣的人我見過不少，包括有些出家人，在跟他們交談時，發現他們表面上承認善惡有報，

(112)《正法念處經》云：「又復（殺生有）三種，所謂貪作、嗔作、癡作。彼貪作者，所謂獵等；彼嗔作者，所謂下性；彼癡作者，外道齋等。」

畢竟剃了光頭、穿了袈裟，不承認也會遭人恥笑，但實際上，他內心中並不怕墮地獄。既然出家人都是如此，那居士就更不用說了；如果居士都是這樣，非佛教徒中了知取捨因果的有多少？可想而知。

我有時候覺得，自己傳法只是個形象而已，許多人聽後，連因果正見都很難建立，大圓滿、大中觀離四邊八戲的見解，更是遙遙無期、望塵莫及了。假如你連因果正見的基礎都沒有，那連小乘的佛教徒都不如。有些人口口聲聲自詡為大乘行人，看不起小乘，但其實在小乘中，他們將輪迴視為火宅，出離心是有的，因果不虛的正見也在相續中完整地存在。可是我們看一看自己，且不論密法中高深莫測的見解、行為、修行，就連最基本的因果正見，通常都很缺乏。倘若你連小學的基礎也沒有，卻妄圖一步登天，想要掌握大學本科的最高學問，那簡直是癡人說夢。

所以，你們有些人不要認為自己修行不錯了，聽《前行》、《藏傳淨土法》的時候，拿一本小說在旁邊看，覺得：「我是大學生，這沒什麼可學的。天天都講因果不虛，這些我早就懂！」雖然你文字上也許懂，但若沒有產生定解，不一定是真的懂。即使你對此產生了定解，行為上不注意取捨的話，懂得這些又有什麼意義？你們應該捫心自問！

言歸正傳，在殺生中，最嚴重的就是殺父、殺母、殺阿羅漢，這三類殺業被稱為「無間業」。這種彌天大罪，是死後不經中陰直墮無間地獄的因。佛經中也講了(113)，上等殺生是殺阿羅漢、父母等，中等殺生是殺住道者，下等殺生是殺人和旁生。所以，上等殺生的果報最可怕。

現在有些人認為，只要沒有親自動手殺，就不會有殺生的罪業。但實際上，無論層次高低、力量強弱，我們每個人都無一例外殺過生，不說別的，單單是夏天外出時，腳下踩死的小含生就根本數不清。漢地的《毗尼日用》中，就有行步不傷蟲蟻咒，即每天早上未下床時，先默念數聲佛號，隨後念偈頌：「從朝寅旦直至暮，一切眾生自回護，若於足下喪其形，願汝即時生淨土。」再念咒語「唵逸帝律尼莎訶」三遍，然後投足於地，則無誤傷之患。當然，《俱舍論》及麥彭仁波切的《中觀莊嚴論釋》中也講過，罪業有積與不積之別(114)，腳下無意踩死小蟲，就屬於作已不積業，即便殺了生，罪業也不是很嚴重。

但如果你明知殺生的過患，自己不敢殺，卻慫恿別人去殺，這種罪業就很大。上師如意寶講《前行》時說

(113)《正法念處經》云：「彼（殺生）有三種：謂上、中、下。所言上者，殺羅漢等，墮阿鼻獄；所言中者，殺住道人；所言下者，殺不善人，及殺畜生。」

(114)《俱舍論講記》中，從作、積的角度，將業分為四種：作已積集業、作已不積業、積而未作業、未積未作業。

過，在「文革」期間，藏地有些沒聞思過的出家人，沒有人身自由，別人逼著他殺生時，他認為出家人不能殺，就讓別人替他殺，這種做法很不合理，說明他沒有因果正見。其實，縱然你沒有親自殺，但若間接損害了有情的生命，自己最終也要感受苦果。

梁武帝就是一個典型的例子。《水鏡回天錄》中記載：有一次，梁武帝問誌公禪師：「我的壽命還有多長？」禪師回答：「等我圓寂之後，你會為我造個塔。什麼時候塔損壞了，什麼時候你的壽命就到頭了。」誌公禪師圓寂以後，梁武帝果然造了一座木塔。後來他想起這個預言，覺得木塔不結實，石塔會更結實一點，就把木塔拆了，準備重新造石塔。就在這時，侯景造反奪了帝位，把他囚禁於台城，他就在那裡餓死了。

很多人聽了這個故事，覺得梁武帝一生崇信佛教、廣行善法，對佛教的貢獻那麼大，結果卻不得善終，於是開始對佛教生邪見。其實這種想法是錯誤的，梁武帝之所以有如此下場，也是源於他前世的業力：他前世是位修行人，終年在山洞裡閉關。當時他養了一隻猴子，這猴子很頑皮，也很通人性，他每次坐禪打瞌睡，猴子就弄個動靜，把他弄醒。後來他境界很不錯時，每次剛一入定，猴子又以為他睡著了，仍舊故伎重施，想辦法擾亂他。日子久了，他很討厭這猴子，有次要入定之前，就把牠圈到旁邊的山洞裡，用石頭堵起來。結果沒

大圓滿前行廣釋（四）附大圓滿前行實修法

想到，他一入定就是好幾天，（就像以前藏王的國師釀‧登珍桑波，經常連續入定七天，很了不起。他具有肉眼通，能遙視到印度有靜命論師、布瑪莫扎，並把他們請來藏地。曾有位法師在桑耶青浦閉關時，說他的眼睛不好，我就跟他開玩笑：「釀‧登珍桑波在這兒閉關時，眼睛好得不得了，都能看到印度，你眼睛怎麼會不好？」）等出定時去看猴子，牠早已被餓死了。由於他有一些修行境界，故來世轉生做了皇帝，並喜歡行持善法，但因為他把猴子堵死在山洞裡，最後也被侯景圈在台城裡餓死了。這即是報應循環，絲毫不爽。

　　大家也應該想一想，在這一生中，可能不小心也殺過生，罪業沒有懺淨之前，遲早都會報應到自己身上。聽說有些道友抓住老鼠後，把牠放在別的地方，結果不慎被人踩死了。這種間接導致眾生被殺的行為，確實非常可怕，倘若沒有懺悔清淨，這些罪業肯定在前方等著你。

　　特別值得一提的是，在過去，有些上師和僧人被迎請至施主家時，施主宰殺家畜、烹調血肉供養他們。這時，僧人們對殘殺眾生之舉，既沒有一絲一毫追悔之心，也無有一點一滴惻隱之情，只是貪愛血肉的美味，開心地大吃大喝，這樣一來，施主和福田將無任何差別地獲得同等殺生罪業。

　　供奉血肉的傳統，以前在藏地確實有，這是個別修

第五十九節課

行人的不良行為，我們也應就事論事，沒有必要隱瞞。而如今，藏傳佛教在這方面有了很好的轉變，除極個別寺院和在家人以外，一般來講，特意殺生供奉出家人和上師的習慣，已經逐漸隱沒了。

往昔的歷史，我們沒辦法抹殺，但這也並不是非常普遍。我曾在有些書裡說過，像如來芽尊者、華智仁波切、班瑪登德等高僧大德，從傳記中看，他們嚴厲譴責血肉供養和食用。當然，也有部分施主確實不明道理，不了解殺生的極大過失。上師若明知這一點，但為了護持施主的心，故意隱瞞不說，這是不合理的。作為上師，應該明白哪些該做、哪些不能做，如果你捨不得說施主，害怕說了以後，他不接受、不開心，便一味地隨順他：「對對對，你還是做吧，沒事沒事。」這是非常不負責任的態度！

《雜譬喻經》中專門有個公案，就講了這方面的道理[115]：以前有一位上師，他有個施主，家裡以殺豬為業。上師常年在他家受供，明知殺生不好，但為了迎合他的心，從來沒有勸誡過。後來施主的父親死後墮入鬼道，成了河中水鬼，因為生前殺生的業力，時時遭受砍割的痛苦，苦不堪言。

一次，這位上師乘船過恆河，水鬼突然出現並拉住船，要求把那上師扔到河裡才肯放行。船夫詢問原因，

[115]證嚴法師也講過，即《修道人與水鬼》的故事。

大圓滿前行廣釋（四）附大圓滿前行實修法

水鬼說：「過去我家一直供養這位上師，數年以來，他從未告誡我殺生之過，令我今日受此苦報，心中著實怨恨。」船夫聽了，對水鬼說：「你生前只是殺旁生，就要遭受這樣的痛苦，今日如果殺了出家人，果報豈不是更可怕？」水鬼回答：「我也知道這個道理，但實在太氣憤了。除非你們為我布施修福，並呼喚我的名字作迴向。」船上的人都答應了，水鬼也就放手了。上了岸以後，那上師馬上念經作迴向，船夫等人也都作福迴向，最終遣除了水鬼的痛苦。

可見，不管是出家人還是居士，假如見到熟人的惡行，還是應該指出來。至於接不接受，那是他的事情。但作為你來講，因為明白因果取捨，而別人卻不明白，所以還是要給他講清楚。

這裡也說了，假如施主作血肉供養，而上師不但不遮止，反而高高興興地接受，那上師和施主同樣有殺生的罪業。《楞伽經》中亦云：「為利殺眾生，以財網諸肉，二俱是惡業，死墮叫呼獄。」有些人為了利潤而殺生，有些人為了買肉而付錢，這兩者有同等的罪業，死後都會墮入號叫地獄。

以前藏地確有不太好的習慣，非常希望入藏求學的漢族道友，一定要明白吃肉的過失，並將此惡習逐漸改變過來，這樣才不會造罪業。現在很多人有吃肉的習氣，但吃肉並不是很美好的事，《入楞伽經》中說得

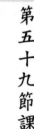

很清楚：「肉非美好，肉不清淨，生諸罪惡，敗諸功德。」然儘管如此，這個習慣一下子改過來，對有些人來講也有一定困難。可就算你不能完全戒除，今後盡量減少吃肉，對自己也有莫大的利益。

現在很多大人物、大官員，無論到哪裡，款待他們的都是無數生命。聽說有些地方按賓客身分的高低，接待分為上、中、下三等：上等全是肉食，中等是一半素菜一半肉食，下等三分之一是肉食。這樣要殺多少眾生，大家可想而知。尤其是有些省級的高層領導，到各個城市視察時，提前要殺很多眾生來迎接他。有一次我在南方，就看到過這樣的場面：當時我們在飯店吃素菜，但旁邊為款待一個領導，安排了十幾桌，全部都是肉。當時我就想：「哎喲，光是這一頓飯，足以讓他多生累劫不能解脫！」所以，相信因果的人看到這種排場，內心不但不羨慕，反而會替他擔憂。

下面講藏地生活的具體狀況：在藏地，富翁們的牛羊無論有多少，這些牛羊衰老時，幾乎個個都免不了被宰殺的命運，自然死亡的也就一兩個，因此殺生不計其數。尤其在阿壩草原、若爾蓋草原，富裕的牧民擁有成群結隊的牛羊，他們天天歌聲嘹亮，但在這美麗畫面的背後，卻有無量眾生被宰殺，血腥殘忍，慘不忍睹。以前我去那裡放生時，常聽說某某家一年殺了多少牛羊，

聽起來覺得特別可怕。

不僅如此，到了春天，蟲蠅、螞蟻、魚兒和青蛙等，被牛羊連同草料一起吞進肚裡，或者被前蹄後蹄踐踏而喪命，包括在馬糞、牛糞中死亡的含生也數不勝數。雖然這些不是主人直接所殺，但牛羊是他養的，間接也有一定罪過，因而這些殺生罪業，也將一併落到他的頭上。從這個角度而言，作為牧民真的很可憐。（這種感受，你們很多人不一定能體會。但若想一想那些開餐廳的人，尤其是海邊的飯店老闆，這種罪業就不難想像了。）

特別是，與牛、馬等牲口比起來，羊更是無盡罪業的來源。作為羊隻本身，平時要以小蛇、青蛙、鳥蛋等為食——我以前沒放過羊，對此不太清楚，但華智仁波切生活在石渠，那裡的羊多，故比較了解這些事情。不過那天我們經過石渠時，基本看不到羊群了，大家還在車裡討論：「華智仁波切時代，這裡的羊特別多，怎麼現在看不到了？」

春天人們進行毛紡時，每隻羊的背上，大約有十萬含生全部喪命；冬季產羊羔時，有一半的羊羔剛出生便被宰殺，皮被製成了羔兒皮的帽子、衣服。這樣的衣帽，很多富人甚至高僧大德都喜歡，這確實是藏族的不良習俗，相信以後會漸漸改變。漢地過去也流行穿皮草和皮衣，但遭到世界動物保護組織的譴責，及各地示威遊行以後，如今也有所好轉。

除了小羊羔被殺以外，所有母羊在精華沒有耗盡之前，都被用來擠奶或哺育羊羔，一旦老朽不中用了，就會被無情地宰殺，皮肉被主人享用。而所有的公羊，因為不產小羊羔，所以無論何時都只有死路一條，以致有些牧區根本看不到公羊，平時在路上見到的，幾乎都是母羊。而且羊一般身上都會長蝨子，主人在剪羊毛時，每隻羊背上大約一億含生會喪命。因此，華智仁波切說過：「擁有一百頭以上羊隻的主人，必將墮入一次地獄。」

再看看依靠女人所造的殺業：女人長大成人、與人訂婚後，以前在石渠一帶，男方奉送聘禮、結婚迎娶等時，要宰殺無數的羊隻。而漢地大城市裡，除了極個別佛教徒以外，婚宴全用素食的也幾乎沒有，而且婚禮越隆重，殺的眾生就越多。

2002年，美國電影製片人吉斯特，娶了奧斯卡獎得主明尼利，婚禮支出約350萬美金，並請來好萊塢著名的傑克遜和泰勒擔任伴郎、伴娘。儘管奢華至此，但兩人的婚姻僅在一年後便不幸告終。我想這場婚禮肯定不會是素宴，必定殺了無量眾生，而且殺生的數量，也不是小型婚禮所能相比的。

此外，香港的李家誠2006年結婚時，花了7億港元。且不論這場婚禮的豪華程度，僅僅是筵席中所殺的眾生，就令人感到可怕萬分。現在人的貪婪無有止境，

大圓滿前行廣釋（四）附大圓滿前行實修法

殺生的量也不像古人那樣，只是偶爾殺幾隻羊、一頭犛牛。如今很多奢華婚禮，動輒就迎請成千上萬的賓客，而且這些人也有頭有臉，不可能用蔬菜就把他們打發了。

這些人雖然看似風光無限，但卻不知這些罪業所帶來的痛苦。《金剛經功德》曾講過一個故事：一個女人嫁人後不久就死去，她的神識託夢給父母說：「我一生中沒造什麼惡業，唯有在辦婚事時，宰殺了很多山羊、綿羊，以此感召如今的大苦受。你們若為我念《金剛經》，我就會脫離此苦。」於是父母為女兒讀誦了《金剛經》。七天後的夜裡，父母在睡夢中見到佛陀，佛陀告訴他們：「因念誦《金剛經》之福德，你們女兒已得解脫，現已轉生為人。」

大家也可以想一想，以前你們在家或結婚時，有沒有殺害過眾生？如今懺悔了沒有？如果沒有，即使是間接殺生的罪業，後世也要承受它的果報。因此，我們不可不慎！

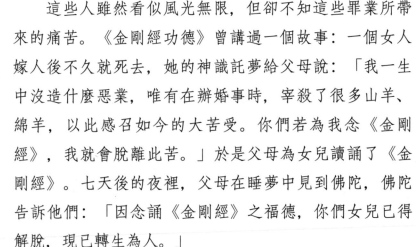

第六十節課

下面繼續講十不善業中的殺生。

平時我們逢年過節、宴請賓客，其實造的殺業也非常嚴重。但在《前行》中，此處只是以藏族女人為例，說明即使是女人，殺生也相當可怕。

昨天講了，藏族女人在結婚時，男方要宰殺無數羊隻。從此之後，女人每次回娘家，家人也要殺一個眾生來款待她。而且親友們在宴請她時，如果擺上其他食品，像三白三甜⑯、奶渣、酸奶、蔬菜、糌粑等，這個狡詐女人一點也不滿意，根本不會張開嘴動動腮來吃，好像一吃素就拉肚子，對此根本沒有胃口。就算勉強吃一兩口，感覺也吞不下去。

但假如宰了一隻肥肥的羊，將羊的胸脯、腸子等放在她面前，這時再看這個紅面羅剎女，二郎腳一蹺，掏出小刀就津津有味地吃了起來。第二天，她還要背著血淋淋的全牲肉⑰，好像獵人返家一樣回去了。每次回家，都是空手而來、滿載而歸，真比獵人還厲害。（獵人出去打獵，有時還會空手而歸。可這些女人每次一回家，百分之百都能帶著肉回去。）

我前面也講過，藏地曾有酷愛吃肉的傳統，這非常

大圓滿前行廣釋（四）附大圓滿前行實修法

---

⑯三白三甜：牛奶、乳酪、酥油為三白，冰糖、蔗糖、蜂蜜為三甜。
⑰全牲肉：指牛羊肉腔。

不好。但不可否認的是，由於地理、交通、氣候等原因，當時蔬菜、糧食等食品欠缺，跟現在的狀況完全不同。然即使如此，作為女人，殺生還是特別可怕。一般來說，女人的膽子比男人小，性情也溫柔，可是在殺生方面，女人有時候比男人還凶。我看漢地也是這樣，好多屠夫都是女人，雖說她們不像男人那樣，有力氣殺豬、殺羊、殺牛，但卻經常殺雞、殺黃鱔，這方面確實特別厲害。

如今，漢地的殺生非常嚴重，而且手段千奇百怪。聽說在浙江的瑞安市，有個小村子叫「食蟻村」，村裡近千人中，70%都愛吃螞蟻。這裡的家家戶戶先到山上找蟻巢，找到後就把蟻巢塞進袋子，再回家倒進一個鐵製的圓筒裡，放在大火上蒸，之後就曬乾了吃。村民們的吃法多種多樣，曬乾、蒸熟、生吃、泡酒⋯⋯不一而足。他們認為吃螞蟻能提高免疫力、強身健體、延年益壽，有各種各樣的邪說。所以，現在人有時候看起來，真的特別可怕。

尤其是有些女人，看上去賢惠溫順、知書達理，可吃起動物來卻極其殘忍，潔白的牙齒上不時滴下鮮血，讓人看了十分恐懼。對於老虎吃人，人們稱牠是凶惡的動物，但人吃了那麼多眾生，卻不稱人是凶惡的。其實仔細想一下，世界上人類才是最可怕的，而且人類只關心自己，並不在乎其他生命。你看玉樹地震死了幾千人，全世界就非常關注，各大新聞媒體的報道中，都說他們如何如何可憐。然而，屠宰場、菜市場每天宰殺那麼多眾生，牠們的

生命跟我們沒有差別，許多人卻對此無動於衷，沒有一個平等的法律去保護牠們，這是很不公平的。

因此，在這個世間上，吃其他眾生的行為非常不好。不過在改變這些惡行方面，佛教徒起到了良好的作用，希望今後對於戒殺放生、斷肉茹素，大家更應該重視起來。否則，有些學佛多年的居士，只知道殺人要受法律懲罰，卻不知殺旁生要受因果懲罰，親手殺害動物或蟲類覺得無所謂，對於這種錯誤、顛倒的認識，我們有責任幫他們改過來。

而且，作為女性來講，一定要有悲心。沒有悲心的藏地女人，華智仁波切稱之為「紅面羅剎」，那麼以此類推，漢地女人如果沒有悲心，就應該叫「白面羅剎」了，也是羅剎的一種顯現。

現在許多人可能覺得，自己沒有真正殺生，就不會有這方面的過失。但實際上只是你忽略了而已，如果在生活中細緻地觀察，就會知道自己一生中有意無意造了許多殺業，剝奪了許多眾生的寶貴生命。要知道，殺生是最可怕的罪業，因為在這個世界上，最可貴的就是生命。《大智度論》中有個故事說(118)：一個人到大海取寶，因為船隻毀壞，所有寶物都沉到海裡去了，幸好他自己

---

(118)《大智度論》云：「復次殺為罪中之重，何以故？人有死急，不惜重寶，但以活命為先。譬如賈客入海採寶，垂出大海其船卒壞，珍寶失盡，而自喜慶舉手而言：幾失大寶。眾人怪言：汝失財物，裸形得脫，云何喜言幾失大寶？答言：一切寶中人命第一，人為命故求財，不為財故求命。」

安然無恙。他回去後高興地告訴大家：「我差點失去了大寶！」眾人譏笑他：「你的珍寶都掉到海裡了，什麼寶貝都沒了，怎麼還說『差點失去大寶』？」他回答：「一切寶之中，人的生命第一。人是為了生命而求財，並不為了財富而求命。」

可見，世間上生命最珍貴，這一點，不論蟲類、人類都是平等的。眾生的軀體雖有大小，但苦樂的感受並無差別。大人被殺時很痛苦，小孩被殺時也一樣。同理可知，小蟲雖然身體微小，但被殺害的時候，也照樣有劇烈的苦受。所以，這種被殺的痛苦，不分民族、不分國度、不分膚色、不分種類，只要來到這個世間，每個眾生都會同樣畏懼。除了獲得無上境界的聖者以外，大大小小的眾生都貪生怕死，這也是一種天性使然。假如誰肆無忌憚地踐踏生命，那絕對值得唾棄，而且他所散發出來的戾氣，會令一切眾生感到恐怖。

《大智度論》云：「好殺之人，有命之屬皆不喜見；若不好殺，一切眾生皆樂依附。」喜歡殺生的人，有生命的有情都不喜見到他；不愛殺生的人，眾生看到他會有安全感，都願意接近他。其實這也的確如此，以殺生為業的屠夫，晚上住在你家，你都會心驚膽戰，擔心他半夜三更謀財害命；而如果是個利益眾生的人，他會有一種祥和的氣質，大家都樂意與之相處。所以，不管是男人、女人，一定要培養愛眾生的心。

下面看看，兒童們又是怎樣造殺業的呢？這些孩子遊戲玩耍時，在看見或沒看見當中，所殺的生命數也數不清，甚至在夏季手持牛鞭抽打大地時，打死的含生不計其數。

在童年生活裡，除了從小就成熟大乘佛性者以外，許多孩子都殺過青蛙、蝌蚪、蜻蜓、蝴蝶、蚯蚓、螞蟻等。不過，現在的城市裡，人口密集、高樓林立，除了學校的水泥操場外，孩子們見不到綠油油的大自然了，所以，殺害小蟲的機會可能少一點。然即便如此，如果孩子從小沒有善良的天性，後天也不培養慈悲心，那他小時候會殺小雞、小鳥雀、小兔，長大後就會殺牛、殺馬、殺獅子、殺大象，甚至一旦成了科學家，還可能會製造原子彈、核武器，殺害無量無邊的眾生。

所以，孩童一定要接受慈悲的教育，至少也應要求他不准殺生，如果殺生就必須懲罰。今天來了很多老師，聽說你們對不交作業的孩子打手板，一、二、三、四、五、六……兩百、三百、四百、五百、六百一直打。這樣雖然也可以，但如果誰殺一個眾生，就更需要打了。除了強行懲罰以外，當然還要給他們講授佛教的道理，以令其從小就懂得，自己愛惜自己的生命，其他眾生也是如此，如此可慢慢培養他們的慈悲心。

去年過「六一」兒童節，我讓很多城市裡的孩子在家長帶領下，放生、念佛、磕頭、供燈、唱佛歌、跳佛

大圓滿前行廣釋（四）附大圓滿前行實修法

教舞蹈等，參與各種大乘佛教的活動，以培養其慈悲、和諧、護生的理念。今年的「六一」還有近一個月就到了，我仍然要求各地組織類似的活動，讓孩子從小就播下慈悲心、愛眾生的種子，這對他們一生來講，比什麼都重要！

一般來講，小學、中學的記憶，在人的一生中都不會忘。各位回顧一下就會發現，自己在小學、中學時的經歷，到現在仍記憶猶新，而過後所發生的事，大多數都已淡忘了。正是基於這種特點，我們如今把國學與佛學結合起來，通過動畫片、朗誦等方式，讓孩子從小種下慈悲的種子。這樣等他長大之後，即使沒有財富、地位、名聲，也會具有善心、菩提心，成為一個大乘種性的人，我認為這比什麼都有意義。

其實，關愛自己身邊的孩童，每位道友都有責任，因為他們的命運與你息息相關，此時救他們還來得及。如果你真去做了，也許一個微小的行為、一件簡單的事情，對他一生乃至生生世世，都會起到非常大的作用。

今天來了不少智悲小學的老師。你們和高僧大德的功德相比，所做的事似乎微不足道，但實際上，你們跟高僧大德一樣了不起。我曾聽過青海一位小學老師的演講，他說：「我當老師三十多年了，在這期間，所做的每一件事情都是為了這些孩子。因為他們是未來世間主要事業的創造者，是我們民族文化的弘揚者。」因此，

第六十節課

不管是大人、小孩，很多人將來的慧命都掌握在我們手裡。希望大家共同發心，一起關心身邊的人，尤其是兒童。

對兒童來說，如果能得到慈悲的教育，前途必然很光明，否則，順著惡習發展下去，可能一生就毀了。明朝的《好生錄》中，就記載了一則小孩殺生現世現報的公案：冀州有一小孩，生性喜歡殺生，尤其愛從鳥巢掏鳥蛋吃。一天有人告訴他：「某某地方有鳥蛋，跟我去掏吧。」隨即把他帶到了桑田。小孩忽然見道邊有個城市，裡面好像很熱鬧，就暗自納悶：「何時冒出來這麼個城市？」那人把他帶進城中，城門突然關了，整座城的地面變成熱鐵，他的腳燃燒起來，痛不可忍。小孩哭號著跑來跑去，跑到東門，東門關了；跑到西門，西門關了，南門、北門也是如此。當時有個採桑的人，見這孩子在田裡邊哭邊跑，以為他瘋了，就告訴他的父親。父親來了以後，呼喚他的名字，他應聲後昏厥在地，城市和火一下子消失了。父親查看孩子的腿，發現膝蓋以下都燒爛了。抱回去調養後，那些被燒的地方成了枯骨，一輩子都沒有恢復。

所以，有些孩子突然得怪病，怎麼樣都治不好，甚至落下殘疾或因此死去，這都與他殺生的業力有關。作為父母，若想孩子將來成為社會棟梁，就要從小灌輸良好的教育，不然，孩子長大後會成為什麼樣的人，真的

不好說。我們作為大乘行人，既然脫離不了這個社會，就要關心周圍的眾生，不能天天只想著「我吃什麼，我怎麼樣睡覺……」，如果除了「我」以外，沒有一個利他心的話，那絕對不是大乘種性者！

總之，現在很多人特別殘忍，整天以殺生來過日子，簡直和羅剎一樣慘無人道。像大城市裡有些人，可以說跟獵人、屠夫差不多。為什麼呢？因為他們一日三餐吃很多動物，尤其是住在海邊的，每頓飯都要殺無數生命，這樣的話，跟偶爾才打到獵物的獵人相比，這種人甚至更為可怕。

就拿母牛來說，牠一生為人類所使用，以身體的精華為我們提供牛奶，如同父母親一樣養育我們，可謂恩深似海。可我們又是怎樣對待牠們的呢？等牠們老了以後殺掉，喝牠們的血，吃牠們的肉。想到這些，人類簡直比羅剎更狠、更惡劣。（羅剎也分兩種：一種吃自己的孩子；一種不吃，而且稍有悲憫心，並非直接去殺害眾生。）

藏地有個家喻戶曉的故事，就說明了這個道理：曾有一個盜賊，被追趕時躲在森林裡，晚上準備去附近的牧民家偷宰犛牛。由於惡業所感，他遇上了魔鬼，交談之後，得知魔鬼也是來害牛的。盜賊說：「既然你是魔鬼，應該神通廣大，那你去殺吧，我在這兒燒水等你。」於是魔鬼就去了。接近黎明時，魔鬼才回來，但

第六十節課

兩手空空。

盜賊問：「事情辦成了沒有？」魔鬼說：「辦成了。」「那牛肉呢？」魔鬼說：「現在還不行。我只是把一塊木屑扎入那頭牛的蹄中，不久就會化膿，化膿後就會感染，那頭牛很快會死掉。」

盜賊不滿意地說：「這也太慢了，還要等那麼長時間。乾脆我去吧，你等著！」他去了以後，便偷宰了一頭牛，很快把血淋淋的牛肉扛回樹林中。魔鬼驚訝地說：「這麼快！莫非你是比我還厲害的鬼？」魔鬼不敢吃牛肉，遠遠地跑開了。

由此可見，有時候人比魔鬼還可怕。魔鬼殺害眾生，尚要觀察時間、因緣，待機緣成熟時，通過散播瘟疫、製造自然災害等，慢慢地達成所願。而我們人類，想要殺生的話，當場就可以殺掉、吃掉，一進餐廳就會看到種種恐怖的情景。這種人沒有任何悲憫之心，只想著自己的口腹之欲，所以在這方面，人的確比魔鬼還惡劣。

而且，造殺業的人，一旦具足了四種支分，必然會圓滿感受殺生的報應。這一點非常重要，學戒律時經常講，最近講《藏傳淨土法》時也提到過。很多人不明白自己是否圓滿造過殺生的罪業，下面就講一下這個道理。

那什麼是四種支分呢？舉個例子來說，比如一個獵

人獵殺野獸，首先他親眼見到一個獐子或鹿子時，認準了這是某某野獸，就是明確所殺的對象，即第一支分。

（如果對境搞錯了，比如布什想殺本・拉登，結果卻殺錯了人，就不能圓滿這一支分。但薩達姆被殺時沒有認錯，這就是認準了對境。）

然後，對這個野獸，生起想殺牠的動機，這是生起欲殺之意樂，即第二支分。

之後，獵人用火箭、槍等，擊中牠的要害，這稱為加行採取行動，也就是第三支分。

緊接著斷絕那個野獸的命根，使牠身心的聚合瓦解，這叫做究竟絕斷命根，即第四支分。

如果具足了這四種條件，也就圓滿了殺害眾生的罪業。

或者，再拿宰殺被人飼養的羊來說，首先主人告訴僕人或屠夫，今天為了請客人吃火鍋，要殺一隻羊，此時明確認知所殺的眾生是羊，而不是犛牛，就已具足了第一支分。

他心裡有要殺某隻羊的念頭時，說明已生起殺心的意樂，這樣就具足了第二支分。

屠宰者拿著一根繩子，前去捉住將要殺的那隻羊，隨即把牠翻倒在地，再用皮繩將牠的前後蹄捆得結結實實，接著又用細繩勒住牠的口鼻，使之閉氣，這是在採取殺生行動，已經具足了第三支分。

（在藏地，以前殺牛殺羊都採用閉氣的方法。據說從閉氣到死亡，一般需要十分鐘左右，被殺的眾生死時特別痛苦。若是用刀割斷喉嚨，三四分鐘之內會死；而如果是電擊，一瞬間就死了，這也是國際上執行死刑的通用方式。其實，如果你對一個眾生非殺不可，減輕牠的痛苦非常重要，而且這個時間應該越短越好。

法王如意寶在課堂上也講過，道孚那一帶，有個上師叫沃色，他的悲心極為強烈。他到竹欽寺求學時，聽說那裡殺牛有個技巧：牛脖了後有一條脈絡，如果用刀或銼刺入，牛一倒地就死掉了。他回去後就跟老鄉說：「你們如果實在要殺犛牛，就用這種方式吧。」後來有些人專門誹謗他：「我們某某上師出去求學，該學的佛法不學，不該學的殺牛法倒學會了，還回到家鄉弘揚！」對於這位上師的做法，法王如意寶說：「大菩薩教人殺牛的方法，也許會直接或間接染上罪業。但不管怎麼樣，這能夠減輕眾生的痛苦。」

現在很多屠宰場裡，殺牛的方法極其殘忍。看過《慈悲之旅》的道友都清楚，那些屠夫割斷犛牛的喉管，甚至砍下頭以後，犛牛的眼睛還在轉動，肌肉也在顫抖，可見，這種氣息分解的痛苦非常難忍。有時候我也在想，現在科學這麼發達，如果這些牛非要被殺，能不能用電擊的方法，以減輕這些眾生的痛苦？要知道，我們生病的痛苦跟死亡的痛苦完全不同，如果你平時連生病都無法忍受，死亡時就更不用說了。所以，有時候看見那些可憐眾生，我們也不能只顧自己，應該多為牠們想一想。）

最後，那隻羊帶著氣息分解的強烈痛苦，內外呼吸都已經中斷，瞠目直視，眼淚汪汪，屍體被拖到室內

時，這是究竟斷絕命根，此時已具足了第四支分。

緊接著再看，主人用鋒利的刀子剝皮時，那個牲口的肌肉還在一陣陣顫動，這說明當時能遍的風還沒有完全消盡，所以和活著一模一樣。這時主人又立即將鮮肉放在火裡燒烤，或者放在爐灶上燉煮，然後開始大模大樣吃起來。如果想到這些，生吞活剝有情的這些人，簡直與凶殘暴虐的猛獸沒有兩樣，尤其對眾生的殘暴虐待、殺害，實在到了無法容忍的地步。

往昔藏地是有這種特別可惡的行為，牲畜還沒有死，肉就一塊塊地切下來，開始煮著吃。但現在世界很多地方，更是有過之而無不及，動物活著時所受的虐待，比死亡更可怕。大家都知道，鵝肝醬是法國一種著名料理，它與魚子醬、松露並稱為「世界三大珍饈」。鵝肝醬的主要材料是鵝肝，據說這種鵝肝比普通鵝肝要大十倍，它是強行灌食的一種產物。人們為了得到肥大的肝臟，每天兩到三次，用鐵管將食物直接灌入鵝的食道，使大量過剩的脂肪在其肝臟積聚。灌食的過程中，鵝要承受極大的痛楚，但人們為了鵝肝，簡直不擇手段，根本不管這些。

肯德基的雞腿也是如此。聽說那些雞身小、無毛，雞腿被加入藥物後一直膨脹、膨脹，在這期間，雞死也死不了，活也活不了，非常痛苦。如果吃了這種雞腿，那些亂七八糟的藥定會進入我們身體，現在之所以有那

麼多無法治療的怪病，實際上也是人類自作自受。

如今人們口口聲聲宣揚「世界和平」，但看看這些動物的遭遇，就知道這個世界很難和平。為什麼呢？因為和平的根本因是大悲心，沒有它的話，要想人與人之間、國家與國家之間、民族與民族之間和諧共處，根本不現實。因此，大悲心對人類生存非常重要，它是眾生安樂之源。《華嚴經》云：「慈悲甚彌廣，安樂諸群生。」倘若我們的慈悲心極其廣大深遠，就會給所有眾生帶來快樂、幸福和安寧。否則，少了它的話，口頭上說得再好聽，也無法給自他帶來今生與來世的美好。《大丈夫論》[119]也說：「如是慈悲施，功德無窮盡，如此微妙施，安樂諸眾生。」

因此，大家一定要發慈悲心，即使你無法守持其他戒律，但不殺眾生、具慈悲心的戒條，作為大乘佛教徒也不能捨棄。《阿難請問經》中亦云：「不捨一法，即守持一切勝法。何為不捨一法？不捨一切眾生是也。」如果我們境界再高一點，就應該經常修慈悲心。《大般涅槃經》說：「若能於眾生，晝夜常修慈，因是得常樂，以不惱他故。」假如對眾生長期修慈悲心，由於不

大圓滿前行廣釋（四）附大圓滿前行實修法

---

[119]《大丈夫論》：提婆羅菩薩造，北涼・道泰譯。收於《大正藏》第三十冊。今僅存漢譯本，梵本及藏譯本均未發現。全書分成二十九品，旨在讚歎勸說由悲心而起的布施，是大丈夫行，是佛果的最勝因；尤其排斥只求一己解脫的阿羅漢道，強調以救渡一切眾生為念的菩薩道之價值，以及徹底發揮利他主義的大乘精神。所謂大丈夫，依本論《大丈夫品》載：「唯能作福無智無悲，名為丈夫；有福有智，名善丈夫；若修福修悲修智，名大丈夫。」

惱害他眾的緣故，自己就會時時處於安樂之中。所以，具慈悲心的人如果越來越多，這個世界就會變成快樂的花園。反之，人們心裡若沒有慈悲喜捨，外在的物質再發達，也不一定有利，甚至會讓人類自取滅亡。

我經常想，若要尋找世界和平的根源，其實就是大乘慈悲心，沒有這顆心的話，不可能真正實現和平。80年代時，藏地有位上師叫莫給桑頓（現已圓寂），在藏族文化界很出名。他也曾說過：「世界和平的命根、中流砥柱，就是大悲心。」當時我們很小，對此並未在意，但現在想來，老修行人的話確實很有價值。其實，不要說世界、國家、民族的和平，僅僅是團體或家庭的和平，也完全依賴於大悲心。具有強烈大悲心的人，與大家共處時自然有種和睦氣氛，否則，處處以自我為中心，時時為了「我」而奮鬥，這個世界永遠不可能和平！

剛才講了圓滿殺生支分的情況，那麼，是不是只要沒有具足這四種支分，就不會染上殺生的過患？並非如此。有些人生起殺害某一眾生的想法，或者口裡也說諸如此類的話，雖然殺生行動沒有得逞，但已具足了知對境、生起意樂這兩種支分。儘管沒有圓滿正行那樣的罪業嚴重，但就如同鏡中映現影像一樣，罪業已經染污了自相續。

因此，我們平時不能想或者說「我要殺了你」，即使開玩笑也不行。有些人在吵架時，動不動就嚷道：「你以後再不注意，我就把你吃掉！」其實，人吃人不是那麼容易的，你這樣威脅別人，就算沒有真正吃人肉，但在你的相續中，吃人肉的惡業種子已「登記」了，這樣不太好。

還有人認為，除非是自己親手殺，若只是唆使別人殺生，並沒有罪業，或者有罪業也微不足道。所以，有些居士在飯店點菜時——「我不點、不點，因為我已經皈依過。你們來點，我喜歡吃什麼什麼魚……」這種行為有點可怕。要知道，就算是隨喜殺生也有同樣的罪業，更何況是唆使他人殺生了？

唆使他人殺生，按小乘戒律來講，罪業跟親自殺生一樣。但在大乘菩薩律儀中，罪業比這更嚴重。為什麼呢？因為自己殺只是自己染上罪過而已，但讓別人殺的話，既害了自己，又害了別人。大乘主要是講利他，因此，這個過失會更大。《決罪福經》云：「人心念善，即有善報；心中念惡，即有惡報……自在所作，自得其報。」可見，一切業皆以心來安立，言行倒在其次。如果慫恿別人殺生，縱然你沒有親自殺，但因為心中起了惡念，所以一定會感受惡報。

因此，大家必須要明白，凡是參與殺生的每個人，都將得到殺生的整個罪業，並不是這一罪業由許多人均

大圓滿前行廣釋（四）附大圓滿前行實修法

分。比如，十個人吃飯時點了一條魚，那麼殺魚的罪業不是由十人來分攤，一人只得十分之一，而是每個人都有殺一條魚的惡業。《俱舍論》中也說：「軍兵等為同一事，一切人均如作者。」倘若擁有一百人的軍隊殺了一個人，那其中每個人都有完整的殺人罪業。（共同作功德，也是同樣如此。）

　　所以，在殺生這方面，大家一定要注意，因為很多罪業是連在一起的，特別可怕。就拿肯德基、麥當勞來說，據2009年統計，麥當勞在120多個國家設有超過3萬家連鎖店，中國有750多家，全世界一天的顧客就有5000多萬人；肯德基在80多個國家擁有11000多家分店，中國就有2000多家。這麼多的連鎖店共同發願：「我們做的炸雞是最優秀的。（肯德基）」「我就喜歡。（麥當勞）」如此，他們的目標是一致的，你在那裡只要吃一次，就和全世界所有連鎖店的殺業連在一起了。

　　大家還敢不敢吃了？真的應該想一想。不然，這兩家每天要殺幾千萬眾生，而且一個是1955年創立，一個是1952年開始，到現在將近五六十年了，這麼長的時間裡不斷殺生，一共殺了多少？實在罄竹難書。你若到這些快餐廳裡，就算只吃一個雞腿，恐怕永遠也得不到解脫。如來芽尊者、華智仁波切都講過，有一百隻羊以上的主人，必定要墮地獄一次，由此亦可推知，這些店主的罪業更是非常可怕了。

第六十節課

此外，聽說在2006年，有個香港明星去一所高校演講，事後校方帶他和工作人員去吃飯，一頓下來竟然吃了三百多斤魚，飯店老闆都驚訝地說他真是「食神」。所以，有時候看城市裡的殺生，的確比藏地或偏僻地方厲害多了。在藏地，正如前面所說，出嫁的女兒回娘家後，最多為她殺一隻羊，然後帶點肉回去。而現在的漢地，每次一到餐館或娛樂場合，在眼花繚亂、紙醉金迷的背後，無數眾生付出了最寶貴的性命。

所以，人類也應該想一想，這個世界到底變成什麼樣了？我們也應反問自己，以前做過什麼對不起眾生的事？前不久，有個道友向我懺悔：「我看了一個佛教故事，上師，實在對不起！」看了個佛教故事，沒什麼可對不起的。但你如果殺害了眾生，那真的是對不起眾生，今後你打算怎麼樣償還，不知道心裡有沒有打算？

總而言之，殺生的罪業確實非常嚴重，我們一定要好好懺悔，並發願在有生之年中，即使餓死，也絕不再故意殺生。聽了這堂課的每一個人，希望都能發這樣的誓言。如果有了這種決心，你以前所造的很多殺業就會逐漸得以清淨！

大圓滿前行廣釋（四）附大圓滿前行實修法

第六十節課

第六十一節課

十不善業中，身不善業之「殺生」講完了，現在講「不與取」。

己二（不與取）分三：一、權威不與取；二、盜竊不與取；三、欺誑不與取。

庚一、權威不與取：

像國王之類勢力強大的人，不是依靠合法稅收，而是以非法暴力強取豪奪他人的資源、礦產、土地等，或動用軍隊明目張膽地掠奪。諸如此類的不與取，叫做權威不與取，或勢力不與取。

如今，世間人的貪婪極其熾盛，據說在2003年，美國就是為了搶奪石油，才對伊拉克發動了戰爭。1840年，外國列強侵占中國領土，勒索巨額賠款，謀取經濟、政治、軍事上的種種特權，也是源於一個「貪」字。這些國家對國家的掠奪，屬於大的「權威不與取」。而在人與人之間，強者奪取弱者的財物，則是小的「權威不與取」。比如在讀書時，自己喜歡的筆、玩具，常被大孩子搶走，而且連說都不敢說，如此光天化日下把他人的東西歸為己有，就屬於這種不與取。

其實不與取這條戒非常嚴格，如果把別人的兩三元錢，明裡暗裡地弄到手中，就已經觸犯了這條戒律。所以，此戒特別容易犯。

大圓滿前行廣釋（四）附大圓滿前行實修法

庚二、盜竊不與取：

諸如盜賊一類的人，趁著主人沒有看見時，偷偷摸摸地竊取飲食、財物等，這叫做盜竊不與取。

在大城市裡，近幾年來，偷盜現象十分常見。有時我們出家人去「人人樂」、「家樂福」等超市買東西，售貨員就寸步不離地盯著，生怕一個不小心，東西就被我們偷走了。有一次我跟售貨員說：「我不會偷，你不用總是跟著。」但聽說他們超市一個月就被偷了一百多次，損失相當嚴重。

這種現象，在學校中也時有發生，不管是衣服、學習用具，常常丟失一些東西。做這種事的孩子，一方面可能是老師沒灌輸正面的教育，另一方面，也是由於個人的不良習氣。如果他從小沒有改正過來，那長大之後，很可能會變本加厲、貪污投機，最終毀壞自己和他人。

對沒有良心的人來說，把別人的財物偷到手裡，自己就覺得非常快樂，但是有良心的人知道，這會讓別人極其痛苦。《大智度論》云：「他物不可觸，譬如大火聚，若盜取他物，其主泣懊惱。」意思是，我們不應盜竊他人的財物，否則，這些將如大火般焚燒你，而且失主也會哭泣懊惱，像發瘋了一樣到處找：「我的錢和卡不見了，怎麼辦！」

現在的社會，盜竊現象相當猖獗。城市裡的人為防

止小偷登門入室，都安上了防盜門、防盜窗，樓房裡有一層層的鐵門，如臨大敵，自己的私人空間搞得像囚牢一樣，怎麼樣都沒有安全感。究其原因，就是因為社會風氣越來越差，人們的道德、良心、善心越來越少，惡心、貪心、嗔心、邪見越來越增盛。這樣一來，即使高樓大廈一年比一年高，轎車、豪宅一年比一年舒適漂亮，但內心的倫理道德日益下滑，人們的快樂反而日益減少。因此，現在大城市的幸福指數越來越低，原因也在這裡。

所以，偷盜是非常不好的惡行，人們從小就應該明白這一點。作為出家人，根本不可能偷東西，除非你隱藏得好，沒被人發現，否則無法待在僧團裡。而在家人的話，有些教育可能是出了問題，個別偏僻地方把盜賊視為英雄，家長見孩子偷了東西，不但不懲罰，反而還一直鼓勵：「真厲害，可以給你獎勵！下次能不能再偷點別的？你現在越來越懂事、越來越聰明了，長大後肯定更了不起，真是個英雄！」這種教育極其顛倒。我們作為人，務必要懂得取捨之理。

庚三、欺誑不與取：

在經商貿易等過程中，用謊話連篇、短斤少兩、非法秤斗(120)等手段，欺騙對方，以獲取他的財物，這叫欺誑不與取。

(120)非法秤斗：私下製造的秤斗。

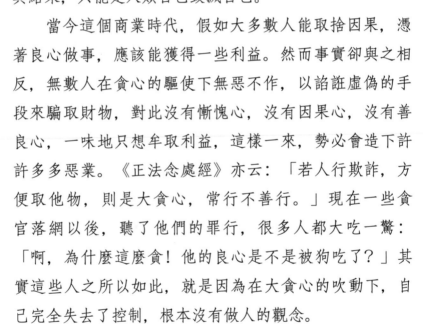

　　諂誑和欺騙，在生意場合中極為常見，可如今，甚至救死扶傷的醫院也無法避免。據有關媒體曝光，一種克林黴素的抗生素出廠價只有4元多，到了醫院就要賣30多元。而且，市場上食品的質量也越來越差。有些食品在申請許可證時，質量還算可以，但後來在經銷的過程中，就偷工減料、唯利是圖了，以至於對人體有利的成分越來越少，有害的東西越來越多。如此不擇手段，其結果，只能是人類自己毀滅自己。

　　當今這個商業時代，假如大多數人能取捨因果，憑著良心做事，應該能獲得一些利益。然而事實卻與之相反，無數人在貪心的驅使下無惡不作，以諂誑虛偽的手段來騙取財物，對此沒有慚愧心，沒有因果心，沒有善良心，一味地只想牟取利益，這樣一來，勢必會造下許許多多惡業。《正法念處經》亦云：「若人行欺詐，方便取他物，則是大貪心，常行不善行。」現在一些貪官落網以後，聽了他們的罪行，很多人都大吃一驚：「啊，為什麼這麼貪！他的良心是不是被狗吃了？」其實這些人之所以如此，就是因為在大貪心的吹動下，自己完全失去了控制，根本沒有做人的觀念。

　　我經常想，世人若能守持佛教最基本的三皈五戒，那麼一定會社會和諧、國家穩定。但可惜的是，大家不知道佛教如此殊勝，不說是一般人，就算萬人之上的國家領導，連五戒有時也守不了，如此，想要對社會、對

第六十一節課

自己做非常有意義的事，肯定相當困難。

　　其實，佛教的戒律，與世間的倫理道德並不相違。且不論比丘、比丘尼的諸多戒條，僅僅是在家居士所受的五戒，對社會有何等利益，大家想想就會明白。比如說，一個大城市的市長或市委書記，若能不殺生、不偷盜、不邪淫、不妄語、不喝酒，那麼在他的任期之內，一般不會出現大的違緣，不會像現在很多官員那樣，到了一定時候，就無法抗拒金錢的誘惑，最後毀壞自己的一切。因此，作為世間人，應當好好思維這些道理。

　　關於盜竊，當前很多人認為，只要沒有親自偷東西，僅僅以經商等欺騙手段賺錢，這不會有什麼過失。但實際上，你若通過爾虞我詐的欺誑手段經商，那無論贏得多少利潤，都與直接偷盜沒有差別。

　　尤其值得提醒的是，當今末法時代，在家人做生意比較正常，但許多出家的僧人，甚至眾人敬仰的高僧大德，若不把經商看成是過患或罪惡，平時也沒有想過聞思修行或利益眾生，只是將畢生精力都放在經商上，整天為此忙得焦頭爛額，還自以為精明能幹，這是十分顛倒的。

　　網上常見有人評論：「某某大德，不是佛法的高僧，而是經商的大老闆。」這或許是無因誹謗，但也可能真實說到了他的過失。不管怎樣，僧人經商很不好，再沒有比這更能毀壞僧人的相續了。佛陀在《發覺淨心

大圓滿前行廣釋（四）附大圓滿前行實修法

經》(121)中也說：「我今出家求利德，莫作諍競生惡心，無有田地及商估，為何事故起諍鬥？」我們出家是為了求功德，最好不要與人競爭、生惡心，如果沒有田地也不經商，又有何事讓我們爭鬥呢？

因此，出家人應當看破世間瑣事，既然已經身披袈裟、剃除鬚髮，就應利益一切眾生，假如還像在家人那樣，想方設法地賺大錢，這是很不應理的。而且，出家人所居住的寺院，也應該是聞思修行、弘法利生的道場，不能借此來牟利斂財。

你們來藏地求學的出家人，以後要將目光放在弘揚佛法上，這對每個人來講最重要。大家應該清楚，上等的修行人，在證悟超勝的開悟境界後，能利益無邊無際的眾生（像藏地有位大德，是噶丹巴的四大弟子之一，他一輩子造了108座寺院；漢地的虛雲老和尚，也是坐擁十五道場，中興六大祖庭，兼承五宗禪門）；中等修行人，維護道場的同時，自己精進修行；下等修行人，整天生出不同的煩惱；最下等的修行人，不但不能利益眾生，反而經常做些損人不利己的事。所以，我們即使現在做不了第一種人，但個別人以後也許能做到。對於他們的境界，自己就算達不到，但也一定要隨喜。

有些人經常說：「一切都是空性的，修道場有什麼

(121)《發覺淨心經》：二卷，隋闍那崛多譯。《大寶積經·發勝志樂會》第二十五之異譯。

用呢？」這種說法不正確。雖然在勝義中萬法皆空，但在世俗中，積累資糧也不能放棄。虛雲老和尚曾講過：「空花佛事時時做，水月道場處處建。」像空中鮮花一樣無自性的佛事，時時都要做；像水月般顯而無實有的佛教道場，處處都要建。寺院如果多了，還是很有好處的。就像在我們藏地，每個山谷下都有小寺院，即便在佛教遭受滅頂之災的年代，這些小寺院對周圍的老百姓，也起到了非常大的作用。

要知道，現在不像過去，宗教政策還是比較寬鬆的，如果各方面因緣具足，尤其在漢地，應該多建一些寺院。假如一個城市有幾百萬人，但只有一座寺院，那用世間的話來講，「根本不能滿足信教群眾的要求」。現在很多人對佛教有信心，每逢初一十五，寺院的門口就人山人海，擠都擠不進去。若能在各地多建一些道場，還是很有意義的。

所以，你們來藏地求學的道友，一旦學好了，還是應該落葉歸根，回到自己的故土。我們藏地也有種說法是：「禽老回原巢，人老歸故土。」到時候，你們如果有能力、有條件，應該修建一些道場。雖說像古大德那樣一人建108座，恐怕不太現實，但一人建一座寺院或精舍，應該是可以的。當然，這些精舍也不能始終關著門，除了自己以外，誰都不讓進，這樣會無法跟眾生結上緣。如果能夠對外開放，周圍起碼會有十幾個人常來

大圓滿前行廣釋（四）附大圓滿前行實修法

聽佛號、學佛法，漸漸給他們的相續種下善根，慈悲和智慧的火焰，就可以一代一代傳下去，這非常有意義。

不然的話，整天把目光和精力放在財富上，這不但不能利益眾生，自己的修行也不會成功。為什麼這樣說呢？你可以想一想，假如整天為了做買賣而四處奔波，必會將求學參學、積資淨障等該做的聞思修行忘得一乾二淨，而且也沒有求學修行的機會，最終跟世人同流合污，自己的良心也會失去。有些出家人今天到香港，明天到北京，逢人就宣傳：「最近我們公司要上市了，應該沒問題。過段時間我準備搞搞關係，跟民政局、商務部的領導見見面。我相信以後的發展肯定更好，不管是整個寺院的規模，還是⋯⋯（不能這樣說，嗡班扎兒薩埵吽！）」

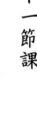

甚至有些出家人，連晚上睡覺都一直在考慮經營的賬目：「這個生意的成本是多少？路費扣多少？每件產品能賺多少？投入資金後，得來的利潤除去國家的稅收、工人的工資、電費、水費、房租，到底能不能賺錢？哦，恐怕有點困難⋯⋯」如此久而久之，自己身不由己地在迷茫中打轉轉，勢必會斷絕信心、出離心、慈悲心等的根本。（雖然他每天想著賺錢、賺錢，結果卻可能是虧錢、虧錢，最後連成本都收不回來。）

從前，米拉日巴尊者來到一座寺院，晚上在一位僧人家中就寢。由於尊者常以普通人的形象雲遊，故那個

僧人不認識他，二人一起吃過晚飯後，就各自休息了。那僧人躺下以後，心裡便展開這樣一幕籌劃：「明天殺一頭犛牛(122)，我該怎麼銷售牠的皮肉呢？牠的頭可以賺這麼多，大腿賺這麼多也沒問題，前腿的肩胛部分可以賺這麼多，小腿也能賺上這麼多……」他將裡裡外外的部位盤算好了，整個晚上都沒有睡，除了牛的尾巴以外，一切均已計劃妥當。（不知道當時一頭犛牛賣多少錢？去年我們到紅原放生時，犛牛被殺之後，肉直接運到拉薩的話，一頭大犛牛，要五千塊左右，這是比較貴的。還有一部分會運到成都，一頭是三四千塊錢。）

這時天也亮了，那個僧人立刻起來，裝模作樣地念經禮佛、供施食子等，做些習慣性的佛事。他見米拉日巴尊者仍然沉睡不醒，一直在打呼嚕，便過去冷嘲熱諷地說：「你自以為是個修行人、捨事者，可法事、誦經等什麼也不做，竟然還在睡懶覺。」

尊者回答說：「實在對不起！本來我平時是不睡懶覺的，但昨天夜裡，我一直在考慮如何出售一頭被殺的犛牛，沒有空出時間來睡覺，因此今天早晨才睡著，沒想到一下子睡過頭了。哎喲，是不是天亮了？好想睡哦，不過犛牛的尾巴還沒算好……」尊者的這番話，淋漓盡致地揭穿了那個僧人內心的醜惡。

可見，一個人出家若只是表面形象，骨子裡一門心

(122)他應該是個形象僧人，真正的出家人不可能殺犛牛。

思想賺錢，那不要說白天沒有修行的機會，連晚上睡覺的時間也沒有。現在唯一經商的那些人，白天晚上都在考慮生意賬目，經常處於散亂中荒廢光陰，在死亡的時候，也只能在這種迷亂的狀態中死去，一輩子沒有真正行持過善法。

此處本來是講「不與取」，但華智仁波切主要針對當時的狀況，指出了出家人經商的過失。其實現在也是如此，有些出家人把經懺當成賺錢的工具，正如前不久有個居士所說，寺院根據超度者身分的高低，價位上也相應有上、中、下等之別。甚至開光加持也有了價錢，上等開光值多少錢，中等開光值多少錢……很多人打著佛教的旗號行事，實際上就是在做買賣。如此成天為賺錢籌劃、安排、設計，肯定要耗費很多時間和精力，修行勢必受到影響。

其實作為真正的修行人，除了維持基本的衣食以外，最好是將精力放在利益眾生、修學佛法上。尤其是一個道場的住持大德，應該關注寺院有沒有聞思修行，而不要把它當成專門賺錢的單位。現在有種說法是：「佛教搭台，經濟唱戲。」先用佛教搭好台子，再在這個平台上發展經濟，從世間的角度來講，這確實是個方便，因為現在信教的人越來越多了。但從佛教的本意來看，當人們遇到各種痛苦時，內心需要一種信仰，這時最好能給他佛法的教育。否則，建寺院只是為了賺錢，

當地領導可能比較高興，但這對人類社會沒有意義，對弘揚佛法也沒有意義。

不過，現在末法時代，這種現象很難避免。蓮花生大士說過：「人不變心變，人不變時變。」雖然總體而言，人是不變的，但人心會變，時代也會變。因此，作為出家人，某些方面一定要注意。不然的話，如果整天忙著做生意，那十種不善業幾乎全都具足了。

比如，在銷售過程中，本來自己賣的是低劣商品，卻巧舌如簧地說：「我自己買進時，成本也是花了多少錢。先前某人說給怎樣的價，我都沒有賣。但如果你要，算了，看在你的面子上，我就不賺錢了，賠一點也可以……」全是一派胡言，這就是妄語。

別人在進行交易時，自己如果也很想買，就謊稱這個物品不好，在買賣雙方之間製造不和，最終使自己得利，這是離間語。

口出不遜地說對方質量太次、數量不對，或因欠款不還而吵得天翻地覆等，這是惡語。不過也有公司規定：在接待客戶時，不能說惡語，態度要溫和。有些商場還要求：不能跟顧客吵架。所以，個別人雖然很想吵，嘴皮也一直在動，但還是盡量壓著。按照他們的規定，只要口中不說出來，心裡生嗔恨是不「犯戒」的。

毫無意義地評論價格太高，本來不想買也與對方討價還價等，屬於綺語。

想盡一切辦法欺騙別人，野心勃勃想把對方的財物據為己有，這是貪心。

希望他人一敗塗地，這是害心。生意人很容易起這種心，所謂「大魚吃小魚，小魚吃蝦米」，一直想把別人吞下去。

殺羊、殺魚、殺雞等做買賣，就是殺生。

可見，在經商的時候，十不善業除了邪見、邪淫以外，其他都已直接具足了。當然，間接也可具足這二者，比如為了談生意，踏入不正當的場所，這是邪淫；生意做久了，不好好聞思修行，自然就會誹謗因果、三寶，這就是邪見。如《大寶積經》云：「貪著他資財，數起於嗔恚，興種種邪見，是人趣惡道。」假如貪著別人的財產，數數生起嗔心及邪見，此人逐漸會毀壞自己的道心，將來定會墮入惡趣。

除了造不善業之外，做生意如果經營不順利，還會傾家蕩產，使大家深感痛苦，最終損人害己，甚至落得個餓死的下場。如果搞得好，生意稍有起色，那不論賺了多少也不知足，一直貪得無厭，就算是財產與多聞天子不相上下，也仍舊興致勃勃從事罪大惡極的經商。現在許多人都是這樣，即使擁有幾千萬、幾億，但還是不斷在投資，一輩子既沒為社會做什麼事，也沒享受過一天的快樂。到頭來，就這樣在忙忙碌碌、散散亂亂中，壽命已經到了盡頭。由於畢生沒有行持過善法，每天都

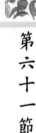

大吃大喝，殺害了無量眾生，也欺騙了無量眾生，臨終時只能是手抓胸口，悲慘地墮入三惡趣。誠如《正法念處經》所言：「若人為惡貪，常覆其心者，恒入於地獄，及在餓鬼等。」

因此，有錢人的生活看似充滿歡歌笑語，但因為他們造的業太多了，這些快樂只是暫時的。要知道，凡是生意場上的人，總是懷揣惡念、居心叵測，心裡裝著各種陰謀詭計，像刀刃、矛尖、針尖一樣與人針鋒相對，特別惡毒。所以，有些做生意的人一旦出家，在很長時間中，惡心都轉不過來，即使身處於清淨的僧團，也還是用世間方法來對待僧眾，甚至對三寶的財產不懂取捨，完全背離了饒益他眾的菩提心，結果只能使無邊的惡業一增再增。

那麼，既然做生意的過患這麼大，或許有人會問：「出家人若為寺院弘法利生做些生意，在家人為了維持生活而經商，是否都不如法呢？」

這也不能一概而論。出家人做生意，若是為了利益眾生、護持僧眾，佛陀在《毗奈耶經》中有開許。《瑜伽師地論》講十一種利他事業時，也說過：「或是出家，便有營為衣缽等業；或是在家，便有無倒商估營農仕王等業。」出家人為了基本的衣食，可以做些生意；而在家人的話，依靠務農、經商、做官等維生，也是可以的，只要不特別顛倒就行。例如，你到批發市場進一

279

些貨物，再拿到小賣部去賣，從中賺取利潤是很正常的。

還有，《雜阿含經》中也講得比較清楚：「始學功巧業，方便集財物，得彼財物已，當應作四分：一分自食用，二分營生業，餘一分藏密，以擬於貧乏。」一個人通過學習工巧技術，可將其作為一技之長來謀生，依靠這種方便積累財富後，應將賺來的錢分為四份：一份自己使用；兩份用於投資；最後一份儲存起來，以備不時之需。但現在許多人不懂這一點，賺了錢以後，自己不捨得用，又全部投資進去，最後連本錢都拿不回來。所以，大家應該學學佛陀的這個方法，比如你賺了四百萬時，其中一百萬自己使用，兩百萬作為運轉資金，還有一百萬就放著不動，一旦出現經濟危機、金融風暴，便可以用它來應急。

所以，佛陀在有關經典中，對在家人所講的求財方法，是要具足「無倒」、「智慧」。《妙法聖念處經》也說：「若於有情所，如同父母想，能離不與取，智慧福無量。」若能把一切有情當作父母，便可遠離不與取，並獲得無邊的智慧與福德。因此，一個人要「以智慧擇法，以大悲待眾，以信心求證」，這是我強調的三點，也是修行人的基本要素。

話說回來，不與取也像殺生一樣，具有罪業的四種分支，這在《三戒論》等論中也講過。因此，我們甚至

僅僅給獵人、強盜等少許口糧，也將分毫不差地得到他們殺生或不與取的罪業。所以，幹壞事的人，最好不要去幫助他，也不要從人力、財力等各方面支持他，否則，就會給自己帶來不好的果報。

以上講了不與取的過失，這些道理很重要。大家在求學的過程中，雖不敢說當下大徹大悟，但每天都應從佛法中獲得一些受益。要知道，佛法真的很難得，你們有緣得到時，務必要好好珍惜，不要置之不理。然而，人的心理有時特別奇怪，輕易得到的往往不重視，而越是得不到的，就越會倍加珍惜。

唐朝有位鳥窠禪師，他以樹為家，因住在樹上而得名。有個弟子跟他苦行了六年，禪師一句佛法都沒傳。有一天，弟子生起了厭煩心，對師父說：「我辛辛苦苦依止您六年了，但您從不為我開示法要。今天我就離開了，要去參訪其他上師，研究佛法。」禪師問：「你要什麼呢？」弟子回答：「要佛法啊！」禪師聽他這麼說，不疾不徐地從破爛的僧衣上，抽出一根脫鬆的線，對他說：「你看，這不是佛法嗎？」弟子一看，當下就豁然開悟了。

所以，是不是我講得太多了，你們才不能開悟啊？雖說有些上師不需要傳法，光是用行為表示一下，弟子就能大徹大悟，但這是禪宗利根者的特點，不一定人人都是如此。其實，大家即使現在沒有開悟的境界，但對

佛教取捨因果的基本道理，每天哪怕聽一堂課，也會有一堂課的收穫。

如今，有些人學佛非常精進。今天我接到一個電話，是蘭州大學中國哲學系一位研究生打來的。她說從去年「金剛薩埵法會」到現在，還不到一年的時間裡，就把智悲佛網「法音宣流」的課程都聽完了。我問：「大概有多少節課？」回答是：「1300多節課。」她說自己晚上只睡三四個小時，甚至有時只睡兩個小時，平時除了聽學校的課程外，其他時間一直用來學習佛法。相比之下，個別道友就應該值得慚愧了，你們一周聽兩三堂課，都會抱怨壓力大。那天有個居士說：「您知不知道，我們特別努力啊！」我問：「為什麼？」「我們一個禮拜，要聽一節課哦！」（眾笑）

第六十二節課

下面講《前行》中身不善業的第三個。

己三、邪淫：

邪淫，是針對在家人所要禁止的行為。往昔藏王松贊干布在位時，曾規定了十六條人規(123)以護持十善，其中就有明文規定：在家人務必要遵守人倫道德，即以種姓來護持言行，以正法嚴以律己，禁止邪淫，奉公守法，護持戒律。其實漢地也有這樣的傳統，尤其在古代，人們特別重視這些。

這樣的倫理道德，一種是源於傳統文化和民族習俗；一種是源於戒律，像在家人受三皈五戒、出家人受出家戒律，就是以正知正念護持相續。其實，以第二種方式來約束自己，相對而言比較容易。否則，對一個特別放逸的人來說，強制性要求他不抽煙、不喝酒、不吃肉，還要遵循不邪淫、不妄語等一系列戒條，可能不太現實。只有讓他懂得今生所執著的對境沒有實義，並且會毀壞來世的安樂，那時再讓他守持戒律，才不會特別麻煩。就拿戒肉來說，現在人們都關心自己的身體，倘若知道吃肉對健康不利，戒肉便沒有任何問題了。

(123)十六條人規：一、敬信三寶；二、修行正法；三、孝敬父母；四、恭敬有德；五、敬重尊貴者長；六、對親友有信義；七、對國人作利益；八、心性正直；九、仰瞻賢哲；十、善用資財；十一、以德報恩；十二、秤斗無欺；十三、不相嫉妒；十四、勿用婦言；十五、婉和善語；十六、心量寬宏。這十六條對當今社會也有借鑒意義。

所以一般來講，凡夫人的貪欲，很難用其他方法遣除，而唯有依靠智慧。《正法念處經》云：「若滅貪火者，以智慧為水，不滅貪心人，解脫不可得。」意思是說，若想滅除強烈的貪心之火，必須依靠無我智慧的清涼水，不然，沒有滅除貪火的人，解脫對他來講遙不可及。

其實一個人之所以邪淫，就是因為有非理作意，顛倒地把別人的身體執為清淨、實有、常有。若能憶念善法的功德和力量，這種貪欲便可以遣除。《大智度論》也說：「諸欲難放捨，何以能遠之？若能樂善法，此欲自然息。」種種五欲對境難以捨棄，用什麼方法才能遠離呢？如果你喜歡善法，喜歡諸佛菩薩、高僧大德觀察煩惱本體的善妙教言，並依之而修行，欲火自然就會息滅。

世界上有那麼多出家人，他們在希求解脫的道路上，不但沒有痛苦，反而時刻充滿快樂，這是什麼原因？就是因為他們徹底認識了輪迴的過患，同時也了知解脫的殊勝。所以，若想讓世人擺脫欲望的束縛，就要給他們闡明貪欲的過失和解脫的功德。當然，除此之外，還要尋找滅除煩惱的方便，否則只是理論上通達了，卻沒有方法去對治煩惱，想要控制貪欲等非理作意，還是有一定的困難。

現在有很多年輕人，由於年齡、生理等方面原因，

再加上前世惡習的影響，有時候面對悅意的對境時，很難克制自己的貪心。但如果你用佛教中小乘或大乘的方法調心，自然就能壓服自己的煩惱。甚至，若能通達密宗「煩惱本體自解脫」的特殊教言，或者認識《六祖壇經》中「煩惱即菩提」的境界，那時自相續不但不會被煩惱染污，而且當生起貪、嗔、癡等時，當下會認識它空性與光明無二無別的覺性，從而現前大徹大悟，了知世間萬物的本來面目。

因此，修行最關鍵的，就是經常觀察自心。無論你生起貪心、嗔心等不清淨的念頭，還是信心、大悲心、出離心等清淨的念頭，首先應該辨別出，這些在名言中是善是惡。如果是惡，就要以上師的教言、佛菩薩的竅訣加以對治，這樣一來，自相續即可清淨無垢，並漸漸認識到以煩惱為主的萬法之實相。

其實學習佛法，說難也難，有些人學了二十幾年，煩惱卻好像一天比一天熾盛；說不難吧，也並不是太難，有些人遇到佛法之後，短短的時間中，自相續就有翻天覆地的變化，完全變成了另一個人。我們有些道友即是如此，出了家之後，過去的同事、朋友對他的變化，都感到難以置信。以前他在家時煩惱極為粗重，貪心、嗔心十分強烈，而現在卻非常調柔溫和。看到他的轉變，大家也自然對佛教生起了信心，相信佛教是最好的調心方法，進而紛紛趨入佛門。

回到剛才的內容上來：古代在藏地，人們都遵守人倫道德，在家有在家的規矩，對此每個人都特別重視。其實在佛教的《善生經》中，也宣說了家庭倫理關係，佛陀在裡面詳盡地闡明了：作為妻子要履行哪些職責，作為丈夫要履行哪些職責。此經現存有幾種譯本，內容雖略有不同，但都宣說了夫妻的相處之道。

那麼，丈夫該怎樣對待妻子呢？

一、「憐念妻子」。要體貼和關懷妻子，夫妻雙方應互相尊重、相待以禮，不能剛開始如膠似漆，後來卻成了不共戴天的怨敵。

二、「不輕慢」。不應輕慢自己的妻子，尤其不能惡言相向。現在世間上很多夫妻，相互間沒有一點恭敬，甚至連起碼的禮貌都沒有，這樣不太好。正如帕單巴尊者所說，夫妻聚在一起也是緣分，所以不應該互相輕辱。

三、「為作瓔珞嚴具」。為妻子提供種種方便條件，裝飾打扮自己的妻子，以示愛意。

四、「於家中得自在」。充分信任自己的妻子，讓她在家有一定的自由權，對其操持家務，不多加干涉。然而，聽說現在有些丈夫，完全把妻子當成僕人，除了做家務以外，什麼權利都不給，這樣長期生活下去，家庭必然不和睦。

五、「念妻親親」。常對妻子親愛信任，不現疏遠

第六十二節課

之情。（也有解釋為，應當顧念妻子的親屬，對妻子娘家的人要以禮相待。）

此外，經中還講了妻子應如何承侍丈夫[124]，其中包括十三條。對此，太虛大師也有相關的注解[125]。

現在社會上，夫妻間常常互不恭敬、互不尊重，這樣家庭就不和諧；家庭不和諧的話，單位或團體就不安寧；團體裡如果爭鬥不息，國家與世界也就不會有和平之日。所以，每個人首先應從自我做起，尤其是夫妻之間，遵守倫理道德很重要，否則，若是出現了外遇，定會招致諸多過失。印光大師在《壽康寶鑒》裡，就講了邪淫的十二種危害：害天倫、害人節、害名節、害門風、害性命、害心術、害風俗、害陰騭、害名利、害壽命、害祖父、害妻子。可見，邪淫之人既害了別人，也害了自己，而且世間護法神不會護持。所以，作為在家人，應當守持清淨的三皈五戒。

而作為出家人，就必須從根本上杜絕非梵行。《中阿含經》云：「勤修梵行，精勤妙行，清淨無穢，離欲斷淫。」真正的出家人，應當精勤修持清淨梵行，令身

大圓滿前行廣釋（四）附大圓滿前行實修法

---

[124]《佛說善生經》云：「妻子當以十三事善敬順夫，云何十三？一者、重愛敬夫；二者、重供養夫；三者、善念其夫；四者、攝持作業；五者、善攝眷屬；六者、前以瞻侍；七者、後以愛行；八者、言以誠實；九者、不禁制門；十者、見來讚善；十一者、數設床待；十二者、施設淨美豐饒飲食；十三者、供養沙門梵志。妻子以此十三事善敬順夫。」

[125]太虛大師對此經文的注解：「妻子當以十三事敬順供養於夫，十三事文義可知。總其義，即須專愛無異念，常侍奉飲食起居之事，以誠敬相從，夫唱婦隨，治家作業，更能善念夫之眷屬，又能供養沙門梵志為全家祈福，如此可謂賢妻矣，福德必有增益而無衰損。」

心清淨無垢，遠離對今生來世有無量過患的貪欲，徹底斷除一切不清淨的行為。

要知道，邪淫的過患特別嚴重，對毀壞其他戒律，也會起到推波助瀾的作用。那麼，邪淫有哪些分類呢？男人自己出精、與他人的妻子或已付錢的女人作不淨行，都屬於這個範疇。而且，就算對象是自己的妻子，但若在白天、受齋戒日、生病期間、妊娠期間、憂愁所迫、月經期間、生產未恢復、三寶所依之處等進行交歡，這些也都屬於邪淫。另外，邪淫還包括對直系親屬、未成年少女行淫，或者在口、肛門等非處行淫，或者與旁生、屍體等行淫。（現在許多在家居士，口口聲聲說自己受了三皈五戒，但也許是沒有聞思過吧，他們的很多行為都不如法。其實你受了戒以後，先應該了解戒律的內容，這一點相當重要。）

如果能斷除邪淫，既不侵犯他人的妻子，也不與自己的妻子非時行淫，並對持戒清淨的人布施臥具等，來世即可轉生於清淨剎土。《大般涅槃經》云：「不犯他婦女，自妻不非時，施持戒臥具，則生不動國。」因此，身為在家人，應當從環境、時間的角度，了解邪淫的不同種類，然後將這些一併斷除。

其實在家人當中，也有完全斷除淫欲的。如印度的「聖雄」甘地，一生提倡非暴力主義、素食主義，為東西方仁人志士所景仰。他曾於1906年立下夫妻終生「禁欲」的誓言，當時年僅37歲。實踐證明，他始終奉行不

渝。還有漢地的梁武帝，從50歲起便斷絕房事，他在《淨業賦》中也提到過：「朕不與嬪妃同處……」

可見，縱然是有地位、有權勢的在家人，也可以過非常清淨的生活，守持三皈五戒。當然，甘地守持的，不一定是佛教的三皈五戒，但在印度，也有一些與佛教類似的戒條，甚至比佛教的還嚴格。這樣用傳統習俗或宗教戒律來約束自己，對今生來世有很大的利益。不過，有些戒律，正如《中觀莊嚴論釋》所說，只不過是外道的說法；還有一些民間的禁忌。這些雖算不上是真正的戒律，但如果有可取之處，也不能完全捨棄。

遺憾的是，現在年輕人這方面的理念很差，他們不像古人那樣，行住坐臥遵循一定之規。對他們來講，只要吃得好、穿得好，能滿足自己的感官，做什麼都無所謂，根本沒有「准」和「不准」的概念。因此，我們作為一個人，理應護持世出世間的許多規矩，明白什麼該做、什麼不該做，有這樣的理念非常重要。

以上講了要斷除邪淫。這在《藏傳淨土法》的十不善業中，講得比較廣，我在此只是作了簡單的介紹。

戊二（語惡業）分四：一、妄語；二、離間語；三、惡語；四、綺語。

己一（妄語）分三：一、一般妄語；二、大妄語；三、上人法妄語。

庚一、一般妄語：

大圓滿前行廣釋（四）附大圓滿前行實修法

一般妄語，是指懷著欺騙他人之心，所說出來的一切語言。

其實，說妄語特別不好。有些人以前做生意時，經常欺騙別人，現在即使出了家，這種習氣也無法改變。雖然有時候說謊對自己沒什麼好處，但已經習慣了，就是改不過來。佛陀在《正法念處經》第八卷中，曾講過妄語的很多過失，其中有一頌云：「若人離實者，善人說如狗，若人無實語，小人中小人。」一個人說話若沒有可信度，那他不叫人，叫做狗（其實狗的叫聲也有比較真實的，沒有盜賊牠都不叫），而且是小人中的小人。從這個教證來看，現在很多「大」人物都成「小」人物了，因為他們特別愛說妄語。

一個人如果愛說妄語，別人就會對你缺乏信任。所謂「一朝被蛇咬，十年怕井繩」，他受過你一次的欺騙之後，會始終念念不忘，就算你現在沒有騙他，他也會時時提防，不敢輕易相信你。有些人以前沒有學佛、沒有出家時，就有這種毛病和習氣，這也跟你的環境與教育有關。雖然老師從小教你不能說謊，但你反而去學說妄語的技巧，以至於在人生道路上走得不順。那麼現在遇到佛教後，你就應當重新做人，以後盡量要誠實，倘若沒有特殊的必要，不應該隨便說妄語。要知道，妄語不僅僅是佛制罪，而且也是自性罪。無論是什麼人，說妄語必須要懺悔，否則，來世墮入三惡道是很可怕的。

庚二、大妄語：

由於相續中存有邪見，於是信口開河地說：行善沒有功德、作惡沒有罪過、清淨剎土沒有安樂、惡趣沒有痛苦、佛陀沒有功德……再也沒有比這更嚴重的彌天大謊了，因而這些被稱為大妄語。

不懂因果的人常會這樣說，這也是愚癡所致。如果真正存在的東西，卻非要說它不存在，這不是妄語又是什麼？比如，世界上有那麼多國家、那麼多人，你卻閉著眼睛統統否認：「世界上沒有其他國家，除了我以外，沒有其他人。」這就是一種妄語，因為它不符合事實。

實際上，大妄語是一切罪惡的根本，其果報相當嚴重。《大寶積經》云：「當知妄語，為諸惡本，毀清淨戒，死入三塗。」所以，大家不要認為「說點妄語沒什麼」，尤其是與邪見有關的大妄語，如行善沒有功德、造罪沒有果報，這樣特別可怕的話，千萬不能說！

可是我們周圍的人非常可憐，他們的生活表面上倒很風光，似乎過得幸福美滿，地位、錢財等應有盡有，但他們所做的、所說的，完全是虛幻中的虛幻，造了很多業都不清楚。華智仁波切曾言：「佛陀本來說一切諸法如夢如幻，但現在人所追求的，更是幻化中的幻化，一點可靠性都沒有。」因此，很多眾生耽著迷亂、否認真實，實在特別可憐。

庚三、上人法妄語：

本來沒有登地而說登地了、沒有神通而說有神通等，凡是自己沒有功德說成有功德，這一切都屬於上人法妄語。

現在有些人根本沒證悟五道十地的功德，卻宣稱自己得到了佛果，然後拍個照片，下面放一朵蓮花，頭上弄個光環，就到處告訴別人：「我成佛了！」這種人也不怕因果，想做什麼就做什麼，想說什麼就說什麼，誠如《楞嚴經》所形容的：「未得謂得，未證言證。」而且，這種「得」和「證」，並不是世間的大學文憑或一種技能，而是出世間的超勝功德，這種妄語特別可怕。

在當今這個時代，騙子與聖賢比起來，是騙子更為吃得開的時候。一位戒律清淨、智慧超群、行為如法的大德到城市裡去，誰都不會恭敬他，也不會向他求佛教的教言。但如果一個人什麼功德和智慧都沒有，只是裝出一副高深莫測的模樣，看似擁有超凡入聖的境界，就會有成千上萬的人追隨他，成為他的忠實「粉絲」。

那天我看了一本書，叫《探索心靈的痕跡》，是個藏族人寫的。書中一針見血指出了藏傳佛教中極個別「活佛」的不良行為，同時講了現在修行的重要性，及藏傳佛教的不共偉大之處。其中，作者所揭露的不如法現象，我至今還記得幾個：

在康區，有個普通的在家人，因偷盜被罰款兩萬元。他實在沒辦法，就穿上僧裝到漢地冒充上師，欺騙

第六十二節課

了很多信眾，並得了幾十萬元的供養。他回到藏地後，別人問：「你是怎麼發財的？」他開玩笑地說：「由於本人的聰明才智，加上佛陀法衣的加持，我這個藏地的盜賊在漢地變成了上師！」

通過這句話也可以看出，有些「上師」確實欺騙了很多人，而這些弟子因為沒有智慧，才把盜賊當成上師。正如藏地有句俗話所說：「沒有福報者的財產，入於無境界者的口中。」反之，若是有福報的人，他的財富會供養聖者、僧眾等真實福田，從而生生世世都獲得無窮的利益。

還有一個真實的事例：一位「活佛」到漢地去傳法，當被弟子問及什麼是大圓滿時，由於他根本不了解此法，就信口答道：「大圓滿不就是一個吃的東西嗎？」看到弟子們面露驚異的表情，他又很巧妙地說：「哈哈，開玩笑的！因為這個緣起，現在我可以為你們作大圓滿的灌頂。」在弟子們的殷切期盼下，這位「活佛」用藏語口誦著六世達賴的情歌：「天空潔白仙鶴，請把雙翅借我，不到遠處去飛，只到理塘就回㊱！」並且做著一些灌頂的手勢，如此完成了「大圓滿」的灌頂。弟子們以為得到了最甚深的密法灌頂，一個個都歡喜如狂。但當時的灌頂，不小心被一個弟子錄了下來。這個錄音傳到藏地以後，他用情歌「灌頂」的真相才被人發現。

㊱這首歌的隱含意義是：六世達賴圓寂之後，下一世會在理塘轉世。

大圓滿前行廣釋（四）附大圓滿前行實修法

當然，這種現象也不能一概而論，這位「活佛」不代表藏傳佛教的所有修行人，而那些接受「灌頂」的弟子，也不代表漢地的所有信士，不能因為個別人有這種經歷，就把所有的灌頂全部否認。要知道，現在世界上有無數修行人，包括入藏的一些出家人和居士，依靠純潔的藏傳佛教，通達了佛法的根本道理，這是不可否認的事實。但在此過程中，也不排除有剛才所講的這種情形：個別弟子依止上師時，不經過任何觀察，一聽說有灌頂，就像餓狗遇到精肉般飢不擇食，趕緊就吞了下去。這種情況，歷史上有，現在也有，今後還會出現。

其實，佛教的依止上師，跟世間的欣賞完全不同。如果是世間的歌星或明星，只要你不心疼花錢，買張票到體育館看一看，不好看就放棄，這沒什麼不可以。但佛教的與上師結緣，對你現在和將來都有深遠意義。所以，大家在依止上師之前，務必要好好地觀察，不然，很容易就會被各種妄語欺騙。

現在有些愛說妄語的人，嘴巴特別會講，雖然是在自欺欺人，但個別人還是會隨之改變。前不久，一些在藏地長期求法的出家人，只是聽了某個法師的一堂課，思想和行為馬上就變了。我聽說這件事情後，覺得這些人雖在藏地待了十多年，但佛法並沒有融入自心。那位法師講了什麼呢？他說漢地戒體是存在的，而且特別殊勝，關於這個問題，他去印度跟許多藏傳佛教的大德辯

論，辯論之前，先翻了七天的漢傳《律藏》，然後就把他們辯得啞口無言。聽了這一番話，下面許多人覺得他講得很精彩，很有道理。

　　當然，他也並不是說藏傳佛教不好，而是在強調漢傳佛教的戒體很清淨。他講漢傳佛教有這個特色，其實也無可厚非，但是說「把對方辯得啞口無言」，就有點言過其實了。為什麼呢？因為他光是翻《律藏》的話，根本看不出漢地出家戒體是怎麼樣的。關於漢地戒體，以前我也分析過⑫，認為弘一法師的話⑬應該有密意。對此，我們是站在公正立場上的，並沒有說漢傳如何、藏傳如何。其實不同的說法和辯論哪裡都有，不僅藏傳各教派之間有、漢傳和藏傳之間有，漢傳各教派之間也有。雖然對於不同的觀點，我們有責任進行客觀分析，但沒必要把自己吹得太厲害。有些人一聽說「把對方辯得啞口無言」，就覺得這人好了不起，讚歎得不得了。但這是不是有點太草率？你們要不要再分析一下？當然，我們並不是說釋迦牟尼佛所傳的戒體不存在，而是在它傳承的過程中，以前藏地有各種辯論，漢地也有各種辯論。但這些辯論的依據，若想從《律藏》中尋找，恐怕有一定困難。

⑫詳見《入行論廣解》第九冊的第163節課。
⑬弘一大師在《律學要略》（1935年講於泉州承天寺）中說：「我有句老實話對諸位說：菩薩戒不是容易得的，沙彌戒及比丘戒是不能得的。無論出家或在家人所希望者，唯有三皈五戒。我們倘能得三皈五戒，那就是很好的了。」

大圓滿前行廣釋（四）附大圓滿前行實修法

現在有些人口口聲聲說：「漢傳佛教太好了，你看我們有《楞嚴經》、《金剛經》……」其實這種說法不成立，因為《金剛經》和《楞嚴經》在藏傳佛教中也有。藏地還有個別道友說：「伏藏法極為殊勝，故藏傳佛教超過其他教派。」這種說法也太片面。你若從有些教言的特殊性、竅訣性來講，這麼說也未嘗不可，就像對依靠《壇經》開悟的人而言，《壇經》比什麼法都重要。但這卻不能一概而論，以此就斷言其他法不殊勝，唯有自己的法最好。

所以，你們有些人應該多聞思，不然，思想和行為很容易改變。只有通過長期的聞思，並對聞思的內容不斷修行，直至生起根深蒂固、堅定不移的定解，你的信心才不會輕易動搖。否則，很可能像蘆葦一樣隨風搖擺，別人說好，你就「對對對，說得沒錯」；別人說某個上師有功德，你就特別激動：「真的？那我馬上去依止他。我也覺得他很慈悲，剛見第一面，我就想哭！」

其實，依止上師一定要觀察。如今有些人自我標榜為成就者，不擇手段地誆騙他人，經常吹噓：「我已見到了本尊，並且酬謝供養了本尊。」或者說：「我看見了邪魔，並消滅了那個魔。」包括有些道友也常講：「啊，我見到了什麼什麼……」口出此言者，大多數絕對是在說上人法妄語。所以，希望學佛的人若沒有特殊必要，最好不要講這些，否則，大家會對你的人格起懷

疑。因為按照佛教戒律，就算你真正見到了，也不能隨便說。但現在很多人真敢說，動不動就聲稱見到了格薩爾王、布瑪莫扎。那天有個人跟我說：「您額頭上好像有文殊菩薩拿著寶劍。上師您不要動、不要動，我再看一看，看是普賢王如來還是文殊菩薩……哎喲，好慈悲哦！」（眾笑）

因此，大家不要隨便輕信自欺欺人的騙子。我們所依止的善知識，首先應對其特別熟悉，而且他要戒律清淨、謙虛謹慎、表裡如一，具有出離心、菩提心，行為等各方面特別注意，不會亂說見到什麼、聽到什麼。依止這樣的善知識後，再在他面前求得今生來世解脫的正法，這一點非常非常重要！

這一段話，希望大家好好記在心裡。無論你依止什麼樣的上師，他不一定要有名聲、財富，或相貌端嚴，因為這些與解脫沒太大關係。假如他是一個演員，五官端正是需要的，否則很難登台表演，但作為解脫的指引者，最關鍵的是要有大悲菩提心，具有能攝受弟子的正法，並能如理如實地行持，找到這樣一位熟悉的上師很重要。

不過，現在很多人喜新厭舊，經常拋棄以前所依止的真正善知識，而去追隨一些假裝的大成就者，最後什麼方向都找不到了。我曾看過一個文章，說是有個人以偶爾的因緣，在一次大法會中，遇到一位特別慈悲的某某上師。因為他能做些文字工作，就為上師寫了一篇簡

介，以便上師去漢地弘法利生。上師看了特別滿意，請他再為自己寫個長篇的傳記。他很高興地答應了，覺得有緣分做這麼偉大的事，這個機會千載難逢。於是，他跟著上師去了美麗的藏地草原，在上師的家鄉，到處採訪以撰寫傳記。（從那篇文章來看，他的文筆確實不錯。）

然而，在大年三十那天，上師突然昏迷不醒，連夜送到醫院搶救，三天後才睜開眼睛。在照顧上師的期間，一切與外界聯絡只能靠他，因此，他發現了許多意想不到的真相。這時他大失所望，原來他心目中的偶像——最景仰的上師，並不是所想像的那樣。上師醒來之後，對他仍是很好，但他對上師的看法已不同昔往。他盡義務般地把傳記寫好，交給了上師，然後選擇離開。曾經他一心只想出家，後來也沒有這種想法了。

通過這個故事可以看出，盲目地依止一位不熟悉的上師，最終可能後悔莫及，甚至毀壞自己的道心。不過，也可能是他的分別念太重，沒有了知上師的真正密意。但不管怎樣，依止上師需要長期觀察，否則，將來很容易落入互相毀謗的網中，自害害他，沒有多大意義。

當然，觀察上師也不能只看表象。有些人雖有一點世間的有漏神通，但那只是暫時的，有時候靈驗、有時候不靈驗。而無漏的神通，只有聖者才擁有，其他人根本不具備，要想得到這樣的神通相當難，所以作為弟子，不應該輕信有些話。而作為上師，說妄語對修行也

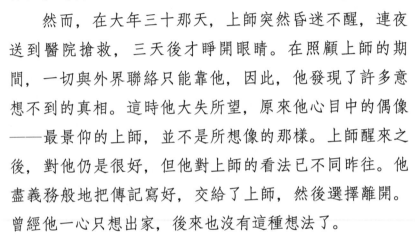

第六十二節課

有一定障礙，如果你想維護佛教的形象、自己的形象，最好不要說妄語。即使你真有一些夢境或感應，也不要輕易講出來。

我曾聽一位法師說，他自己講經四十多年，前十年需要備課，而十年之後全靠感應，根本不用看書，是佛菩薩借著他的口在說法。如果真是這樣，我們也很佩服。按照喬美仁波切的觀點，就算是凡夫上師，在講經說法時，諸佛菩薩也會融入他的身體。但即便如此，也應該盡量說些謙虛的語言，你若是有超勝的功德，不必去故意宣揚，人們也會直接或間接推知。歷史上很多大成就者，一般都不承認自己的功德。包括法王如意寶，一直跟別人強調：「我不是伏藏大師列繞朗巴的化身。我沒有什麼神通神變，也沒有認定活佛的能力，一輩子從未認定過任何一位活佛……」話雖如此，但人們對他老人家的尊重是怎樣的？他老人家對佛教的貢獻又是如何？相信大家都有目共睹。

所以，作為大乘修行人，我們肩上有弘法利生的責任，在此過程中一定要以身作則，明白自己該說什麼、該做什麼。如果整天胡說八道、胡言亂語，也許剛開始的時候，極個別沒有智慧的人會跟著你，但這個時間不會太長，因為具有智慧和悲心的語言，才對眾生唯一有利。因此，不管是誰，做人一定要有基本的道德。

否則，如今有些佛教徒的言行，讓人看了心裡很不

大圓滿前行廣釋（四）附大圓滿前行實修法

舒服。尤其是有些在家人，總喜歡說「我見到了鬼」、「我見到了魔」、「我見到了菩薩」。原來有個居士說：「觀音菩薩讓我一定要到藏地求法。我到了馬爾康時，觀音菩薩又現前了……」乍聽之下，他的境界似乎比無垢光尊者還高，尊者傳記中都沒有這麼豐富的經歷。但他說完這些以後，又開始講別人的過失：「這個人對我不公平！那個開車的司機多壞啊！」這樣一說，不免讓人大失所望，像我這樣的尋思者會覺得：「怎麼見過觀音菩薩、能與聖者對話的人，相續中還有這麼強烈的煩惱？」

　　當然，我個人修行很差，講法時經常會得罪不少人，但這並不是故意針對誰的。我之所以這樣說，一方面是為了維護佛教的利益，同時也想提醒某些修行人：如果不加注意，自己的行為會跟佛教相去甚遠。為了讓大家更深刻地明白這些道理，我才舉了一些例子。在舉例的過程中，也許無意間擊中了某人要害，從此他對我非常不滿，這也是理所當然的。

　　總而言之，今天講了不邪淫和不妄語，如果能守持這兩大戒律，對我們做人或修行一定會有非常大的利益。然而，對有些人來說，不說更高的出家戒、密乘戒，即便是最基本的十善，自己也很難守持。因此，我們修行時要腳踏實地，最好不要說大話！

第六十三節課

昨天講了十不善業中的「妄語」，今天開始講離間語。

己二（離間語）分二：一、公開離間語；二、暗中離間語。

庚一、公開離間語：

公開離間語，一般是指具有權威的人於兩人同在的場合，當面以離間語使他們關係破裂，分道揚鑣。比如說：「這個人暗地裡對你如何如何謾罵，還明目張膽地對你迫害，但今天你們倆關係很親熱，怎麼會這樣呢？」諸如此類直接挑撥離間的語言，就叫做公開離間語。

通常而言，這是有權力、有地位的人才做得到的，因為他不怕別人不高興，可以當面進行離間。這種現象在生活中也相當多。甚至有些佛教徒，把離間語當作與人交往的必要手段，根本沒想到它有很大過失，挑撥別人的關係還覺得理所當然，這種做法不合理。如果你以離間語搞破他人的關係，以狡詐手段讓他人反目成仇，今生一切不順利不說，來世還要墮入地獄，永無解脫的機會。《六度經》云：「以離間語，鬥亂親疏，巧詐多端，令心相恨，墮於地獄，無有出期。」

所以，大家對因果之理要詳詳細細思維，看自己所

大圓滿前行廣釋（四）附大圓滿前行實修法

想的、所做的，是否符合因果規律？

如果不符合，自身難免會遭受諸多痛苦。就像人類由於種種行為與天道相逆，致使在法爾理的作用下，器世界四大不調、災難頻頻。同樣，如果我們說話、做事違背因果，自己也必然要承受它的苦果。有些人有點地位就不可一世，把人家的關係搞破也不當回事，這種行為特別可怕。作為相信因果的人，大家如果做過這種事，今後要值得深思、反省。

庚二、暗中離間語：

本來兩人情投意合，如果你跟其中一人說：「你對他倒情真意切、關懷備至，可是他對你卻品頭論足、說長道短。」這種在背後挑撥，而令雙方各奔東西，就叫做暗中離間語。

這種人當面不敢說，背地裡卻說是道非，破壞別人關係，是特別不好的行為。我們與道友相處也好、與世人交往也罷，有什麼事應直截了當地說，即使對方不接受，自己也心安理得。所以，如果你對某人有意見，最好是當面提出來，不要私下說長道短。否則，有些人表面上跟誰都特別好，但背後卻弄了很多麻煩事，這是習氣還是愚癡也不好說。人是特別複雜的群體，每個人的根基、意樂、業力都不相同，交往時發生各種不和，也是在所難免的，但沒有必要去故意挑撥是非。

在所有的離間語中，要數破僧和合的罪過最嚴重。

《五分律》[129]云：「眾聚和合樂，和合常安隱，若破和合僧，一劫地獄苦。」僧眾們和睦相處，會有很大的功德，但若有人在僧眾之間製造不和，將於一劫中在地獄受苦。又云：「眾聚和合樂，和合常安隱，若和合破僧，一劫生天樂。」反過來說，若能讓不和的僧眾重新和合，不但即生中非常快樂，來世一劫中也會轉生天界享樂。

雖然現在不會有真正的破和合僧[130]，但在僧眾與僧眾之間、上師與上師之間、道友與道友之間挑撥離間，罪過也相當大。如果你有能力，應該讓大家共同為佛法、為眾生做事，而不要為個人、為小團體的利益爭執不息，這是沒有任何意義的。

尤為值得一提的是，如果挑撥密宗上師與弟子之間的關係，或在金剛道友間製造不和，罪業更是重上加重。我常看到有些人，明明是同一位上師的弟子，卻水火不容、勢不兩立。前段時間，某個上師的侍者跟我說：「甲居士和乙居士的關係可能不太好。」我問為什麼，他說：「因為一個人來的時候，另一個人會馬上離開。」用因明的話

大圓滿前行廣釋（四）附大圓滿前行實修法

---

[129]《五分律》：三十卷。全稱《彌沙塞部和醯五分律》，略稱《彌沙塞部律》。收於《大正藏》第二十二冊。係佛入滅後三百年頃，自上座部系統分出之化地部（彌沙塞部）所傳之戒律。據高僧法顯傳所載，法顯於師子國（即斯里蘭卡）攜回本書之梵本，劉宋時，佛陀什、竺道生等共同譯出。因由五部分組成，故稱五分律。其中規定比丘戒二百五十一條，比丘尼戒三百七十條。據近人研究，此律與南傳巴利文律藏在內容上極為接近。
[130]此處的破和合僧，是指破法輪僧。《俱舍論釋》中說，破法輪僧一定要在佛陀在世時才會出現，其他時間不會發生。

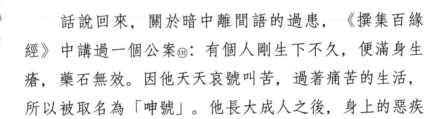

來講，這兩人叫「互絕相違」或「互不共存」，如同水與火、黑暗與光明一樣，一者存在時，另一者就無法安住。金剛道友之間若是如此，相當不好。

聽說某寺院的兩位大德之間，也有這樣的矛盾。每次開會或大眾聚會時，一個人只要去了，另一個人就不參加。當然，這是聽別人說的，真實情況如何，我也不太清楚。如果不是這樣，那是別人的無因誹謗；但如果是的話，不管這兩位大德是什麼身分，都是他們的錯誤。既然彼此是同行道友，若連互相說話的餘地都沒有，那麼見到怨敵時該如何對待？面對與自己毫無關係的眾生，又怎麼以大乘精神去度化他們？這一點的確值得深思！

話說回來，關於暗中離間語的過患，《撰集百緣經》中講過一個公案㉛：有個人剛生下不久，便滿身生瘡，藥石無效。因他天天哀號叫苦，過著痛苦的生活，所以被取名為「呻號」。他長大成人之後，身上的惡疾

㉛《撰集百緣經》云：佛在舍衛國祇樹給孤獨園，時彼城中，有一長者，財寶無量，不可稱計，選擇高門，娉以為婦，種種音樂，以娛樂之。足滿十月，產一男兒，身體有瘡，甚患苦痛，呻號叫喚，未曾休息。年漸長大，瘡皆潰爛，膿血橫流，常患疼痛，因為立字，名曰「呻號」。父母憐愍，設諸方藥，雖加療治，瘡無除愈。年漸長大，聞諸人語：「祇桓精舍，有好良醫，善療眾病，能令除愈。」尋即往至。詣祇桓中，見佛世尊，三十二相八十種好光明暉曜，如百千日，心懷喜悅，前禮佛足，卻坐一面。佛即為說五盛陰苦，是瘡是癰，如毒箭入心傷害於人，皆是眾病之根本也。時呻號子，聞佛世尊說是語已，深自咎責，向佛世尊，懺悔罪咎，瘡尋除差，心懷歡喜，求索出家。佛即告言：「善來比丘。」鬚髮自落，法服著身，便成沙門。精勤修道，得阿羅漢果。時諸比丘，見是事已，白佛言：「世尊，今此呻號比丘，宿造何業，初產之時，身有惡瘡，膿血橫流，甚可惡見？復以何緣，出家得道？」爾時世尊，告諸比丘：「汝等諦聽，吾當為汝分別解說

仍未治癒，日夜叫苦連天。附近一個人聽到後說：「你這樣痛苦太可憐了！據說印度某某地方有一位佛陀，我們身體和心理的病，他都能醫治，是世間的大醫王，你何不到他那裡去求治？」呻號聽了之後，極其歡喜地去找佛陀。見了佛陀的相好莊嚴，他心裡不禁喜悅讚歎。佛陀給他宣說佛法，他身上的病當下好了。後來他出家精進修行，不久便證得阿羅漢果。

諸比丘問佛陀：「呻號以何種因緣而得此果報？」

佛陀說：「在過去無量世中，某國有甲乙兩個富翁，他倆平日就怨憎相爭。一次，甲富翁拿出許多珍寶獻給國王，並對國王說：『乙富翁非常惡毒，常用陰謀害我，希望大王嚴懲惡人。』國王未經觀察就信以為真，便派人拘捕乙富翁，並施以酷刑，使其遍體鱗傷，後經其家人出錢贖罪，才得以釋放回家。乙富翁回去以後，對輪迴生起極大的厭離心，後來入山修行，證得辟支佛果。此時他明白了怨親平等，怕甲富翁來生受苦報，便往其家中，現種種神變。甲富翁見後心生敬仰，

乃往過去無量世時，波羅奈國，有二長者，各悉巨富，資財無量，因相忿諍。其一長者，大齎珍寶，貢奉與王。王納受已，讒彼長者：彼人惡心，常懷奸謀，規欲害我，唯願大王，聽我任意治彼長者。王即然可，尋至其家，執彼長者，繫縛拷笞，楚毒無量，舉身傷破，膿血橫流，痛不可言。時彼長者，既得免已，深自思惟，有身皆苦，眾惡所集多諸災禍，甚可厭患。我於彼人，無大怨讎，橫見傷毀，乃至如此。即自思惟，詣山林中，觀察有為皆是無常，深悟解空，成辟支佛，視諸怨親，心皆平等。念彼長者，加惡於我，將來之世，墮於地獄，受大苦痛，我今當往為現神變，令彼開悟。作是念已，詣長者前，踊身虛空，作十八變。時彼長者，見是變已，深懷渴仰，倍生信敬，即請令坐，為設肴膳種種供養，向辟支佛懺悔先罪。」佛告諸比丘：「欲知彼時向彼國王讒其長者考掠榜笞者，今呻號比丘是。」

大圓滿前行廣釋（四）附大圓滿前行實修法

在他面前懺悔前罪。」佛陀告訴大家：「過去對國王進
讒言的甲富翁，就是現在的呻號比丘。」

因此，我們學佛不能只是紙上談兵，應該對內心有
幫助和改變。在座的道友也想一想，你們在生活中，有
沒有暗地傷害過別人？如果有，這個果報以後會不會成
熟？其實，倘若沒有懺淨惡業，百分之百要感受苦果，
就像種子播下以後，沒有遇到違緣摧毀的話，肯定會發
芽結果的。所以，我們應當反省自己的人生，假如造過
這樣的罪業，就一定要懺悔。

否則，離間語的果報相當可怕。《伽陀經》云：
「若愛於兩舌，鬥亂行嗔恚，墮鬼畢舍佐⑬，頭面而醜
惡。」《諸法集要經》也說：「彼兩舌惡報，則墮於地
獄，念念常燒然，自受其極苦。」可見，喜歡講離間語
的人，有些經中說會變成餓鬼，有些說會墮入地獄。當
然，你不信因果就另當別論了，因為不信因果的人什麼
都不怕，對這些也不會有感覺，但只要你相信因果，就
應該對自己的語言善加觀察，盡量說些比較和合的話
語。

例如，在兩個上師之間、上師與弟子之間，或兩個
不學佛的人之間、兩個部落之間，一旦發現他們有矛
盾，有能力的話，就應想辦法去調解，只要能令其和

⑬畢舍佐：類似羅剎的鬼神之一。音譯又作毗舍闍、畢舍遮、毗舍遮、臂舍
柘，意為食血肉鬼、啖人精氣鬼或癲狂鬼。

好，即使出錢出力也值得。要知道，讓眾生和合的功德相當大，過段時間在《藏傳淨土法》中也會講[133]。所以，如果別人有誤會衝突，你想辦法把它化解了，這是非常有意義的。

其實，關係不太好的人，看他們的眼神、態度就知道。假如一提起這個人的名字，另一個人馬上有種不同的表情，那他們之間就有問題。這一點，我特別會觀察，儘管偶爾也會看走眼，但百分之九十都沒錯。也不知道是什麼業力，你們城市裡的人，很多都不太誠實，表面上似乎對誰都好，背後卻是口蜜腹劍。我非常喜歡《大般涅槃經》的一個教言：「莫壞善知識，遠離惡眷屬，口常和合語，則生不動國。」希望大家能長期行持，不要損害善知識，莫與惡眷屬同流合污，以免染上他們的不良行為，同時跟別人說話時，要多講慈悲語、柔軟語、和合語。

總之，我們說話一定要注意。有時候兩人關係本來不錯，有些人一開口就把它搞破了。而有些人與此不同，也許是有菩提心的緣故吧，話雖不多，但一兩句也讓人口服心服，甚至自然生起慈悲菩提心。其實老想著怎麼離間別人，這個過失相當大。倘若你曾在人與人之間製造過矛盾，這確實需要值得懺悔，並發願以後絕不能再造。

---

[133]如經中云：「恆時若斷除，離間拆散友，喜愛調和者，彼人生善趣。」

己三、惡語：

對於相貌醜陋的人，公開宣揚他們的缺點，或對生理有缺陷的盲人、聾人等，當面稱呼為「瞎子」、「聾子」，這都是一種惡語。現在世間上有些人，常根據他人身體的缺陷起綽號，把別人叫做「跛子」、「矮子」、「大個子」、「塌鼻子」、「大耳朵」、「瘦子」、「大胖子」等。表面上看來，這似乎是一種說話藝術，但實際上，這種語言的過失相當大。

《賢愚經》中有則蜜勝比丘的公案，就說明了惡語的可怕果報。在佛陀時代，有個蜜勝比丘很快證得了阿羅漢果位。眾比丘問佛陀他前世的因緣。原來是佛陀有一次去化緣時，路上遇到一隻猴子，牠供養佛陀蜂蜜，佛陀接受後牠特別歡喜，然後就蹦蹦跳跳，不小心跳到一個大坑裡摔死了。猴子死後轉生為人，就是現在的蜜勝比丘。比丘們又問：「他前世為什麼是猴子呢？」佛陀告訴大家：「過去迦葉佛住世時，他曾是一個年輕比丘，有次看見一位阿羅漢跳躍著過河，就譏諷他的姿勢像猴子，以此惡語的罪業，他在五百世中轉生為猴子。」

可見，我們不僅不能說別人的生理缺陷，就算是嘲笑他人像猴子、犛牛、惡狗、豬等，也有相當大的過失。十七世大寶法王講《佛子行》時也講過：第一世噶瑪巴杜松虔巴，因過去在迦葉佛時，取笑一名長得像猴

第六十三節課

子的比丘，以此惡業，五百世投生為猴子。之後轉生為杜松虔巴時，長得也像猴子，並不好看。他還未出家前有一女友，因他長得太醜，就拋棄了他。他因此而生起出離心，並發願未來要長得好看一點，不然很難度化眾生。現在網上也有人說，第十六世、十七世噶瑪巴長相莊嚴，肯定與前世的發願有關。

其實不管是佛教徒、還是非佛教徒，不少人對自己的相貌非常執著。如果你長得比較醜，今生可能沒辦法了，要改的話，只好去做整容手術，但這要花很多錢，兩三千塊肯定不夠，因此，你只有發願來世了。據說第十六世噶瑪巴就非常莊嚴，生前在美國的時候，許多人執著他的莊嚴身相，這方面有很多精彩的故事。

惡語雖然只是語言上的業，但卻能直接影響我們的身體，並損害我們的方方面面。因此，大家在生活中無論遇到什麼人，最好用正知正念攝持自己，千萬不要說惡語。薩迦班智達也講過：「傷害他人之惡語，即使怨敵亦勿說，否則如同谷回聲，立即自受報復也。」凡能傷害他人的惡劣言語，即使對怨敵也不要說，否則，就算你讓他一時啞口無言、無地自容，但你所罵他的那些話，就如同空谷的回聲一樣，最終會成熟在自己身上。因此，大家在防範惡語方面一定要注意。現在有些人即使學了佛，對這方面也不在乎。不知是前世業力還是什麼原因，他們聽這些道理就像聽新聞一樣，過了就算

大圓滿前行廣釋（四）附大圓滿前行實修法

了，根本沒往心裡去，只是當成耳邊風，這樣學佛沒有多大意義。

此外，凡是指責對方過失，或口出不遜的語言，也都屬於惡語。所以，只要讓別人不高興的話，我們全部要斷除。《大寶積經》云：「不求他過失，亦不舉人罪，離麤^⑭語悭吝，是人當解脫。」若能不指責他人的過失，也不舉發別人的罪過，遠離粗語和悭吝，這種人就會得到解脫。

還有，儘管表面不是惡口罵人，但若通過溫和的方式，使對方心不愉快，這種語言也包括在粗惡語中。藏地有一句俗話是：「粗惡之語無多少，歡喜之食無大小。」粗惡的語言不管說多說少，只要傷了別人的心，就不合理；供養他人的食品不管是大是小，只要表達了你的心意，就是好的。有些人說話讓別人很長時間都快樂，只是平平淡淡的一句，也令人永遠忘不掉，甚至對別人一生有無窮利益，這種常說柔言軟語的人，來世定會轉生於天上。《正法念處經》云：「惡口破慈心，智者能捨離，常樂說軟語，則生於天上。」

有些大德平時說話很有技巧，好像從不得罪任何人，說什麼都讓別人開心快樂。而有些人則不是如此，他最好是不說話，不然一開口就得罪人，連他自己都很苦惱：「不知道我前世造了什麼業？一說話就出問

⑭通「粗」。

題。」可見，人和人雖然長得差不多，但內在的悲心、說話的善巧還是有很大區別。

如果你想學習表達方式，《君規教言論‧觀察語言》、《華嚴經》、《法華經》中講了很多，但歸納而言，只要相續中有慈悲心、利他心，所發出的聲音肯定對眾生直接或間接有利。即使你用粗語在呵斥他人，實際上也能利益不少人，把他相續中的惡劣種子燒盡無餘，再也不容易復發以前的惡習。因此，無論我們說什麼話，內在的悲心非常重要。

值得注意的是，尤其在上師、高僧大德等嚴厲對境面前，千萬不能說些亂七八糟的刺耳語。否則，上師若因此而顯現不高興，甚至示現圓寂，捨棄利益眾生、弘揚佛法的偉大事業，那你會有極大的罪過。

因此，不管在誰面前，說話都應該要注意。現在的社會上，人們的語言好像沒辦法控制，只要有機會，就一直誇誇其談，這不是很好。我們說話要用正知正念來觀察，該說的要說，不該說的就不要說。有些人在開會商量時，一句話也沒有，自始至終在靜坐，這樣就不好；而有些人在沒有必要時，一個勁地說個不停，講很多無關話題，這樣也不好。其實，人與人之間基本都靠語言來溝通，因此，懂得說話的分寸很重要。

大圓滿前行廣釋（四）附大圓滿前行實修法

己四、綺語：

綺語的範圍比較廣泛。例如，婆羅門的咒語等，本來不是正法，卻反而認為是正法；世間的小說、電影，本來對相續沒有任何意義，卻把它當作調伏煩惱的工具；或者娼妓的淫穢語言，撩撥貪心的靡靡之音，關於軍事、武力、搶劫、盜竊之類的高談闊論……這些凡是能引生貪嗔癡的無稽之談，統統屬於綺語的範疇。

當今這個時代，綺語可以說特別氾濫。無論是電視、電影、網絡、報紙、雜誌，裡面百分之九十多全充斥著綺語。人們信綺語、聽綺語、說綺語，真正的修行人都沒有生存空間了，你要想修行的話，各種違緣就在面前此起彼伏，一天兩天還可以應付，但什麼時候才能超越呢？所以我常常會想，密法的竅訣可能最適合現代人。因為密法的有些教言比較開放，而其他戒律，尤其是別解脫戒，在這個世間，真的越來越難以護持了。

這一點，有時候也看得出來。現在的佛教徒中，念咒語、做善事、觀修自心的有多少？寥寥無幾。大多數人平時要麼是看電視、看電影；要麼是天天上網聊天，在虛妄的世界裡又尋找虛妄的世界，除了引生貪心、嗔心以外，從中很難得到有價值的東西。看看多數人所受的教育，再看看這個社會變成什麼樣子，這二者之間有何關聯，相信每個人都比較清楚。在這樣的時代中，軍事、貪欲、做生意等日益猖獗，五花八門、與解脫相違

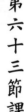

第六十三節課

的外境也日益增多，修行人接觸這些時，心很難不為所惑，最後只能破壞梵淨行，離涅槃越來越遠。誠如《正法念處經》云：「多集綺語句，能令心意亂，破壞於梵行，妨礙涅槃道。」

除了世間這些綺語以外，尤其要提醒大家的是：別人在念經、誦咒、修法時，如果你口若懸河地談論很多令人散亂的話，就會斷絕別人行善的資糧，罪過極其嚴重。我昨天上課時之所以批評有些居士，原因就在這裡。你一個人不願意聽的話，也沒有什麼，但影響那麼多人聞法，過失確實很大。包括外面聽光盤的人也是如此，本來二十幾個人一起聽法，大家都非常全神貫注，若有一個人講話，整個場面就打亂了，所有人的善根也會以此而毀壞。因此，假如你管不住自己的舌頭，還是非常危險的。《諸法集要經》云：「百千功德門，由舌而破壞。」《增廣賢文》也說：「百病從口入，百禍從口出。」

有些人似乎沒有自控能力，嘴巴一直喜歡「叭叭叭」說，上課的時候說，念經的時候也說。這樣的話，你自己不行持善法不要緊，但旁邊的人還是需要修行，不應該去影響他們。尤其是在外面聽課的有些居士，一點規矩都不懂，聽了這麼多年的法，行為仍非常不如法，說實話，你還不如不聽好一點。你如果實在不想上課，不聽也沒什麼過失，但你這樣影響別人，對自己特

大圓滿前行廣釋（四）附大圓滿前行實修法

別不好，生生世世會對你的修法起障礙。

另外，如今世間上有些人，寫的小說、編的劇本、撰著的書籍，處處都是綺語充滿。還有所謂的藝術家、歌星、影星，以自己的綺語作品，令成千上萬人沉迷其中，有意義的事情全都耽誤了。有時候看一看這個愚癡的世間，不得不承認人類的盲從。但我們作為修行人，稍微有點智慧的話，以佛教的「儀器」來進行觀察，這些「細菌」還是很容易發現。

現在人們愛說各種綺語，這些表面上看，好像是自然而然脫口而出，但以智慧來仔細觀察，就會發現大多數綺語都是貪心或嗔心所引發。而且在說綺語的過程中，自他相續萌生了多少煩惱，罪業就會有多大。

比如，有些人看了小說後，召集大家開始講：「我今天看了一本小說，裡面有個美女，她如何如何動人……」因為他嘴巴特別會說，從而讓很多人生起了貪心。或者有人看了一部電影後，跟眾人極力渲染：「我國與他國之間發生戰爭，當時我國如何如何……」於是，有人聽完後生起了嗔恨心；有人被這個故事所蒙蔽，生起了愚癡心；還有人自讚毀他，認為自方力量極為強大，生起了傲慢心。因此，許多煩惱都可以通過綺語而引發。大家也清楚，貪嗔癡等煩惱是不善業，如果這種不善業通過你的語言產生，那你的語言肯定有過失。

第六十三節課

反之，倘若我們共同學習佛法，息滅相續中的貪嗔癡，這種語言的功德也不可思議。為什麼我每天就算講得不多，短短一節課也願意上？就是因為在講法過程中，引生煩惱的語言，講也講不出來，而所講的佛法，全是息滅貪嗔癡的教言。這樣一來，至少大家在聽課時，能止息不良的分別念，哪怕剎那間你息滅了煩惱，這也是一種功德。

經常有人抱怨聽課太累，其實學習佛法很有必要，就算你只聽了一節課，也跟聽世間的一節課不同。為什麼呢？因為佛法的作用，是直接或間接對治煩惱，這樣的教言對人們很重要。現在有些佛友每天看書，不間斷聽一兩堂課，這樣的習慣非常好。退一步說，假如你沒有這種聞思修的能力，也可以像麥彭仁波切所言，每天念誦高僧大德、佛經論典中極具加持的偈頌和發願文。甚至，你若連這種能力也沒有，則可以選擇特別有功德的心咒，如觀音心咒、蓮師心咒、金剛薩埵心咒等，這應該沒有任何困難。總之，我們要少說點綺語，多念些咒語。

大概一年多以前，有位老年人在我面前發願念一億遍觀音心咒，今天我在門口又碰到了他。他連聲音都聽不清了，但一直拉著我的手，要我加持他，說自己若能再活一年多，那一億遍心咒就完成了。他平時非常精進，晚上睡得很少，一年半就念了五千多萬，如果再有

大圓滿前行廣釋（四）附大圓滿前行實修法

一年多時間，剩下的四千多萬就念出來了⑬。這樣的老修行人，真的很了不起！

當然，在誦經念咒，或念儀軌、課誦期間，最好不要摻雜一些閒話，否則，華智仁波切說：「不管念誦了多少，都不會有什麼收穫。」不過在此過程中，法王如意寶對看書或探討法義，不是特別反對，但有些上師連這也不開許。以前我年輕時特別愛聞思，常一邊念咒一邊看書，偶爾還跟人探討一下法義。但一般來講，不管是念誦什麼，最好從頭到尾念完整，中間不要夾雜綺語。特別是在僧眾行列中，如果有一個人廢話連篇，那全體僧眾的善資都會斷送在他手中，而且還會損毀施主所積的資糧。

所以，修行比較好的人，從不隨便說綺語。《緇門崇行錄》中記載：宋朝有位大通禪師，他平日無論作息，端正嚴肅，目不斜視，領眾三十年從未談笑（可能跟朗日塘巴差不多）。可見，有智慧和修行境界的人，一般不會說很多廢話，而只有我們沒有修行的人，才對無關緊要的世間語言特別感興趣。

---

⑬上師在講《前行廣釋》第二十節課時，曾提到過他：「今天中午我家來了一位藏族喇嘛，他有79歲，曾是我父親的朋友，後來出家了。他跟我講了自己二十年的修行經歷：截至昨天，他共念了三億遍觀音心咒，今天又在我面前發願，說還要再念一億。我問：『你三億遍心咒念了多少年？』他說：『整整十七年。在此期間，有時候念得多，每天十萬遍左右，有時候到拉薩等地去，就念得少一點。我平時很少跟人接觸，還念了一萬遍《普賢行願品》……』他以前在我家鄉爐霍那邊，還是很出名的，我父親常講他怎麼打仗、殺犛牛、偷盜，所以我印象比較深。他也承認自己年輕時，不太相信因果，沒有一個不造的惡業，二十年前遇到一位上師，後又遇到法王如意寶，讓他一心一意念觀音心咒懺悔。如今三億遍已經完成，今天又發願再念一億。我覺得人的心力確實不同，心力大的話，即使往昔造業比較深重，現在精進也不算太遲。」

本來在印度聖地，除了具足功德、遠離過患的人以外，其他人沒有資格享用信財，世尊在經典中也沒開許過。然而，現在藏地有些人，只是學了《聞解脫》等一兩套密宗儀軌，就覺得萬事大吉了（像漢地有些人學了早晚課後，就覺得自己是出家人了）。這種人剛會念誦，便通過密宗儀軌的方式，肆無忌憚地享用信財。其實如果他沒有灌過頂、不具足誓言，對生圓次第㊱一竅不通、沒有圓滿念修，只是隨便念一下密咒儀軌，那就成了苯教㊲的吟誦，在這種情況下，他享用信財的過患相當大。

不管是漢地還是藏地，修行人若要享用信財，至少要有清淨的戒律，並時時以正知正念攝持相續。《戒律花鬘論》中也說：「只有在清淨戒律的基礎上聞思修行之人，才能享用信眾的財物。」尤其是黑財，就像燃燒的鐵丸子，除非你具足生圓次第雙運的鑄鐵牙齒，否則，普普通通的平常人要享用它，只能是自討苦吃，焚毀相續。如頌云：「黑色信財乃是生命之利刃，過分享用斬斷解脫之命根。」因此，如果沒有真實的修行境界，享用信財會有極大過患。《佛說未曾有因緣經》亦

㊱生圓次第：生起次第和圓滿次第之簡稱，密乘中修習本尊三身為生起次第，修習風脈等為圓滿次第。
㊲苯教：古代西藏原始宗教名。創始人興饒，年代待考。盛行時分本地、外來和篡易三派，黑苯、白苯兩支。早期但以禱神伏魔為人禳病、薦亡為業，及至吐蕃王布德共傑時，干預國政。松贊干布以後，吐蕃王室扶持佛教，佛苯之間鬥爭甚為激烈，赤熱巴巾因尊佛抑苯被苯教徒所殺，朗達瑪尊苯抑佛被佛教徒所殺，成為吐蕃王室趨於分裂滅亡的一個近因。其後苯教在見、行、修道之法諸方面，產生了眾多和佛教相似的經典，晚近漸趨衰微。

大圓滿前行廣釋（四）附大圓滿前行實修法

云：「寧割身肉，以用供口，不以邪心受人施也。」

　　現在有些人不要說具足生圓次第，就連讀誦也不是很流利，只不過是認識詞句罷了。他們在念誦儀軌時，到了最重要的部分——念咒期間，常會打開綺語的「伏藏門」，說各種貪嗔的無關語來混時間。比如念完一個儀軌後，緊接著要念金剛薩埵心咒時，這種人只念了三四遍「嗡班扎兒薩埵吽」，就拉著旁邊的人聊天：「哎，過來過來，我跟你談一談最近的新聞。你家裡寄錢了沒有？……」如此，結果只會損人害己。

　　宋朝有位光孝安禪師，他住在清泰寺時，一天在定中見到兩個僧人倚著欄杆交談。開始時有天神護衛並諦聽；後來天神離去，惡鬼來了；最後惡鬼在一旁唾罵，還掃掉他們的腳印。禪師出定後追問原由，得知他們剛開始是在討論佛法；接著敍舊事、拉家常；最後談到施主的財物供養，連惡鬼都厭棄了。

　　因此，我們作為出家人，一定要想辦法斷除綺語，默言不語並精進念誦。而作為居士，也應盡心盡力地持咒念佛，少說一些無關的綺話。佛陀在《受十善戒經》中講過：「若能不綺語，口常出妙香，猶如優缽羅⑱，生處得值佛。」因此，大家平時要盡量少說廢語，多念些經文，多說有利於眾生的語言！

---

⑱優缽羅：漢譯為青蓮花，黛花，紅蓮花。

《前行廣釋》思考題

『輪迴過患』

第46節課

192、你在觀修餓鬼的痛苦時，是如何觀修的？你自己有哪些收穫？

193、漢地寺院在布施餓鬼時，採用的是什麼儀軌？它出自哪個經典？具體應當如何施食？

194、漢地早晚課的內容，其來源是否可靠？為什麼？為何說學了漢地早晚課之後，就知道不該隨便毀謗密宗了？

195、請總結一下墮入餓鬼的因都有哪些？你以前是否造過？今後打算怎麼辦？

第47節課

196、你相信鬼的存在嗎？如果有鬼魔對你作祟，阻礙你修行，你會怎麼做？為什麼？

197、為什麼說自殺是最愚癡的行為？你周圍若有這樣的人，你打算如何勸導他？

198、鬼魔真正能傷害我們嗎？能傷害我們的到底是什麼？明白這一點，對修行有何幫助？

大圓滿前行廣釋（四）附大圓滿前行實修法

第48節課

199、你對待動物時，跟對待人一樣嗎？為什麼會有差距？請仔細找出其原因，並加以改正。

200、許多學校的課本中說：「動物的大腦結構非常低級，幾乎不知何為痛苦，殺牠們，牠們也不覺得特別疼，所以殺動物沒什麼關係。」對此觀點你怎麼駁斥？

201、龍會感受哪些痛苦？你相信龍的存在嗎？為什麼？

202、無主人飼養的動物、有主人飼養的動物，分別有什麼樣的痛苦？了知這些之後，應當如何觀修？

203、明白三惡趣的苦難後，對你的修行有哪些幫助？你今後打算怎麼修持？

第49節課

204、人類有哪三大根本苦？請一一解釋其定義。若要遣除這三苦，需要依靠什麼方法？

205、在現實生活中，你經歷過哪些變苦、苦苦、行苦？請舉例說明。

第50節課

206、華智仁波切說，糌粑的背後會殺許多蟲，吃糌粑就如同在吃蟲。對於這句話，你怎麼理解？這樣說

有什麼必要？

207、既然行住坐臥皆離不開行苦，一切都成了造罪業的因，那我們是不是要不吃不喝、什麼都不能做？請說明理由。

208、人類具體有哪些生苦？你覺得這些描寫得真實嗎？你對此有何體會？

第51節課

209、人到了垂暮之年時，具體會有哪些痛苦？對此你有何體會？請以你自己或身邊人為例進行說明。

210、現在的世間上，許多老年人是如何面對衰老的？作為修行人，又應當如何面對？為什麼？

211、學了這節課之後，你能理解老年人的痛苦嗎？今後打算怎樣幫助他們？

第52節課

212、人在生病時會有何種痛苦？面對病苦時，什麼樣才是正確的心態？

213、人在死亡時會經歷哪些痛苦？明白這些道理，對你有什麼幫助？今後有何打算？

214、修行人與世間人在面對病苦、死苦時，有哪些不同？這是什麼原因所導致的？請談談你自己的理解。

大圓滿前行廣釋（四）附大圓滿前行實修法

第53節課

215、什麼是怨憎會苦？何時才能斷除這種痛苦？你對此有哪些體會？

216、《前行》中講的「怨憎會苦」，主要是從哪個側面分析的？為什麼？你遇到過這種「怨憎會苦」嗎？

217、財富在初、中、後分別有什麼過患？你對「有一條茶葉，就會有一條茶葉的煩惱」這句話如何理解？你平時是怎麼做的？

第54節課

218、什麼是愛別離苦？怎樣才能斷除這種痛苦？

219、《前行》中講的「愛別離苦」，主要是從哪個角度分析的？除此之外，世間上還有哪些愛別離苦？你對此有何體會？

220、若以智慧詳加觀察，為什麼說父母、子女、親友等不一定是真正「親」，沒有必要去執著？作為在家人，假如不能完全捨棄這些，那應該掌握什麼分寸？

第55節課

221、什麼是求不得苦？遇到這種痛苦時，什麼樣的人可以輕易化解？什麼樣的人會越來越痛苦？你屬於哪一種人？

《前行廣釋》思考題

222、什麼是不欲臨苦？請引用《竅訣寶藏論》的教證詳加說明。了知這個道理後，你應當如何發願？

223、通過學習「人類之苦」，你最大的收穫是

第56節課

224、非天要感受什麼樣的痛苦？請引用公案詳細說明。

225、轉生非天的因是什麼？你相續中是否有這種煩惱？打算如何對治？

226、從欲界、色界、無色界的角度，分別敘述天人所感受的痛苦。明白這個道理，你還會希求人天福報或死後升天嗎？請談談你的體會。

第57節課

227、為什麼說輪迴就像針尖一樣，永遠沒有安樂之時？你怎樣將這個道理真正融入自心？

228、通過學習難陀出家的公案，你收穫最大的是什麼？

229、什麼叫看破世間？怎樣才能看破世間？看破世間有何必要？觀察日常生活中的行為，你有看破世間嗎？

大圓滿前行廣釋（四）附大圓滿前行實修法

第58節課

230、什麼是捨棄今世？它在修行中起什麼作用？前輩大德們是怎麼做的？對你有何啟示？

231、通過學習「輪迴過患」這一引導文，你最深的體會是什麼？

『因果不虛』

第59節課

232、「人身難得」到「因果不虛」這四個引導文，各自側重於說明什麼道理？如果缺少其中一個可以嗎？為什麼？

233、眾生的痛苦與快樂，是由什麼產生的？佛教的說法與其他宗教有何不同？

234、若要構成殺生的罪業，必須圓滿哪些支分？有些法師說：「自己以前所造的罪業，以後不能再去回憶，否則，想一次就又造一次業。」這種說法合理嗎？請說說你的看法。

235、為什麼在十不善業中，殺生最重？殺生有哪些種類？會招致何種果報？你有體會嗎？

236、你怎麼看待對上師進行血肉供養？請從不同角度進行分析。

《前行廣釋》思考題

第60節課

237、現在許多兒童喜歡殺生，你如果有孩子，打算怎麼樣教育他？這有什麼必要？

238、什麼樣的行為，才算圓滿造下殺生的罪業？什麼樣的行為，雖然沒有完整的殺業，但也會被罪業染污相續？請舉例說明。

239、若想實現世界和平、和諧社會，必須要以什麼作為前提？請談談你的看法。

240、隨喜他人殺生、唆使他人殺生，分別會有何種過失？如果許多人共同殺了一個眾生，這個罪業該怎麼分？

第61節課

241、不與取分為哪幾種？各自有什麼特點？

242、現在有些出家人做生意，對此現象你如何看待？請從兩方面來分析。

243、為什麼說做生意的話，很容易把十種不善業都占盡了？你對此有哪些感觸？

第62節課

244、什麼樣的行為是邪淫？它依靠何種非理作意而產生？應該怎麼樣對治？

245、邪淫有哪些危害？你是否犯過邪淫？今後打

算怎麼辦？《善生經》的教言對你有何啟示？

246、妄語分為哪幾種？各自是怎麼定義的？你曾說過哪種妄語？它有什麼樣的過患？

247、當今社會，有許多騙子冒充大成就者，對於這種現象，你怎麼看待？假如你周圍有人不經觀察就依止上師，你將會如何正確勸導他？

第63節課

248、離間語分為哪幾種？分別是如何定義的？最嚴重的離間語是什麼？你造過這種業嗎？

249、什麼樣的語言算是惡語？說惡語有什麼過患？怎樣才能斷除這種劣習？

250、綺語包括哪些方面？為什麼說現在社會上處處都是綺語？請舉例說明。

251、在誦經念咒等時，什麼樣的語言屬於綺語？它有什麼過失？你平時是怎麼做的？

《前行廣釋》思考題

前行實修法

全知無垢光尊者　著

索達吉堪布　傳講

戊三、意善業：

前行：皈依、發心。

正行：觀想斷除貪心，可感得一切如願以償；

斷除害心，可感得精神上、身體上無有損惱；

斷除邪見，可感得見解很正，不會產生各種惡見。

（有些道友見解不錯，分別念很少，對上師和佛法極有信心，聽到法義也容易接受。其實修行不一定非要智慧高，有時簡單一點比較好。有些人太複雜了，聽到一個公案就想：「不是這樣吧，不對吧！」甚至聽到上師的甚深教言，也覺得這個不對、那個不對，分別心特別重。這種心態，實際上源於前世的邪見。如果沒有這種業力，今生中哪個上師講的法，自己都會歡喜接受，一聽到功德、慈心、善心，就會熱衷參與，而聽到惡語、綺語，便不感興趣，這些都與遠離邪見有關。）

行持此三善業，可得到善趣之喜樂，因此，我必須盡量行持意善業。

後行：迴向善根。

第四十四修法終

丁二、隨解脫分善：

前行：皈依、發心。

正行：觀想無論修持任何善法，都可以擺脫輪迴獲得涅槃。簡而言之，雖然觀待聲聞、緣覺、佛果有三種解脫，但正等覺佛果最為究竟。因此，我今為了獲得圓滿佛果，必須以加行發心殊勝、正行無緣殊勝、後行迴向殊勝攝持而行十善、四禪、四無色、止觀、四無量及六度等。若未圓滿這些資糧，則不得佛果。所以，我一定要做到剎那也不懈怠而修持正法。

【提示語】：

修持這些善法，首先一定要以發心來攝持，即為利益眾生獲得佛果而發菩提心；中間對每一個善法，要按自己的能力修持；最終將所得的善根，全部迴向給無邊眾生。若沒有如此，則不能成為成佛之因。所以，從現在開始，我們要讓每天所修的善法，都成為解脫的善根。如果不能如此，這些就會變成人天福報，要麼是無色界之因，要麼是色界之因，要麼是欲界之因，生生世世在輪迴中流轉，根本無法得到解脫。現在世間上雖有許多宗教，如道教、儒教、伊斯蘭教、基督教，但他們的《道德經》、《古蘭經》、《聖經》等中，並沒有提及如何證得更高的佛菩薩果位，這樣一來，修行者就不可能得到這些。所以，隨解脫分善非常重要，若沒有以

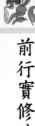

前行實修法

菩提心攝持所修善根，就得不到出世間的聖果！

後行：迴向善根。

第四十五修法終

丙三、思維一切皆為業之自性：

前行：皈依、發心。

正行：觀想輪迴中的一切苦樂，都是由眾生各自行
善、造惡所致。世間的善趣是善業之果，惡趣是由惡業
所感；出世間的聲聞、緣覺、佛果三菩提及其安樂，也
是由行持不同的隨解脫分善業所得。

故佛經中言：業如畫家，一者可變化多種多樣；

業如身影，緊隨眾生身後；

業如不同身體之苦樂，自己所作不會落到他人頭
上，他人之業也不會落到自己身上；

業如國王，猛烈的善惡業可將眾生牽引到善惡趣
中；

業如虛空界，範圍廣大，周遍一切；

業如市場的商品，數量眾多，種類繁雜；

業如錦緞的花紋，互不混雜，了了分明；業如青蓮
與睡蓮，黑白性質不變，隨著所積之諸業而感相應之
果。因此，一切皆為業之自性，今生所感受的苦樂，均
源自前世之業；而來世將感受的苦樂，則與今生之業密

切相連。了知因果不虛的規律後，我一定要精進取捨善惡。

【提示語】：

這一點，觀想起來並不困難。當你有名聲、很快樂時，應明白這是以前行善的果報；當你痛苦、不順、傷心時，要知道這是作惡的果報。若能明白一切皆為業之自性，面對這些苦樂時，心就會很坦然。

在這個世間上，能徹知業果的，唯有佛陀。《緣起讚》讚歎佛陀時也說：勝義中一切不生不滅，世俗中一切如夢如幻、緣起顯現，這一規律唯有佛陀的遍知智慧才能了知。所以，我們一方面要對因果不虛的真理生起信心；另一方面，也要從內心中認識到，廣大世間的一切，全都是業之自性。

後行：迴向善根。

第四十六修法終

乙五（依止善知識）分二：一、思維善知識之自性；二、修上師瑜伽。

丙一（思維善知識之自性）分三：一、思維差別；二、觀察法相；三、讚頌功德。

丁一、思維差別：

前行：皈依、發心。

正行：思維善知識、惡知識之間的差別而作取捨：

若依止真正的善知識，自然會薰染上他的善妙功德，出離心、大悲心、菩提心等日益增上，猶如一段朽木置於檀香林中，過段時間後，便會染上它撲鼻的芳香。因此，為了增上圓滿善法，我一定要依止善知識與善友。

相反，若依止惡知識與惡友，自然會沾染上他的過患，將相續中原有的善根逐漸毀壞，就像吉祥草掉進骯髒不堪的不淨糞中，過段時間取出來，它的清淨氣味已不復存在。因此，為了減輕、斷絕不善業，我必須棄離惡知識與惡友。

【提示語】：

可見，一個人選擇依止不同的人——善知識或惡知識、善友或惡友，他的行為也會有不同的變化。因此，我們要發願：為斷除一切過失，增上一切善妙功德，務必要遠離惡知識和惡友，依止具有法相的善知識與善友。

這個道理沒什麼不會觀的，文字上也沒什麼不懂的。但光是想想還不夠，還要對此徹底有所認識，反反覆覆思維這個道理，這即是所謂的修行。若能如此，你不但在理論上會有一種認識，實際行持的過程中，也會

大圓滿前行廣釋（四）附大圓滿前行實修法

遵循這個方向。

　　後行：迴向善根。

第四十七修法終

　　丁二（觀察法相）分二：一、共同法相；二、不共法相。

　　戊一、共同法相：

　　前行：皈依、發心。

　　正行：思維善知識之共同法相：

　　要到寶洲去，必須依靠善巧的商主，同樣，自己到達解脫洲獲得佛果，也依賴於上師善知識。因此，我應當依止一位身語意沒有過患、廣聞博學、悲心強烈、具有無量智慧方便、能令與之結緣者入解脫道、為弘法利生任勞任怨、堪忍疲勞苦行、功德圓滿的上師。

　　願我盡快值遇這樣一位善知識，並蒙受其慈悲攝受。如果已經遇到，則願上師以悲心加持，讓我生生世世不離師。

　　後行：迴向善根。

第四十八修法終

前行寶修法

戊二、不共法相：

前行：皈依、發心。

正行：觀察上師不共之法相：

若想得到世間的圓滿地位、財富，需要依靠轉輪王等賢善君主。同樣，要想即生獲得無上佛果或比較超勝的功德，也必須依止功德圓滿的金剛上師。因此，我應當依止一位灌頂圓滿、誓言清淨、精通密續竅訣、圓滿本尊等修法、見解密意行為非常超勝、完全利益眾生的上師。

具足這些法相的上師，如果我還沒有遇到，但願能盡快遇到；如果已經遇到，願我永遠不離開上師。依靠信心和祈禱的緣起力，願上師相續中的所有功德，猶如一個瓶子裡的東西倒入另一個瓶子般，完全融入我的心間。願我生生世世讓上師歡喜，願上師生生世世慈悲攝受我。

【提示語】： 這個觀想方法很簡單，主要看你能不能觀。倘若平時能這樣觀，哪怕只有一次，緣起力和加持力也不可思議。所以，大家應該時時發願：「願上師的無漏智慧盡快融入我相續！」一旦有了上師的加持，那做什麼事、修什麼法都很容易，不會經常生起特別強烈的煩惱。即使偶爾生了一點，也非常脆弱，很快就消失了。

大圓滿前行廣釋（四）附大圓滿前行實修法

後行：迴向善根。

第四十九修法終

丁三（讚頌功德）分三：一、第一次第讚頌；二、第二次第讚頌；三、第三次第讚頌。

戊一、第一次第讚頌：

前行：皈依、發心。

正行：觀想猶如曇花一現般，佛陀出世極為難得，同樣，善知識是佛陀的大悲化身，即生能遇到殊勝的上師也極為難得。佛陀在《華嚴經》等大乘經典中，曾以許多比喻來形容具無量功德光芒的善知識：

能救渡三界眾生擺脫輪迴苦海，如同大舵手；

將我們引入真正的解脫道，如同善巧的商主；

遣除眾生的有寂衰敗，如同摩尼寶珠；

熄滅貪嗔癡等煩惱烈火，如同天界的甘露；

為眾生普降大法雨，如同天上的妙雲；

令眾生皆生大歡喜，如同天界的天鼓聲；

治癒貪嗔癡三毒諸疾，如同藥王；

遣除眾生的無明黑暗，如同太陽、月亮和明燈；

能滿足不同眾生的各種願望，如同如意樹；

事業圓滿、光芒萬丈，如同日輪；

……

前行實修法

具足如是希有功德的上師，我今已幸遇並依止，真是萬分喜悅。願我生生世世都能依止真實善知識並被其慈悲攝受，願我有朝一日也能獲得上師金剛持的圓滿果位。

後行：迴向善根。

第五十修法終

戊二、第二次第讚頌：

前行：皈依、發心。

正行：觀想如是一切殊勝上師，是所有人中最了不起的。為什麼呢？下面從幾方面來描述上師的特殊功德：

密意廣大如虛空（不管是說話、做事，都有度化眾生的甚深密意，令我們無法衡量）；等持光明如日月；智慧無量如大海；悲心猛烈如河流；心性穩固如山王；遠離過患如白蓮花；對眾生平等如父母；功德自成如寶藏；引導世人如國王。

上師的每一分功德，都是我等凡夫無法揣測、不可估量的，真是希有。願我恆時令上師歡喜、慈悲攝受！願我生生世世不離具有法相的上師！

後行：迴向善根。

第五十一修法終

335

戊三、第三次第讚頌：

前行：皈依、發心。

正行：殊勝上師是一切吉祥怙主，是諸佛菩薩的化身，僅僅見到上師的身體，聽到上師的聲音，憶念、觀想或接觸上師，便可播下解脫種子，能夠摧毀輪迴。

上師的事業等同諸佛，凡與之結緣的眾生，都會被引入解脫道中，其緣分極為殊勝。

無論在什麼壇城中，上師都是這個壇城的主尊。比如修觀音法時，觀想上師是觀音菩薩；修文殊法時，觀想上師是文殊菩薩……可行持一切圓滿灌頂之事業，因此是第四寶出世。

在所化眾生面前，上師的恩德勝過一切佛，具有殊勝功德。

願今生入於成熟解脫深道的一切有情，生生世世依止上師，令師歡喜、慈悲加持。願上師相續中的所有功德，融入每一個有緣眾生的相續，讓他們早日得到解脫。

後行：迴向善根。

第五十二修法終

丙二（修上師瑜伽）分三：一、平時之瑜伽；二、修四事業之次第；三、遣除病魔之贖死法。

前行實修法

丁一、平時之瑜伽：

前行：皈依、發心。

正行：若是白天修上師瑜伽，把上師觀在自己頭頂上；夜晚則觀想於心間。

修法時，首先將一切法觀為空性。於空性中，觀想在蓮花、日月上，根本上師以人的形象或本尊的形象端坐，由眾多護法、空行所圍繞。

迎請根本上師、傳承上師、護法、空行等，融入前面所觀想的根本上師（誓言尊者），在上師面前頂禮、供養、懺罪、祈禱等。之後念誦三遍：「敬頂禮諸上師，本尊以及空行眾，供養內外密供品，懺悔根本支分罪，祈賜灌頂與加持，生世作為眾導師。」

念完後觀想：上師身體各部位降下甘露，充滿自己的身體，淨除一切病魔罪障，生起了大樂智慧。（具體的觀想方法，我們以後會講，或者其他儀軌中也有。）這樣觀想之後，稍微入定片刻。

出定時，再念誦上師的咒語——無垢光尊者要求，將上師尊名譯成梵文，加入嗡阿吽（）而持誦。例如，無垢光尊者的上師是革瑪燃匝，所以他上師的咒語是「嗡格熱革瑪燃匝斯德阿吽（）」。或者，法王如意寶的名字是晉美彭措迥列，梵文是阿白拉江嘎繞，法王的咒語就是「嗡格熱阿白拉江嘎繞斯德

337

阿吽（ཨོཾ་གུ་རུ་ཨ་བྱ་ལ་བྱ་ཀཱ་ར་སིདྡྷི་ཧཱུྃ་ཧཱུྃ）」。

念誦很長時間以後，又觀想：上師、本尊、空行全部身體放光，降下甘露，淨除自他眾生的身障，獲得寶瓶灌頂，加持身體成為身金剛；上師等喉間放光，降下甘露，淨除自他眾生的語垢，獲得秘密灌頂，加持語言成為語金剛；上師等心間放光，降下甘露，淨除自他眾生的意障，獲得智慧灌頂，加持意成為意金剛；上師等全身放光降下甘露，淨除自他眾生身語意各自執著之垢，獲得句義灌頂，加持成為智慧金剛。

自己的身語意融入上師的身語意，上師的身語意又融入無生法界，如是於無緣中入定。（如果你有大圓滿、大中觀的境界，即可住於這種境界中；如果沒有，就觀想一切融入法界，此時什麼都不緣，就像無有阻礙的虛空一樣，在這樣的境界中安住。如此修法，在平時修行中非常重要。你們最好多看這個引導文，多念些上師如意寶的咒語，然後經常多串習。）

後行：迴向善根。

第五十三修法終

丁二、修四事業之次第：

前行：皈依、發心。

正行：依靠對上師的觀修，修息、增、懷、誅四事業。

息業：觀想器情世界的一切為白色，放射白光，依此息滅病魔、罪障等。念誦咒語時，先念上師心咒，後念「某某病魔或某某鬼神，新當革熱耶索哈（ གནོད་ཀུ་ར་ཡེ་སྭཱ་ ）」。

增業：觀想一切為黃色，放射黃光，依此令自他延年益壽、增上福祿。念誦咒語時，先念上師心咒，後念「某某財富或某某壽命，布章革熱耶索哈（ ཕྱོ་ཀུ་ར་ཡེ་སྭཱ་དུ་ ）」。

懷業：觀想一切為紅色，放射紅光，依此令自他所作自如。念誦咒語時，先念上師心咒，後念「某某人或某某鬼神，瓦相革熱耶索哈（ ཝ་ག་ཀུ་ར་ཡེ་སྭཱ་དུ་ ）」。

誅業：觀想一切為黑色或青色，放射火光，依此令自他消滅魔障。念誦咒語時，先念上師心咒，後念「鬼神或病魔，瑪局雅啪的（ གདོན་བགེགས་སྨ་ར་ཡ་ཕཊ ）」。

後行：迴向善根。

第五十四修法終

丁三、遣除病魔之贖死法：

前行：皈依、發心。

正行：空性中，於前方虛空觀想蓮莖上有獅子嚴飾之寶座，上有日月、柔軟層疊綢緞坐墊，與傳承上師無別的根本上師安坐其上，四周是如海本尊、壇城尊眾、空行護法，下方是六道眾生和對己加害者。

大圓滿前行廣釋（四）附大圓滿前行實修法

再觀想：自己心間的神識，以吽（）字形相從梵淨穴出來，變成持寶劍的五部勇士。其將自己的頭顱從眉間白毫處斬斷，用彎刀挑起屍體，放在須彌山大的骷髏三角灶上，灶下燃火，煮沸血肉。十方諸佛菩薩降下甘露，充滿托巴，淨除一切不清淨物，從而使托巴內之物變成所需飲食與美妙甘露。

又觀想：自己幻化出無數持托巴的供養天女，現於十方諸佛菩薩面前供養甘露，令他們心生歡喜，從而圓滿福慧二資，獲得共同與殊勝悉地。又現於六道一切眾生面前布施甘露，令他們心生歡喜，從而還清無始以來的宿債。尤其令作害的魔眾歡喜，從而息滅他們的惡心，遣除一切違緣。

諸佛菩薩與六道眾生皆大歡喜的光芒，照耀自己，從而祛病除魔，贖回生命，獲得悉地。最終一切如雲般消於虛空。

【提示語】：

我們平時若身體不好、修行有違緣，就應這樣把身體觀為甘露，供施給所有的鬼神病魔，如此觀修非常殊勝。具體的修法，在《前行》不共加行的「古薩裡」修法中有。而此處的四大事業、贖死法，是與上師瑜伽結合起來講的，這在修行過程中也很重要。

有些道友經常做噩夢，或始終覺得有鬼神、狐仙在

前行實修法

纏著自己，此時若把自己的身體觀成甘露上供下施，便可遣除這些違緣。這個修法，是帕單巴、瑪吉拉准傳下的一種捨施法，屬於般若法門，非常殊勝，我們應經常這樣觀修。

後行：於無緣中作迴向。

以此可圓滿二資，贖回性命，無病無害，認識中陰光明。

第五十五修法終

以上講完了共同加行部分。這些實修法共五十五個，內容確實很殊勝。那麼，《前行實修法》暫時就講到這兒吧，今後各方面因緣具足時，不共加行的實修法也可以跟大家一起修學！

《前行實修法》共同加行部分終

大圓滿前行廣釋（四）附大圓滿前行實修法

蓮花塔

菩提塔

轉法輪塔

神變塔

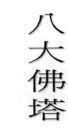

八大佛塔

天降塔

和合塔

尊勝塔

涅槃塔